조선왕조실록을
보다

조선왕조실록을 보다 2

2판 1쇄 발행 2021년 1월 10일

지은이 박찬영 **펴낸이** 박찬영 **편집** 김지은, 이신애, 박일귀, 주유정 **교정·교열** 김지은, 안주영
그림 문수민 **디자인** 박경민, 박민정, 이재호, 류아름 **마케팅** 조병훈
발행처 (주)리베르스쿨 **주소** 서울특별시 성동구 왕십리로 58, 서울숲포휴 11층
등록번호 제2013-16호 **전화** 02-790-0587, 0588 **팩스** 02-790-0589 **홈페이지** www.liber.site
커뮤니티 blog.naver.com/liber_book(블로그)
e-mail skyblue7410@hanmail.net **ISBN** 978-89-6582-283-7(세트), 978-89-6582-285-1(04910)

리베르(Liber 전원의 신)는 자유와 지성을 상징합니다.

조선왕조실록을 보다

2

인종 ~ 현종

㈜리베르스쿨

머리말

'이미지 독서'와 스토리텔링으로 '역사 지능'을 높여라!
이 가을이 가도록 내내 가을앓이를 했다. 왕릉, 사당, 서원, 싸
움터, 명승지 등 조선의 왕과 신하, 그리고 백성의 애환이 깃든
곳이라면 어디라도 마다치 않고 들렀다. 그들의 흔적이 가슴
이 먹먹할 정도로 아름다울지는 미처 몰랐다. 그 아름다운 흔
적들이 지금까지 읽은 획일적인 텍스트에 메타포를 부여하며
다시금 생생하게 이야기를 건네 온다. 신의 정원에 내리는 석
양, 굳게 잠긴 사당에 잠들어 있는 영정들, 아련한 도시를 품은
천상의 성, 아름다워서 두려운 성, 침범할 수 없는 천연의 요새
를 범한 가을 햇살, 세상 속까지 들여다보일 것 같은 맑은 물
가, 그 물가에 연꽃처럼 떠서 노니는 도도한 정자. 아름답고 애
련하다.

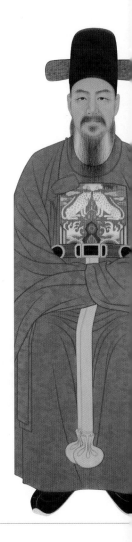

조선 왕조를 답사하며 문득문득 떠오른 생각. '내가 머문 텍
스트는 겉핥기였구나.' 아름다움의 이면을 보지 못하면, 우리
는 그 이면에서 벗어나지 못한다. 조선 왕조의 주역들, 그들이
남긴 흔적을 있는 그대로 바라보아야 한다.『조선왕조실록을
보다』는 이러한 속앓이 끝에 태어났다.

『조선왕조실록』은 그야말로 이야기의 보물 창고이다. 어느
시기 가릴 것 없이 모두 극적인 내용을 담고 있어 드라마와 소
설의 소재로 반복해 등장하고 있다. 이성계, 정도전, 세종, 태
종, 세조, 장희빈, 장녹수, 폐비 윤씨, 연산군, 광해군, 이순신,
인조, 정조 등 우리가 알고 있는 내용 중에 드라마나 영화로 제
작되지 않은 소재가 드물 정도다.

그런데 조선 왕조를 다룬 드라마나 영화를 보고 난 후에도

제대로 된 내용이나 교훈이 머릿속에 남아 있는 경우는 그다지 많지 않다. 조선 왕조에 관한 흐름이 잡혀 있지 않기 때문이다. 드라마나 영화를 더 잘 감상하기 위해서라도, 아니 세상을 더 잘 알기 위해서라도 『조선왕조실록』을 제대로 이해할 필요가 있다.

이뿐만이 아니다. 논쟁이나 대화를 할 때 상대방을 올바른 방향으로 설득하기 위해서라도 역사적 배경과 사실을 알아 두면 좋다. 역사적 사실을 논거로 제시하면 주장의 신뢰도를 높일 수 있기 때문이다.

"젊어서는 『수호지』를 읽지 말고, 늙어서는 『삼국지』를 읽지 말라."는 경구가 있다. 혈기 방장한 젊은 시절에 『수호지』를 읽으면 만용을 일삼을까 우려되고, 나이가 들어 『삼국지』를 읽으면 가뜩이나 경험이 많고 교활한데 더욱 교활해질까 봐 우려되기 때문일 것이다. 『조선왕조실록』은 『삼국지』를 넘어서는 처세의 교훈을 담고 있다. 『조선왕조실록을 보다』에서는 만용과 잔꾀를 넘어 용기와 지혜를 얻을 수 있도록 의미 있는 내용을 담는 데 유의했다.

조선 왕조를 돌아보면 여러 가지 착잡한 생각이 떠오른다. 가장 아쉬운 점은 집권 세력이 기득권에 집착하느라 폐습의 고리를 끊지 못했다는 것이다. 고려 권문세족의 부패를 제거하기 위해 신진 사대부 세력이 등장했지만, 이내 그들도 부패한 훈구 세력이 되었다. 또한 훈구 세력을 비판하며 등장한 사림도 기득권 세력이 되자 붕당을 형성해 당파의 이익을 추종했다. 조선 선비들은 실용적인 제도 구축에 힘쓰기보다는 검증된 바

없는 유교 이론을 내세워 자신들만의 세상을 만들어 나갔다.

하지만 잘못된 길로 빠져든 실수마저도 과감히 드러낸 기록의 정신은 인류의 역사 어디에서도 찾아볼 수 없는 우리의 자산이다. 그 기록을 발판 삼아 세계의 흐름 속에서 우리가 나아갈 방향을 제대로 설정할 필요가 있다.

이를 위해 역사 속에서 찾아낸 교훈을 되새겨 보았다. 역사를 미사여구로 늘어놓기보다는 진짜 속살을 들여다보는 것이 필요하다. 나쁜 역사라도 들추어내 기억해야 하는 이유는 그런 실수를 다시는 반복하지 않기 위해서다. 영국 역사가인 토인비는 "역사를 모르는 민족은 기억 상실증에 걸린 사람과 같다."라고 말했다. 성리학에 갇혀 다른 세상을 보지 못한 조선은 어쩌면 기억 상실증에 걸린 나라였는지도 모른다.

『조선왕조실록을 보다』에서는 왕조사뿐만 아니라 생활사, 경제사, 사회사, 문화사도 함께 다루었다. 따라서 이 책을 읽다 보면 즐거운 상상을 넘어서 각종 시험 대비까지도 자연스럽게 해결할 수 있을 것이다.

『조선왕조실록』은 각종 한국사 시험의 배경지식이 되거나 직접적인 출제 대상이 되기도 한다. 『조선왕조실록을 보다』를 제대로 읽는다면, 한국사 교과서의 절반 이상은 이미 배경지식과 함께 공부한 셈이 될 것이다.

나열된 역사적 사실을 달달 외는 게 우리에게 무슨 의미가 있을지 고민한 적이 있다. 오히려 주입된 지식이 창의적 사고를 방해할 수도 있겠다고 생각했다. 이런 문제를 바로잡기 위해서라도 역사의 이면을 읽는 작업을 게을리하지 않았다.

『조선왕조실록을 보다』는 기존의 난해한 실록 서술 구조에서 벗어나 내용을 쉽고 재미있게 구성했다. 너무 깊이 들어가 집중력을 흩뜨리거나, 너무 요약해 흐름을 제대로 파악하지 못하는 일이 없도록 유의했다. 또한 간혹 이야기가 어색하게 연결되는 기존 책의 구조를 앞뒤가 꼬리에 꼬리를 무는 스토리텔링 구조로 개선했다. 쉽게 와 닿는 소제목은 주제와 내용을 파악하는 데 도움을 줄 것이다.

'콘텐츠의 보물 창고'인 『조선왕조실록』은 처세와 실용의 차원에서도 꼭 읽어 두어야 할 필독서이다. 역사는 흘러가도 그 흔적은 우리 주변에 남아 지난날을 증언하고 있다. 역사적 유물과 유적이 무엇을 말하고 있는지를 파악하는 것은 오늘을 사는 우리에게도 시사하는 바가 크다. 이런 점에서 『조선왕조실록을 보다』는 내용과 어우러진 그림과 유물·유적 사진이 읽고 보는 재미를 높여 즐거운 상상을 할 수 있도록 도와줄 것이다. '이미지 독서'와 스토리텔링으로 조선 왕조사를 되살려 오늘을 반추할 수 있기를 기대한다.

역사가 흘러가듯, 기어이 찬란했던 가을빛도 간다. 가을빛에 담긴 애련한 아름다움을 탐하는 시간도 마냥 허락되지는 않았다. 역사 가을앓이는 그렇게 지나갔다. 겨울, 봄, 여름이 지나가면 가을빛이 또다시 세상을 반추할 것이다.

그리고 그렇게

세상은 계속된다.

지은이 씀

차례

생각해 보세요 - 임진왜란 초기에 조선이 속절없이 밀린 원인은 무엇이었을까요?

• 나라가 지켜주지 못한 환향녀, 나라가 내치다 • 인조, 영정법으로 전세를 정액화하다

생각해 보세요 - '삼전도의 굴욕' 이후 인조가 청에 지원군을 파병하면서 뒤에서 명군을 도운 것을 어떻게 봐야 할까요?

생각해 보세요 - 조선의 유교적 예법에는 어떤 문제점이 있었나요?

9 인종실록, 명종실록 |
외척의 권력 독점과 고통받는 백성들

중종의 맏아들인 인종은 성품이 어질고 총명했어요. 답답할 정도로 착한 인종은 계모인 문정 왕후의 뜻을 헤아려 이복동생인 경원 대군에게 왕위를 물려주기 위해 자식도 낳지 않았다고 합니다. 병약한 인종이 재위 일 년 만에 죽고 명종이 어린 나이에 왕위에 오르자, 문정 왕후와 윤원형이 정권을 좌지우지했어요. 윤원형은 정적들을 제거하기 위해 '을사사화'와 '양재역 벽서 사건'을 일으켰습니다. 당시 척신들의 탐욕과 탐관오리의 수탈이 극심해 백성의 생활은 날로 피폐해졌어요. 이때 백정 출신 임꺽정이 등장해 의적 활동을 하면서 백성의 울분과 설움을 풀어 주었지요. 한편, 명종 무렵 조선의 성리학은 절정기에 이릅니다. 대표적인 학자로는 이언적, 이황, 조식 등을 꼽을 수 있지요.

- **1543년** 주세붕이 안향을 기리기 위해 영주에 우리나라 최초의 서원인 백운동 서원(소수 서원)을 세우다.
- **1545년** 명종의 외척 윤원형(소윤)이 인종의 외척 윤임(대윤)을 제거하는 을사사화가 벌어지다.
- **1555년** 왜선 60여 척이 전라남도 연안 지방을 습격한 을묘왜변이 일어나다.
- **1555년** 을묘왜변을 계기로 임시로 군국의 사무를 맡아보던 비변사가 상설화되다.

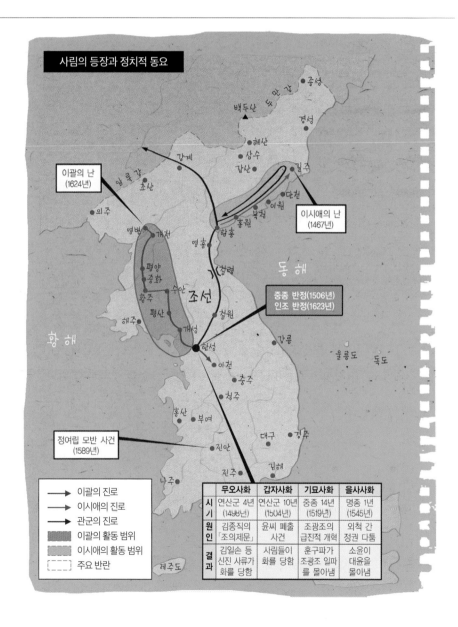

사림의 등장과 정치적 동요

이괄의 난
(1624년)

이시애의 난
(1467년)

중종 반정(1506년)
인조 반정(1623년)

정여립 모반 사건
(1589년)

➡ 이괄의 진로
➡ 이시애의 진로
➡ 관군의 진로
▨ 이괄의 활동 범위
▨ 이시애의 활동 범위
⬚ 주요 반란

	무오사화	갑자사화	기묘사화	을사사화
시기	연산군 4년 (1498년)	연산군 10년 (1504년)	중종 14년 (1519년)	명종 1년 (1545년)
원인	김종직의 「조의제문」	윤씨 폐출 사건	조광조의 급진적 개혁	외척 간 정권 다툼
결과	김일손 등 신진 사류가 화를 당함	사림들이 화를 당함	훈구파가 조광조 일파를 몰아냄	소윤이 대윤을 몰아냄

1 대윤과 소윤의 결투

세자의 외삼촌 윤임(대윤) vs. 경원 대군의 외삼촌 윤원형(소윤)

1515년(중종 10년), 인종은 중종과 두 번째 부인 장경 왕후 윤씨의 맏아들로 태어났습니다. 장경 왕후가 인종을 가졌을 때 꿈을 꾸었는데, 꿈에서 도인이 "아들을 낳으면 이름을 '억명'이라고 지으십시오."라고 했어요. 장경왕후는 인종을 낳은 후 산후병을 얻어 그만 세상을 뜨고 말았지요. 죽기 전 중종에게 아들의 이름을 '억'이라 지어 달라고 부탁했답니다.

친모를 잃은 '억'은 궐 밖의 외가에서 자랐어요. 세 살 때부터 『천자문』을 깨우쳐 신동이라는 소리도 들었지요. '억'은 여섯 살 때 세자에 책봉되어 궁으로 돌아왔는데, 이때 이름을 '호'로 고쳤어요. 이름을 고쳐서 그랬는지 이후의 삶은 그리 순탄하지 못했습니다.

세자의 주위에는 새로 중전이 된 문정 왕후, 장성한 왕자 복성군 등 매우 위협적인 세력들이 있었습니다. 세자를 견제하는 세력이 많아서였는지 세자 주변에서 해괴한 일이 끊이질 않았어요. 세자가 먹다 남긴 음식을 아랫사람이 먹다가 식중독을 일으킨 적이 두 번이나 있었고, '작서의 변'으로 복성군과 경빈 박씨가 사약을 받기도 했지요. 이 사건을 계기로 김안로가 세자의 보호자로 자처하면서 얼마간은 별문제가 일어나지 않았습니다.

1534년, 문정 왕후가 왕비가 된 지 17년 만에 아들 경원 대군(명종)을 낳자 서서히 권력에 대한 야심을 품기 시작했습니다. 위기감을 느낀 김안로는 문정 왕후를 폐위하려고 했지요. 하지만 문정 왕후의 오빠 윤원로와 동생 윤원형이 중종에게 김안로의 죄상을 고해바치자 도리어 김안로가 사약을 받았어요. 김안로가 죽은 후 중종은 문정 왕후와 경원 대군을 더욱 총애했답니다.

윤원로, 윤원형
윤원로와 윤원형은 출생한 해가 전하지 않아 문정 왕후의 오빠인지 남동생인지 확실히 알 수 없다.

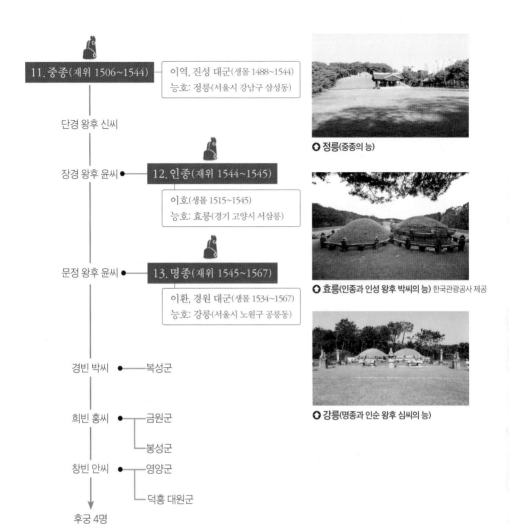

11. 중종(재위 1506~1544) — 이역, 진성 대군(생몰 1488~1544)
능호: 정릉(서울시 강남구 삼성동)

◑ 정릉(중종의 능)

단경 왕후 신씨

장경 왕후 윤씨 ● 12. 인종(재위 1544~1545)

이호(생몰 1515~1545)
능호: 효릉(경기 고양시 서삼릉)

◑ 효릉(인종과 인성 왕후 박씨의 능) 한국관광공사 제공

문정 왕후 윤씨 ● 13. 명종(재위 1545~1567)

이환, 경원 대군(생몰 1534~1567)
능호: 강릉(서울시 노원구 공릉동)

◑ 강릉(명종과 인순 왕후 심씨의 능)

경빈 박씨 ● 복성군

희빈 홍씨 ● 금원군

└ 봉성군

창빈 안씨 ● 영양군

└ 덕흥 대원군

후궁 4명

인종이 무려 25년 동안 세자 자리에 있을 때, 조정은 세자의
외삼촌인 윤임의 세력과 경원 대군의 외삼촌인 윤원형의 세력으
로 양분되기 시작했어요. 대사간 구수담이 두 윤씨 세력에게 경
고하는 의미로 중종에게 다음과 같은 발언을 했다고 합니다. "사
람들이 장경 왕후의 오빠 윤임 측을 대윤으로, 문정 왕후의 동생
윤원형 측을 소윤이라고 부르고 있는데, 누가 이런 해괴한 말을

만들었는지 모르겠습니다."

양측의 대립이 격화되자 중종은 "윤임은 김안로와 간사한 의논을 해 분란을 일으켰으니 유배형에 처하고, 윤원형은 대군을 보호한다며 논란을 일으켰으니 파면하도록 하라."고 예방책을 내놓았어요. 중종이 소윤 윤원형의 편을 든다고 생각한 신하들은 "친족에 대한 처벌을 거두어 주십시오."라고 간절히 청했습니다. 결국 중종은 윤임의 직첩(職牒, 조정에서 내리는 벼슬아치의 임명장)만 빼앗는 선에서 사태를 마무리 지으려 했어요.

세자의 총명함과 어진 성품은 주변 사람들이 높이 칭송할 정도였다고 합니다. 한번은 이런 일이 있었어요. 어느 날, 동궁에 있던 **옥대**와 수정 단주가 갑자기 사라졌습니다. 주변에서는 이 사실을 전하께 아뢰어 의심나는 이들을 국문해야 한다고 했으나, 세자는 괜한 사람이 다칠 수 있다는 이유로 일을 크게 만들지 않았어요. 그런 류의 보물은 내다 팔 수 없으니 결국 다시 돌아올 것이라고 생각했지요. 마침내 몇 사람의 손을 거쳐 옥대와 수정 단주가 다시 궁중으로 돌아왔습니다. 조사해 보니 동궁을 수리하던 한 일꾼의 소행으로 밝혀졌지요.

어느덧 세자의 나이가 서른에 이르렀지만 자식을 두지 못했습니다. 이에 문정 왕후와 윤원형은 세자만 사라지면 경원 대군이 보위를 이을 수 있다고 생각했어요. 시기심 많은 문정 왕후 윤씨가 전실 부인의 아들인 세자를 좋아했을 리 없었지요. 야사에서

○ 옥대(국립고궁박물관)
의복의 허리를 잡아 주는 띠이다. 옥으로 장식되어 있어 옥대라고 부른다. 왕실에서만 사용했기 때문에 신분을 나타내는 상징이 되었다.

는 윤씨가 여러 차례 세자를 죽이려 한 것으로 전합니다.

1543년 어느 날, 동궁 안에서 의문의 화재가 일어났어요. 불길은 동궁 내 전각들을 모두 집어삼킬 기세였지요. 야사에서는 이 화재를 문정 왕후의 동생인 윤원형의 소행으로 보고 있어요. 세자도 그렇게 알고 있었던 것 같습니다. 세자는 빈궁을 깨워 "빈은 먼저 나가세요. 어마마마의 뜻이라면 이대로 죽겠습니다."라고 했어요. 문정 왕후가 비록 계모이기는 하지만 자신을 그토록 죽이려고 하니 죽는 게 마땅한 도리라고 생각한 것이지요. 빈궁은 "세자 저하가 나가시지 않으면 저도 나가지 않겠습니다."라며 버텼어요. 이때 세자는 다급하게 자신을 찾는 중종의 목소리를 들었습니다. 세자는 문득 자신이 죽으면 모후에게는 효를 다하는 것이지만 부왕에게는 불효가 될 것이라고 생각했어요. 세자는 그제야 빈궁과 함께 불길을 헤치고 밖으로 나왔지요.

동궁에서 화재가 일어난 것은 누군가가 쥐 꼬리에 매단 부채에 불을 붙여 쥐를 동궁 안으로 들여보냈기 때문이라고 전하고 있습니다. 조정에서는 문정 왕후 측을 의심했지만 뚜렷한 증거는 없었지요.

인종, 선을 베풀어 악을 부르다

중종이 말년에 병이 들자 세자는 직접 아버지의 수발을 들었습니다. 중종을 극진하게 보살피는 바람에 도리어 본인의 건강을 해칠 정도였지요. 1544년(중종 39년) 11월 중종은 57세의 나이로 숨을 거두었어요. 그해 중종에 이어 세자(인종)가 30세의 나이로 왕위에 올랐습니다.

인종은 중종이 죽었을 때 유교식 예법에 따라 식음을 전폐했고, 하루 다섯 차례나 상례를 치렀어요. 신하들이 인종에게 식사를 챙기시라고 매일 청했으나 좀처럼 말을 듣지 않았지요. 마지막 제사인 졸곡(卒哭)이 끝날 때까지 5개월 동안 금식이 이어졌어요. 금식이 끝난 후에는 오랜 금식 때문인지 제대로 식사도 할 수 없었지요.

효성이 지극했던 인종의 묘지에는 "갑진년 가을에 왕(중종)이 자주 병이 났다. 병환이 위독하게 되어 옷을 벗은 적이 없고 음식도 들지 않아 수척한 모습을 본 사람들은 모두 울먹였다. 세자는 겨울인데도 목욕하고 분향하며 서서 저녁부터 새벽까지 하늘에 빌었다. 왕이 죽은 후에는 엿새나 미음을 들지 않고 다섯 달이나 울음을 그치지 않았다."라는 기록이 있습니다.

인종은 계모 문정 왕후에게 효성을 다했고, 아들 같은 이복동생 경원 대군에게도 도탑게 대했어요. 일찍이 학문에 눈을 떠 도학 사상에 매료된 인종은 일절 여자를 가까이하지 않았다고 합니다. 세자로 동궁에 머물고 있을 때는 옷을 화려하게 입은 궁녀를 내쫓기까지 했지요.

인종은 즉위하자마자 기묘사화 때 피해를 본 사림 세력들을

신원하고 현량과를 복구했습니다. 이때 이언적, 유관 등 사림의 대학자들이 정계에 진출했지요. 인종은 자신을 해치려던 윤원형에게 보복은커녕 오히려 공조 참판이라는 벼슬을 내렸어요. 그런데도 문정 왕후는 문안 인사차 들른 인종에게 "주상, 우리 모자를 살려 주시는 겁니까."라며 비아냥거렸지요. 인종은 그런 문정 왕후를 미워하기는커녕 오히려 자신의 효성이 부족한 것을 자책했어요. 인종은 문정 왕후의 뜻을 헤아려 경원 대군에게 왕위를 물려주기 위해 자식도 낳지 않았다고 합니다. 인종은 정말 답답할 정도로 착한 인물이었지요.

인종은 워낙 몸이 허약해 병을 달고 살았지만, 어느 날부터인가 눈에 띄게 시름시름 앓기 시작했어요. 야사에서는 인종이 앓아눕게 된 결정적 원인이 문정 왕후가 인종에게 내놓은 떡 때문이라고 전합니다. 문정 왕후는 문안 인사차 대비전을 찾은 인종을 평소와는 달리 반갑게 맞이했다고 해요. 문정왕후는 인종에게 "친정에서 떡을 해 왔는데 아주 맛있으니 한번 드셔 보세요."라고 했습니다. 인종은 계모가 자신을 반기는 것에 감동한 나머

🔾 뒤에서 본 정릉
(서울시 강남구)
사진작가 서헌강 제공

○ 문정 왕후 어보
거북 모양 손잡이가 달린 금
장 도장이다. 한국 전쟁 당시
미군 병사가 몰래 가져갔는
데, 지금까지 미국의 한 박물
관에 소장되어 있었다. 2015
년에 반환될 예정이다.

○ 효릉(경기 고양시)
인종과 인성 왕후 박씨의 능
이다. 희릉, 예릉과 함께 서
삼릉이라고 부른다. 한국관광
공사 제공

지 아무 의심 없이 떡을 받아먹었지요. 인종은
떡을 먹은 후 시름시름 앓다가 며칠 후 숨을 거
두고 말았어요. 1545년 7월 인종은 왕위에 오른
지 불과 8개월 보름 만에 세상을 떠났습니다.

인종은 계모인 문정 왕후를 친어머니 모시듯
극진히 대하고, 자신을 죽이려고 한 윤원형에게
벼슬까지 내릴 정도로 성품이 어질었어요. 하지
만 인종의 성품이 권력 다툼이 끊이지 않는 왕실
에서는 오히려 화를 불러일으켰습니다. 지나치게 착하다 보니
공과 사를 명확히 구분하지 못한 것이지요. 여기서 '선이 오히려
악을 부를 수 있다.'는 교훈 아닌 교훈을 얻을 수 있어요.

효릉이라고 불리는 인종의 능은 경기도 고양시 덕양구에 있습
니다. 인종은 인성 왕후 박씨 등 세 명의 부인을 두었는데, 슬하에
자녀는 없어요. 박씨는 64세에 눈을 감았고, 인종과 함께 효릉에
안장되어 있답니다.

소윤 윤원형, 대윤 윤임과 시림을 몰아내다(을사사화)

인종이 죽은 후 문정 왕후는 자신이 바라던 대로 경원 대군을 왕위에 올리게 됩니다. 1545년 7월 경원 대군(명종)이 왕위에 오를 때 나이가 겨우 12세였으므로 문정 왕후는 이후 8년간 수렴청정하게 되지요.

조선에서는 세조의 비 정희 왕후가 아들 예종과 손자 성종 때 수렴청정한 것이 처음이었고, 문정 왕후가 그다음입니다. "정희 왕후는 '정' 자가 첫 글자이니 처음 수렴청정했고, 문정왕후는 '정' 자가 두 번째 글자이니 두 번째로 수렴청정했다." 이런 식으로 기억해 두면 어떨까요?

경원 대군이 왕위에 오르자 외척인 소윤이 실세로 부상했습니다. 윤원로는 "윤임 일파가 경원 대군을 해치려 했다."라고 거짓으로 꾸며 고발했어요. 영의정 윤인경과 좌의정 유관은 명종에게 "윤원로는 '동궁이 대군을 해치려 한다.'라며 인종과 명종을 서로 이간하고 형제간의 우애를 깨뜨린 자입니다."라고 고했지요. 대신들뿐만 아니라 젊은 관료들까지 나서서 윤원로를 성토하자 수렴청정하던 문정 왕후는 마지못해 오빠인 윤원로를 해남으로 유배 보내게 됩니다.

윤원로가 쫓겨난 지 한 달 정도 지나 윤원형이 문정 왕후에게 "병조 판서 이기를 비롯한 정순붕, 허자, 임백령 등이 윤임 일파에 불만이 많습니다."라고 말했어요. 지난 10여 년 동안 윤임을 의식하며 살아왔던 문정 왕후는 밀지를 내렸고, 소윤파 대신들이 사헌부와 사간원이 장관을 통해 대간들에게도 문정 왕후의 뜻을 전달했지요. 이에 좌찬성 이언적은 "윤임에게 죄 주는 것은 어렵지 않으나 밀지는 승정원에 내렸어야 합니다. 이로 말미암아 사림에 화가 미칠까 우려되옵니다."라고 말했어요. 이언적을 비롯한 신료들은 지난날 중종의 밀지가 불러일으킨 기묘사화와 같은 일이 다시 벌어질까 우려했던 것이지요.

조광조의 제자이자 사간원 헌납인 백인걸도 절차상의 문제를 제기했습니다. "윤임의 건은 당연히 원상들과 의논해 처리해야 했습니다. 밀지를 통해 벌을 주는 것은 방법상의 문제가 있습니다." 이 말에 발끈한 문정 왕후는 "윤임이 역모의 마음을 품고 대신들과 결탁해 종사를 위태롭게 하려 했는데, 대간이 한마디도 하지 않아 어쩔 수 없이 밀지를 내린 것이다."라며 반격했어요. 이어 문정 왕후는 백인걸을 의금부에 가두었고 윤임, 유관, 유인숙은 유배를 보냈지요. 이와 같은 문정 왕후의 완강한 태도에 신임 병조 판서 권벌은 "대신을 유배한 근거가 불명료해 근래 7년 동안이나 흉년이 이어졌으니, 이는 하늘의 경고인 듯하옵니다."라는 상소를 올렸습니다. 그러자 문정 왕후는 "재앙은 이미 오래전에 나타났는데, 이는 간사한 인간들 때문이라고 본다."라며 권벌의 상소를 무시했지요.

한편, 한때 조광조의 추종자였던 정순붕은 "일찍이 윤임은 중종께 '윤원로가 세자(인종)를 폐하고 대군을 세우려는 뜻이 있

❍ 용주 서원(경기 파주시)
1598년(선조 31) 백인걸의 학문과 덕행을 추모하기 위해 건립한 서원이다. 관직에서 물러난 백인걸이 학문과 후진 양성에 전념했던 옛 집터에 세워졌다.

어 세자가 두려워한다.'라고 음해했사옵니다."라며 윤임을 비롯
해 유인숙, 유관을 탄핵하는 상소를 올렸어요. 정순붕의 상소 이
후 대신들은 혹시 자신들에게도 불똥이 튈까 두려워 모두 움츠
러들었지요.

결국 윤임, 유관, 유인숙은 1545년(명종 즉위년) 8월 26일 사약
을 받았고, 비로소 소윤이 정권을 완전히 장악하였습니다. 유관
이 죽기 전에 누군가 유관에게 "윤임의 죄를 청해 살길을 모색하
라."고 조언했어요. 하지만 유관은 "인종의 고명대신(顧命大臣, 임
금의 유언으로 나라의 뒷일을 부탁받은 대신)으로 어찌 임금의 외삼
촌인 윤임의 죄를 청할 수 있겠는가."라며 거절했지요. 유관은 죽
기 전에 양자로 삼은 형의 아들에게 화가 미치지 않도록 입양 파
기 문서를 전했습니다. 하지만 양아들은 부자 관계를 그대로 유
지해 아버지 유관과 함께 죽음을 맞이했지요.

사화는 여기서 그치지 않았습니다. 9월 1일 경기 관찰사 김명
윤은 "계림군과 봉성군도 윤임의 역모를 알고 있었다."라고 고
발했어요. 계림군은 성종의 셋째 아들 계성군의 양자이고, 봉성
군은 중종의 후궁 희빈 홍씨의 아들입니다.

결국 윤임의 사위 이덕응이 "자백하면 살려 주겠다."라는 소
윤의 회유에 넘어가 "윤임이 인종이 승하하면 자신의 조카인 봉
성군에게 바로 왕위를 물려받게 하려는 계획을 꾸몄다."라고 반
역 행위를 고발했어요. 이로 말미암아 피해자는 더욱 늘어났지
요. 계림군, 윤임, 유관, 유인숙의 아들들이 교수형에 처해졌습
니다.

금강산으로 숨어들었던 계림군은 바위 밑에 숨어 있다가 붙
잡혔습니다. 계림군은 조사 과정에서 다음과 같이 말했어요.
"윤임이 '경원 대군의 두 눈에 모두 안질이 생기면 정사를 보지

못할 것이니 계림군과 봉성군 중에서 보위를 이어야 한다.'라고
말했습니다." 계림군은 결국 참수되었고, 자백한 이덕응도 죽임
을 당했지요.

이처럼 소윤파가 대윤파를 제거한 사건을 '을사사화(乙巳士
禍)'라고 합니다. 윤임 측에 사림 세력이 몰려 있다가 함께 참변
을 당했기 때문에 '사화'라는 명칭이 붙게 되었지요.

윤원형, '양재역 벽서 사건'으로 사림의 잔당을 제거하다

윤임을 제거한 다음 윤원형의 칼날은 자신의 형인 윤원로에게
향했어요. 권력은 두 사람에게서 나올 수 없는 법이지요. 을사사
화 이후 윤원로는 귀양살이에서 풀려나 한양으로 돌아왔습니다.
윤원형은 을사사화로 공신이 되었으나 윤원로는 귀양에서 풀려
난 것만으로도 감지덕지해야 했어요. 윤원로는 누이인 문정 왕
후에게 "왜 원형만 돌보고 나는 이렇게 버려두시오."라고 하소연
했습니다. 이에 문정 왕후는 조정의 여론이 좋지 못하다는 이유
로 윤원로를 냉대했어요.

화가 난 윤원형은 조카 윤춘년을 시켜 윤원로를 탄핵하는 상
소를 올리게 했습니다. "윤원로는 '우매한 인종이 빨리 죽어야
할 텐데.'라고 말했는데, 그 모든 것은 대왕대비의 뜻이라고 떠들
고 다녔습니다. 이보다 더 불충한 일이 어디 있겠나이까."

윤춘년의 상소를 본 문정 왕후는 더는 참지 못하고 윤원로를
다시 유배 보냈습니다. 결국 윤원로는 유배지에서 사약을 받아
죽음을 맞이했지요. 사람들은 윤원형이 자신의 친형을 죽였다고
수군거렸어요.

을사사화로 정권을 장악한 윤원형은 미처 제거하지 못한 나머
지 사림 세력과 윤임 세력을 제거하기 위해 '**양재역 벽서 사건**'을

일으킵니다. 1547년(명종 2년) 9월 부제학 정언각과 선전관 이로가 경기도 과천의 양재역에 나붙은 익명의 벽서를 발견했어요. 벽서에는 붉은 글씨로 "위로는 여왕이, 아래로는 간신 이기가 권세를 휘두르니 나라가 곧 망할 것이다. 어찌 한심하지 않은가." 라고 쓰여 있었지요.

당시 익명서는 그 진위가 의심스럽고 여파가 크게 미칠 수 있으므로 부자끼리도 열어 보지 않고 없애 버리는 문서였다고 합니다. 그런데도 정언각이 벽서 내용을 조정에 알렸다는 것은 그 자체로도 큰 문제가 될 수 있었지요.

윤원형은 문정 왕후에게 "역적 윤임에 대한 처벌이 미약해서 이런 사건이 생긴 것"이라고 하면서 "윤임의 잔당을 척결해야 한다."라고 주장했습니다. 문정 왕후는 동생의 말대로 잔당을 제거하도록 지시했어요. 윤원형은 한때 자신을 탄핵했던 송인수, 윤임의 사돈 이약수를 사사하고 이언적, 권벌, 백인걸 등 20여 명을 유배지로 보냈습니다. 중종의 아들 봉성군은 역도들이 왕으

○ 양재역(서울시 서초구)
예로부터 남도행의 중요한 길목이었다. 어질고 재주 있는 사람들이 많이 살고 있다 하여 양재(良才)라는 이름이 붙여졌다. 조선 시대에 역이 생기면서 공문 전달, 세금 수송, 숙식 제공과 같은 역할을 담당했다. 여행자들이 이곳에서 말에게 물과 죽을 먹이고 휴식을 취했기 때문에 '말죽거리'라고도 불렸다.

로 추대하려 했다고 몰아 사형에 처했어요.

　양재역 벽서 사건은 익명으로 쓰인 벽보를 윤원형 측이 의도적으로 확대해 정치적으로 악용한 사례라고 할 수 있습니다. 정적을 제거한 윤원형은 이조 판서가 되었고, 그의 집에는 벼슬을 얻으려는 사람들로 들끓었어요.

문정 왕후, 불교의 중흥을 꾀하다

문정 왕후는 수렴청정을 그만둔 후에도 죽을 때까지 실질적인 권력을 행사했습니다. 『연려실기술』에는 "왕이 자신의 말을 듣지 않으면 '네가 왕이 된 것은 모두 내 덕분'이라며 면상에 대고 반말로 욕하는가 하면 종아리를 때리기까지 했다. 임금의 얼굴에는 기운이 빠지고 눈물까지 보였다."라는 기록이 있어요.

　『명종실록』에는 "윤비(문정 왕후)는 사직의 죄인이라고 할 만하다. 『서경』 「목서」에는 암탉이 새벽에 우는 것은 집안이 다했음을 의미한다."라는 기록이 있습니다. 실록 편찬자인 사림 출신들이 여성으로서 남성 관료를 호령한 문정왕후에 대해 좋지 않은 감정을 지니고 있었음을 알 수 있는 대목이지요.

❂ 태릉(서울시 노원구)
문정 왕후 윤씨의 무덤이다. 왕비의 단릉임에도 대단히 웅장하다. 조성 당시 문정 왕후의 세력이 얼마나 컸는지 짐작할 수 있다.

○ **봉은사 종루**
(서울시 강남구)

승려 보우가 주지로 있던 봉은사는 선릉의 원찰이자 불교 중흥을 위한 중심 도량이었다. 사진은 봉은사 경내에 있는 종루이다.

　1548년(명종 3년) 문정 왕후는 승려 보우를 **봉은사** 주지로 삼고 자신은 독실한 불교 신자가 되었습니다. 문정 왕후는 인수 대비처럼 사서와 경전을 두루 읽어 유교적 소양을 갖추고 있었지만, 유독 불교에 각별한 애정이 있었어요. 아들을 낳지 못한 후궁들이 비구니가 되어 머물던 정업원을 복구하는가 하면, 승려 보우의 조언에 따라 선종과 교종을 모두 부활하고 승과 시험도 부활했어요. 그러자 성균관 유생들이 명종에게 "요승 보우를 죽이고 정업원 복구를 정지하소서."라며 줄기차게 상소를 올렸어요.

　당시 과중한 세 부담과 군역에 시달리던 농민 중에는 집을 떠나 중이 되는 사람이 많았습니다. 이에 문정 왕후는 다음과 같은 대책을 내놓았어요. "세종이 선종과 교종을 설립한 것은 중이 되는 길을 막고자 함이었는데, 연산군 때에 혁파해 폐단을 막기가 어려워졌다. 이에 늘어난 중을 통솔하고 잡승을 단속하기 위해 봉은사와 봉선사를 선종과 교종의 본사로 삼고 도첩제를 시행하도록 하라." 문정 왕후는 나름대로 현실의 변화를 반영한 조치를 취했지만 성리학을 이념으로 삼고 있던 대간들은 문정 왕후의 조치를 받아들일 수 없었습니다. 대간들과 유생들이 "사실상 양민을 더욱 줄어들게 하고 이단을 융성하는 조치이옵니다."라며 잇달아 상소했지요.

문정 왕후는 물러서지 않고 끝내 선과(禪科)와 도첩제를 부활시켰어요. 이제 중들은 합법적으로 군역을 면제받고 내수사(內需司, 왕실 재정의 관리를 맡아보던 관아)의 도움까지 받게 되었습니다. 내수사는 중들을 보호하고 억울함을 풀어 주는 해결사 역할까지 했지요.

한 나라를 쥐고 흔들던 문정 왕후도 세월 앞에서는 어쩔 수 없었어요. 1565년(명종 20년) 4월 7일 문정 왕후는 창덕궁에서 죽음을 맞이했습니다. 중종이 장경 왕후와 나란히 묻혀 있는 게 싫었던 문정 왕후는 죽기 전에 중종의 능을 옮기게 했어요. 자신이

도첩제(度牒制)
일반 양인들이 출가하는 것을 방지하고자 국가가 일정한 대가를 받고 허가증을 발급하여 신분을 공인해 주던 제도이다.

중종의 옆에 묻히고 싶었던 것이지요. 하지만 새로 조성한 중종의 능인 정릉은 지세가 낮아 여름철 장마 때면 재실과 홍살문이 침수되는 피해가 자주 일어났어요. 그래서 나중에 문정 왕후는 **태릉**에 묻히게 되지요. 문정 왕후의 무덤인 태릉은 왕비만 묻혀 있는 능이라고는 믿기 힘들 정도로 웅장해 조성 당시 문정 왕후의 권세가 얼마나 대단했는지 짐작할 수 있어요. 문정 왕후의 능호에 '클 태(泰)' 자를 붙인 것만 보더라도 여장부의 호기를 느낄 수 있지요.

문정 왕후가 죽자 15년 동안 추진되었던 불교 부흥 정책은 모두 취소되었습니다. 문정 왕후가 친애하던 승려 보우도 제주도로 귀양을 가게 되고, 이듬해에는 제주 목사 변협에 의해 참살당하고 말지요.

❂ 봉은사 (서울시 강남구)
봉은사는 신라 시대에 '견성사'라는 이름으로 창건되었고 조선 시대에 중창되었다. 1562년(명종 17) 문정 왕후의 명으로 현재의 위치로 옮겨진 후 '봉은사'로 이름을 바꿨다.

2 외척의 부정부패

윤원형의 대항마 이량, 또 다른 권신이 되다

윤원형은 명종이 즉위한 1545년부터 문정 왕후가 죽은 1565년(명종 20년)까지 20년 동안 권력과 재력을 독차지했습니다.『명종실록』에는 "윤원형의 권세는 국왕을 능가할 정도였고, 뇌물이 문 앞에 가득해 재산은 국고보다 더 많았다."라고 기록되어 있어요.

명종은 성인이 되어 직접 나라의 정사를 돌보게 되었지만 늘 문정 왕후의 간섭에 시달려야 했어요. 윤원형은 처리할 일이 있으면 문정 왕후와 모의해 명종을 압박했으므로 명종의 심기는 늘 편치 않았지요. 윤원형은 매수한 궁녀로 하여금 내관의 환심을 사도록 한 후 내관을 통해 명종의 동정을 알아내도록 했어요.

하루는 명종이 내관에게 "외척(윤원형)의 죄가 크니 어떻게 처리하면 좋겠는가?"라고 물었어요. 이 말은 곧바로 문정 왕후의 귀에 들어갔지요. 문정 왕후가 "윤원형과 내가 아니었으면 어찌 오늘의 주상이 있을 수 있겠소."라고 꾸짖으니, 명종은 아무 말도 꺼내지 못했다고 합니다.

명종은 윤원형을 견제하기 위해 명종 비 인순 왕후의 외삼촌인 이량을 중용했어요. 외척인 윤원형을 또 다른 외척으로 견제하려 했던 것이지요. 이량은 명종의 의도와는 달리 자기 세력을 불리고 잇속을 챙기기에 바빴어요. 이량의 집 앞은 시장처럼 사람이 들끓었다고 합니다. 이량은 또 다른 윤원형에 불과했지요.

명종은 이량을 한때 평안도 관찰사로 내쫓기도 했지만 윤원형

○「월야선유도」
(국립중앙박물관)
평안도 관찰사의 부임을 축하하는 연회를 그린 단원 김홍도의 그림이다. 달밤에 대동강에서 벌어지고 있는 환영 잔치의 광경을 담고 있다. 명종은 한때 이량을 평안도 관찰사로 보냈다.

의 권력 독점을 염려해 다시 불러 이조 참판이라는 벼슬을 내렸어요. 이에 이량은 한층 더 세도를 부렸고, 이조 판서가 된 뒤에는 더욱 권력을 남용해 축재에 열을 올렸지요. 이때 명종은 윤원형을 안심시키기 위해 영의정에 임명했어요.

그즈음 인순 왕후의 오빠 심의겸이 과거에 급제한 후 임금의 총애를 받고 있었습니다. 이량은 조카인 심의겸이 왕의 신망을 얻고 있는 게 거슬려 심의겸과 사림을 함께 제거할 계획을 꾸몄어요. 이 정보는 명종의 귀에까지 들어가게 되었지요.

명종의 뜻에 따라 기대승의 친척인 기대항은 "이량의 집 앞에는 뇌물을 바치려는 자들이 늘어서 있다. 오직 권력 장악에만 힘쓰니 사람들은 이량이 있는 줄은 알지만 전하께서 계신 줄은 모르는 지경이다."라며 이량을 탄핵했어요. 발끈한 이량은 명종에게 "기대승, 허엽 등이 조정을 장악하기 위해 음모를 꾸미고 있다."라고 말했지요.

명종은 처남인 심의겸을 불러 이량에 관해 물어보았습니다. 사림과 친분이 두터운 심의겸은 이량과는 사이가 좋지 않았지요. 심의겸은 "이량은 기대승과 허엽이 자신을 탄핵한 것에 앙심을 품고 음해하고 있나이다."라고 명종에게 고했어요. 명종은 심의겸의 말을 받아들여 이량을 강계로 유배 보내고 곧 사약을 내렸답니다.

악녀 정난정이 권세가 윤원형과 만났을 때

양재역 벽서 사건을 처리한 신하들이 모인 자리에서 문정 왕후는 "윤원형에게 공이 많으니 윤원형 첩의 자녀들이 다른 집의 적자와 결혼할 수 있도록 해 주자."라고 제안했습니다. 이에 윤원형의 측근 이기가 "전례가 있었다."라는 이유로 명종의 윤허(允許, 임금이 신하의 청을 허락함)를 청했지요. 18세의 청년이었던 명종은 그 자리에서 아무 대답도 하지 않았어요.

윤원형의 첩은 악녀로 소문난 정난정이라는 여인입니다. 부총관(종2품) 정윤겸과 관비 사이에서 태어난 정난정은 기생이었다가 윤원형에게 접근해 애첩이 되었지요. 정난정은 문정 왕후에게 "언제까지 첩으로 있어야 합니까?"라며 신세를 한탄했다고 합니다.

정난정을 총애했던 문정 왕후는 윤원형을 불러 "역적 집안의

○「마하연」「금강사군첩」
『금강사군첩』은 김홍도가 정조의 명을 받아 그린 화첩이다. 금강산 및 관동 지방의 풍경을 담고 있다. 1530년 금강산 마하연암에 들어가 수도했던 보우는 정난정의 소개로 문정 왕후를 만났고, 1548년에는 봉은사 주지가 되었다.

딸 김씨를 쫓아내고 정난정을 정부인으로 삼아라."라고 명했어요. 윤원형의 정실부인 김씨는 문정 왕후를 음해하려던 김안로 집안의 사람이었으므로 문정 왕후의 미움을 받고 있었지요. 정난정은 김씨 부인을 내쫓은 것도 모자라 윤원형과 모의해 김씨 부인을 독살하고 자신이 정경부인이 되었어요.

정난정은 윤원형의 권세를 등에 업고 유기그릇 등을 전매해 막대한 부를 축적했습니다. 정난정의 수완으로 윤원형의 집에는 뇌물이 쏟아져 들어왔어요. 도성 내에는 윤원형의 저택이 열 채나 있었고, 빼앗은 논밭과 노예는 헤아릴 수 없을 정도였지요. 문정 왕후의 총애를 받은 정난정은 친밀하게 지냈던 승려 보우를 문정 왕후에게 소개하기도 했답니다.

문정 왕후가 죽자 사헌부와 사간원의 대간들은 윤원형을 탄핵하기 시작했어요. "팔도에서 윤원형에게 바쳐지는 물건이 나라에 바쳐지는 물건의 100배는 되고, 관리들은 왕보다 윤원형을 더 두려워하는 지경이 되었나이다."

이런 가운데 윤원형의 전처 집안에서는 김씨를 독살한 혐의로 윤원형과 정난정을 고발했습니다. 교외의 별장에 나가 있던 윤원형과 정난정에게 종이 달려와 금부도사가 오고 있다고 알렸어요. 사실 금부도사는 다른 일로 평양에 가는 중이었지요. 자신이 사사될 것으로 오판한 정난정은 스스로 독주를 마시고 목숨을 끊었습니다. 정난정이 죽은 지 5일 후에 윤원형도 세상을 떠났지요.

윤원형까지 사라지자 명종은 소신껏 정치를 펼 수 있게 되었고, 비로소 사림의 전성시대가 열리기 시작했습니다.

명종의 마지막 2년, 그제야 사림이 모습을 드러내다

문정 왕후도 없고 척신인 윤원형과 이량도 사라졌습니다. 명종에게 진정한 친정(親政, 임금이 직접 나라의 정사를 돌봄)의 시기가 도래하자 그제야 사림이 제 모습을 드러내기 시작했어요.

기묘사화, 을사사화 등 잇단 사화로 많은 유학자가 출사의 뜻을 접고 향촌에 은거하며 제자를 양성했습니다. 조식, 성수침, 김인후, 이황 등을 대표적인 향촌 거사로 꼽을 수 있지요. 시절이 혼란할 때는 세상을 등지고 수양에 전념하는 것이 살아남는 방법인지도 모릅니다. 하지만 현실에 참여하지 않고 수양으로만 세상을 바꾸는 것은 어려운 일이었지요.

조광조의 문하에 있던 성수침은 파주 우계에 은거하며 제자들을 가르쳤어요. 조선 최고의 유학자 중 한 명인 성혼이 **성수침**의

❍ 강릉(서울시 노원구)
명종과 인순 왕후 심씨의 능이다. 왕비의 능도 왕릉과 나란히 앉혀 쌍릉을 이루었다. 언덕 너머에는 문정 왕후의 태릉이 있다.

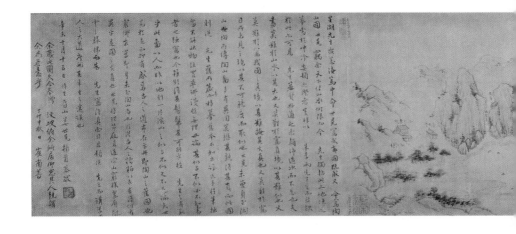

아들이자 제자랍니다. 어려서부터 신동으로 불린 김인후는 중종 말년 조광조의 신원을 청하기도 했으나, 을사사화를 겪자 장성으로 낙향했어요. 신진 관료들은 이황, 조식 등 은거하고 있는 유학자들을 불러들일 것을 청했습니다.

하지만 이황은 벼슬을 내리면 곧바로 사직서를 올리기 일쑤였지요. 명종은 '어진 이를 불러도 오지 않으니 이를 탄식하노라.'는 시제를 내리고 율시를 지어 바치도록 했고, 화공을 보내 이황이 사는 **도산의 경치**를 그려 오도록 한 적도 있어요. 재야에 묻혀

지내던 조식을 직접 불러 정사를 논하기도 했지요.

　명종이 새로운 정치를 펼치기에는 시간이 너무 짧았어요. 명종의 실질적인 보위 기간은 문정 왕후 사후 2년에 불과했지요. 명종 때 조식, 이황 등 뛰어난 인재가 있었지만 척신들이 득세할 때는 그들이 뜻을 펼칠 공간이 없었어요.

　문정 왕후와 윤원형이 죽은 지 2년 후인 1567년(명종 22년) 6월 명종은 34세의 나이로 숨을 거두었습니다. 명종은 병세가 갑자기 위독해져 후계자도 미처 정하지 못했어요. 이에 이준경이 명종 비인 인순 왕후에게 물어 덕흥 대원군의 셋째 아들 하성군(선조)을 왕위에 올렸지요. 명종이 안장된 능은 **강릉**입니다. 강릉은 문정 왕후의 능인 태릉 옆에 있습니다.

❂ **성수침 글씨(국립중앙박물관)**
성수침(1493~1564)은 송설체(松雪體)로부터의 변화를 시도한 대표적인 인물이다. 강하고 속도감 있는 필획을 구사하는 것이 특징이다.

3 썩어빠진 지배층과 쓰러지는 백성들

백성은 지배층을 위한 도구에 불과했다

명종 당시에는 척신들이 부패하고 탐관오리의 수탈이 심해져 백성의 생활은 피폐해질 대로 피폐해진 상태였습니다. 왕의 권위는 땅에 떨어지고, 권력을 독점한 윤원형, 이량 등 척속들이 부정부패를 일삼으면서 사회가 혼탁하고 민심이 흉흉해졌어요. 수령들은 백성의 고혈을 짜내기에 여념이 없었지요. 게다가 흉년까지 이어져 굶주림에 시달리던 백성들은 도적이 되지 않으면 살길이 없는 상황에 이르렀습니다.

1554년(명종 9년) 안동의 생원 이포가 그림을 그려 올린 상소문을 보면 당시 백성의 삶의 일면을 엿볼 수 있어요.

"백성이 호랑이를 잡아서 올린 호피는 수령의 차지입니다. 나라에 진상할 호피는 백성에게 나누어 분담시킵니다. 명주, 칠, 왕골 등 공물도 수령이 착복하고 진상품은 인구수를 계산해 백성에서 거둡니다. 흉년이 들어 백성이 초목의 껍질로 연명하게 되었을 때 전하께서 '공물의 양을 줄이라.'는 명령을 내리셔도 수령은 원래대로 낱낱이 다 거둡니다.

수령은 아전 중에 맹차라 불리는 독한 자를 뽑아 해결사 역할을 시킵니다. 맹차에게 끌려가 옥에 갇혀 잔인하게 매질당하니, 남편은 처를 버리고 어미는 자식을 버리기까지 합니다. 어사가 내려와도 서로 알려 주어 미리 대비합니다. 흉년이 들었을 때 백성을 구제하는 의창도 제 역할을 상실했습니다. 많은 양을 풀었다가 거두지 못하면 감사에 걸릴 것이라고 판단해 찔끔 흉내만 내고 있어 가난한 백성은 끼니조차 이을 수 없습니다.

힘없는 사람만 군대에 가고, 군대에서도 뇌물을 쓰면 쉬운 허

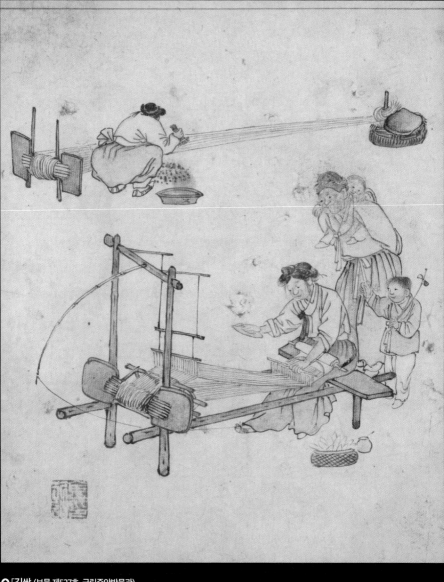

◎「길쌈」(보물 제527호, 국립중앙박물관)

길쌈은 삼·누에·모시·목화 등의 섬유 원료로 베·명주·모시·무명 등의 피륙을 짜내기까지의 모든 과정을 말한다. 견사를 사용해 짠 직물인 명주는 광택과 촉감이 우수해 귀한 옷감으로 취급받았다. 진상품 가운데 가장 인기 있는 품목이었다. 우리가 흔히 알고 있는 비단은 명주의 한 종류이다. 이 그림은 단원 김홍도의 작품이다.

드렛일을 맡을 수 있습니다. 군대의 변장(邊將, 첨사·만호·권관을 통틀어 이르는 말)도 수령과 똑같이 수탈을 일삼고 있습니다. 백성은 조세, 공물, 군역만 부담하는 게 아니라 한양의 힘 있는 대감, 지방 수령과 그 일가붙이를 위한 것까지 내놓아야 합니다."

상소를 읽은 명종은 대신들에게 방안을 내놓으라고 지시했지만, 이는 고양이에게 생선을 맡기는 격이었습니다. 뇌물에 길들어진 대신들이 뇌물을 주는 사람을 처벌하려 하겠어요? 수령 고소 금지법의 폐지 문제도 논의되었지만 "상하(上下)의 예법을 무너뜨린다."라는 명분에 가려 바로 흐지부지되었지요. 당시 상황은 국회의원이 자신들의 특권을 위해 규정한 법을 없애지 않으려는 오늘날의 상황과 크게 다르지 않았답니다.

성군이라 일컬어지는 세종이나 성종 때도 상황은 다르지 않았으니 문정 왕후나 명종의 탓만은 아닐 거예요. 조선 왕조 내내 백성은 지배층을 위한 도구일 뿐이었습니다. 성리학은 누구를 위한, 무엇을 위한 학문이었을까요? 『대학(大學)』에 '수신제가치국평천하(修身齊家治國平天下)'라는 말이 있듯이, 학문의 목적은 결국 나라와 백성을 향해야 합니다. 정신적 수양만을 위한 성리학은 붕당의 이익만을 위한 학문으로 전락할 수 있어요. 대다수 백성과 동떨어져 있기 때문이지요.

상하 위계 질서를 내세우는 성리학의 그늘에 가려 백성을 위한 실용 학문은 천시되었어요. 성리학이 백성의 생활과 동떨어져 있었다면, 아니 오히려 해악이 되었다면 백성을 위한 다른 선택은 없었을까요? 의식(衣食)이 넉넉해야 예의를 아는 법입니다. 결국 임꺽정이라는 '예의(?)를 모르는 의적'이 나타났지요.

백정 임꺽정, 신분 평등과 농민 저항 운동의 서곡을 열다

양주의 백정 출신인 임꺽정은 도둑 떼의 두령들을 모아 관군을 괴롭혔어요. 1559년부터 1562년까지 3년이 넘게 지속된 임꺽정의 난은 조선 전체를 뒤흔들었지요. 『명종실록』의 편찬자는 임꺽정의 난에 대해 다음과 같이 평했어요.

"도적이 성행하는 것은 수령의 가렴주구(苛斂誅求, 세금을 가혹하게 거두어들이고, 무리하게 재물을 빼앗음) 탓이고, 수령의 가렴주구는 재상이 청렴하지 못한 탓이다. 오늘날 재상들의 자기 잇속 챙기기가 극에 달했다. 수령들은 권력자들을 섬기기 위해 돼지와 닭을 마구 잡는 등 백성의 고혈을 짜내기에 여념이 없다. 곤궁한 백성은 하소연할 곳이 없으니, 도적이 되지 않으면 살아갈 길이 없었다."

『명종실록』에는 임꺽정이 흉악한 도적으로 기록되어 있지만, 사관은 그 원인에 대해서만큼은 정확히 인식하고 있었어요.

임꺽정은 백정 출신이지만 그를 따르는 사람들은 상인, 대장장이, 노비, 아전 등 다양했습니다. 임꺽정은 처음에는 몇 명이 무리를 지어 민가를 돌아다니며 도둑질을 일삼았어요. 임꺽정은 세력이 커지자 황해도 구월산에 본거지를 두고 활동했습니다. 점차 따르는 무리가 많아지면서 평안노, 강원도, 경기도 지역으로까지 확대되었지요.

관군들은 임꺽정의 세력이

**○ 임꺽정 동상
(강원 철원군)**

고석정 입구에 있는 임꺽정 동상이다. 의적으로 불리는 임꺽정은 고석정 일대를 근거지로 활동했다. 철원군청 제공

커질 때까지 당시의 상황을 제대로 파악하지 못했습니다. 관에서 임꺽정을 잡으려고 하면 아전과 백성은 그 사실을 임꺽정에게 미리 알려 주었어요. 백성 사이에서 임꺽정이 '의적'으로 통했기 때문이지요.

세력이 커진 임꺽정 무리는 양반이나 토호의 집을 습격해 거두어들인 재물을 백성에게 도로 나누어 주었어요. 심지어 관청까지 습격하면서 임꺽정의 난은 농민 저항 운동 수준의 반란으로 확대되었지요.

임꺽정은 관의 추적을 피하고자 신발을 거꾸로 신고 다녔다고 합니다. 추적에 나선 한 선전관이 구월산에서 임꺽정 무리의 발자국을 발견했어요. 임꺽정 무리가 신발을 거꾸로 신었기 때문에 선전관은 들어간 것을 나간 것으로 오해하고 추적한 것이지요. 길을 잘못 들어선 선전관은 어디선가 날아온 화살에 맞아 그자리에서 숨졌어요. 이때부터 조정은 임꺽정을 잡는 데 혈안이 되었답니다.

❍ 고석정(강원 철원군)
임꺽정은 고석정 일대를 근거지로 활동했다. 고석정 앞에 솟아 있는 고석 바위의 큰 구멍 안에 숨어 지냈다고 전해진다.

1560년(명종 15년) 10월 임꺽정 무리는 한양에끼지 출몰했습니다. 명종은 임꺽정 무리를 단순한 도적이 아닌 반란군으로 규정했어요. 귀신같이 나타났다가 사라지는 임꺽정이 잡히지 않자 현상금은 더욱 높아졌습니다.

　　임꺽정 무리를 추적하던 관군들은 임꺽정의 아내를 잡는 데 성공했어요. 조정은 임꺽정을 잡기 위해 임꺽정의 아내를 감옥에 가두지 않고 형조 소속의 종으로 삼았지요. 한편, 임꺽정의 참모인 서림은 임꺽정에게 "동시에 여러 곳을 공격하면 한양의 방비가 허술해질 것이니 그 틈을 타서 한양의 형조를 공격해 부인을 구해 내자."라고 제안했어요. 황해도 봉산군에 소굴을 만든 임꺽정 무리는 평안도와 강원도 일대까지 출몰해 관군을 떨게 했습니다. 하지만 무리에서 이탈한 배신자들이 관아에 임꺽정에 관한 정보를 몰래 알려 주었지요.

　　1560년 12월 관아에서는 전 병력을 동원해 임꺽정 체포에 나섰지만, 정작 잡힌 사람은 임꺽정의 부하인 서림이었습니다. 관아에서는 서림을 통해 장수원에 모여 있는 임꺽정이 전옥서(典獄署, 감옥에 관한 일을 맡아보던 관청)를 파괴해 아내를 구출할 계획을 짜고 있다는 사실을 알아냈어요. 또한 평산 남면에 모여 봉산 군수 이흠례를 죽일 계획이 있다는 사실도 알아냈지요.

　　평산부와 봉산군의 관군 500여 명이 임꺽정을 잡기 위해 평산 마산리로 진격했으나 크게 패하고 말았어요. 사태의 심각성을 파악한 명종은 직접 황해도, 경기도, 평안도, 강원도, 함경도에 대장을 한 명씩 보내 임꺽정 일당을 잡으라고 명령했지요.

　　이 무렵 서흥 부사 신상보가 임꺽정 무리의 아내 여러 명을 붙잡아 두었어요. 임꺽정 무리가 관아에 들이닥쳐 이 여인네들을 구하자 부하들의 사기는 하늘을 찌를 듯했지요.

1561년 1월 3일 황해도 순경사 이사증이 임꺽정을 체포했다고 보고했습니다. 하지만 서림은 붙잡힌 사람이 임꺽정의 형 가도치라고 했어요. 출세에 눈이 먼 이사증은 가도치를 때려죽이면서까지 진실을 덮으려 했으나, 결국 발각되어 옥에 갇혔어요.

『명종실록』에서 임꺽정에 관한 기록의 상당 부분은 가짜 임꺽정을 진짜로 둔갑시켜 출세를 꾀한 자들의 이야기로 채워져 있습니다. 그만큼 지배 계층이 썩을 대로 썩어 있었다는 반증일 것입니다.

1561년 9월 관찰사 이량은 의주 목사 이수철이 임꺽정과 한온을 붙잡았다고 조정에 보고했습니다. 하지만 이수철이 잡은 인물은 임꺽정 일당과는 아무 관련이 없는 윤희정과 윤세공이라는 인물이었어요. 이수철도 이들이 임꺽정과 한온이 아니라는 것을 알고 있었지만 온갖 고문을 가해 거짓 자백을 받아 낸 후 사형에 처했고, 늙은 노파를 잡아다 임꺽정의 아내라며 인두질을 했습니다. 사실이 드러난 후 이수철은 파직되었어요.

1561년 10월 임꺽정 무리가 해주의 민가 30호를 불태운 사건이 발생했습니다. 이 사건 이후 관군은 서림을 앞세워 임꺽정 체포에 나섰어요. 한편, 황해도에서는 양민이 도둑에 가담하는 일이 없도록 전세를 탕감해 주었고, 평안도에서는 전세의 절반을 깎아 주기도 했지요.

❍ 조선일보에 연재된 「임꺽정」
벽초 홍명희의 소설 「임꺽정」은 조선일보 1928년 11월 21일자에 첫 회가 실린 이래 1939년까지 10여 년간 연재되었다.

1562년 1월 토포사 남치근이 이끄는 관군은 구월산 아래에 진을 치고 군사와 말을 모아 임꺽정 무리가 산에서 내려오지 못하도록 묶어 두었어요. 이어 관군은 서림을 길잡이로 세워 본격적인 체포 작전을 전개했지요. 궁지에 몰린 임꺽정은 산을 넘어 한 민가에 숨어들었어요.

관군이 민가를 포위하자 임꺽정은 관군의 옷으로 갈아입고 집주인인 노파에게 집 밖으로 뛰쳐나가라고 요구했습니다. 노파가 "도적이야!"라고 외치며 문밖으로 뛰어나가자 관군 복장의 임꺽정이 노파를 뒤쫓으며 "도적은 벌써 달아났다."라고 외쳤어요. 임꺽정을 알아보지 못한 관군은 일제히 임꺽정이 가리킨 방향으로 뛰어갔지요. 이 틈에 임꺽정은 군인이 타고 있던 말을 빼앗아 달아났어요. 멀리서 임꺽정을 알아본 서림이 "임꺽정이다!"라고 외쳤고, 임꺽정은 쫓아온 관군들 손에 끝내 잡히고 말았지요. 임꺽정은 체포된 지 15일 만에 형장의 이슬로 사라졌습니다.

임꺽정은 사회주의자이자 독립투사였던 벽초 **홍명희**의 대하 소설 「임꺽정」에서 의적으로 부활했습니다. 홍명희는 1929년 『삼천리』 창간호에 다음과 같은 글을 실었어요.

"림꺽정은 옛날 봉건 사회에서 가장 학대받던 백정 계급의 한 인물이 아니엇습니까. 그가 가슴에 차 넘치는 계급적 투쟁의 불낄을 품고 그때 사회에 대해 반기를 든 것만 해도 얼마나 장한 쾌거엿습니까."

일제 식민지 시절에 민중은 임꺽정을 통해 핍박이 설움을 달랬어요. 임꺽정은 비록 백정 출신이었지만 암울한 시대에 일반 민중과 중인들까지 끌어들여 신분 차별에 항거했으며, 도둑 무리의 반란을 농민 저항 운동의 수준으로까지 끌어올렸습니다.

○ 홍명희(1888~1968)
일제 강점기 최대의 장편 소설로 손꼽히는 「임꺽정」을 집필했다. 휘문 학교와 오산 학교 등에서 교편을 잡았고, 1920년대 초반에는 동아일보 편집국장을 지냈다. 1927년 신간회의 부회장으로 선임되어 사회운동에 적극 투신했고 광복 이후에는 월북했다.

임진왜란의 축소판, 을묘왜변

조선은 초기에 강력한 국방력을 바탕으로 왜구를 통제했습니다. 하지만 평화 기간이 길어지자 조선의 위정자들은 국방을 소홀히 했어요. 특히 명종 때는 사회 혼란이 극심해 국방에 더 신경을 쓰지 못했는데, 이 틈을 타 왜구가 기승을 부렸지요. 이때 왜구에 효과적으로 대처하지 못한 것이 임진왜란이 일어나게 된 원인 중 하나였어요.

조선과 왜가 최초로 조약을 맺은 때는 세종 연간이었습니다. 1443년(세종 25년) 조선은 왜와 계해약조를 맺어 제한된 조공 무역을 허락했어요. 한 해 동안 왜는 세견선 50척을 조선에 파견했습니다. 조선은 '세사미두'라 하여 왜에 곡식도 원조했지요. 처음에는 200섬 정도를 주었다고 해요.

왜는 식량을 자급자족할 수 없었기 때문에 끊임없이 조선 땅을 침략했습니다. 조선은 1510년(중종 5년) 삼포왜란이 일어나자 3포를 폐쇄하고 왜와 관계를 끊어 버렸어요. '3포'란 세종 때

세견선(歲遣船)
세종 때 대마도 도주의 청원으로 삼포를 개항하고 내왕을 허락한 무역선이다.

개항한 세 항구로 부산포, 제포, 염포를 말합니다. 1512년에는 임신약조를 맺어 무역 관계를 제한하는 정도로 대처했지요. 제포만 개항하고 세견선은 25척, 세사미두는 100섬으로 줄였어요.

하지만 임신약조가 체결되었음에도 왜인들은 계속 행패를 부렸고, 1544년 왜선 20여 척이 **사량진**(경상남도 통영시)에 침입해 사람과 말을 약탈해 갔어요. 조정에서는 거듭된 왜의 조약 위반으로 골치를 앓다가 사량진왜변을 계기로 임신약조를 폐기하고 왜인의 조선 왕래를 일절 금지했습니다.

1555년(명종 10년) 을묘년 5월 7,000여 명의 왜구가 배 70여 척을 이끌고 달량포(전라남도 영암)에 침입해 성 아래 민가를 불태우고 달량성을 포위했습니다. **달량성**은 돌과 화살 등 방어할 무기가 떨어져 결국 함락되고 말았지요. 50여 명의 왜적이 성안에서 곡식과 병장기를 모조리 챙겼어요.

강진현과 가리포에서는 장수들이 성을 버리고 도망쳐 왜적들이 싸우지 않고도 성을 점령했어요. 이렇게 남해안 일대는 순식

○ **경남 통영시 전경**
삼포왜란 이후 조선은 왜인들의 행동을 제약했다. 이로 말미암아 1544년 20여 척의 왜선이 사량진(통영시)을 약탈하는 일이 벌어졌다. 사량진왜변으로 불리는 이 사건을 계기로 조선은 왜인의 왕래를 금지했다. 한국관광공사 제공

간에 왜적의 손에 넘어갔지요. 허수아
비 군사를 맞아 싸운 왜적들은 "한양까
지 쳐들어간다."라고 큰소리칠 정도로
기세등등했어요.

조선 정부는 비변사 회의를 거쳐 호
조 판서 이준경을 전라도 순찰사, 김경
석을 전라우도 방어사, 남치근을 전라
좌도 방어사에 임명해 왜구 토벌에 나
섰습니다. 하지만 남치근은 군사 수가 적다며 전장인 장흥으로
나아가지 않았고, 김경석은 강진이 공격을 받고 있는데도 출병
하지 않았어요. 그나마 전주 부윤 이윤경이 방어 태세를 갖춰 왜
적을 막았습니다. 최정예 군사 10여 기로 적진을 급습해 왜적
100여 명의 목을 베는 전과를 올렸지요.

조선과의 무역 관계가 더욱 악화되자 대마도 도주는 사죄의
의미로 을묘왜변에 가담한 왜구들의 목을 베어 보내면서 세견선
을 늘려 줄 것을 간청했습니다. 정부는 대마도의 식량 사정을 고
려해 세견선 다섯 척을 허락했지요.

삼포왜란·사량진왜변·을묘왜변이 임진왜란의 전조가 되었
지만, 조정에서는 아무도 그 심각성을 깨닫지 못했고 아무런 대
책도 세우지 않았습니다. 지난 역사를 교훈으로 삼지 않는 사람
들은 그에 상응한 대가를 치를 수밖에 없어요. 참고로 왜가 일으
킨 변란을 삼포왜란·사량진왜변·을묘왜변의 앞 글자만 따서
삼·사·을(삼사오)로 기억하면 편하겠지요?

4 명종 때의 3대 성리학자

이언적의 독자적 주리론, 조선의 보수화를 불렀나

회재 이언적은 1491년(성종 22년) 경상북도 경주시 **양동 마을**에 있는 외할아버지 손소의 서재 서백당에서 태어났습니다. 이언적은 외숙인 손중돈에게 글을 배웠고, 1514년(중종 9년) 문과에 급제해 벼슬을 시작했어요. 27세의 젊은 나이에 손숙돈과 조한보 사이에 벌어진 '무극태극(無極太極)' 논쟁에 참여해 주리론(主理論)적 관점에서 이들의 견해를 모두 비판하기도 했습니다.

조한보는 노장 철학과 불교 사상을 수용해 "만물의 본질인 태극에는 일상을 넘어서는 초월적인 면이 있다. 도덕 법칙(태극)은 보편적이기 때문에 사람의 구체적인 행동 하나하나를 넘어서는 초월적인 것에 속한다. 내면의 경건성에 바탕을 둔 수양을 통해서만 진리를 깨달을 수 있다."라고 주장했어요.

○ 독락당(보물 제413호, 경북 경주시)
옥산 서원 안쪽 계곡에 있는 이언적의 고택 사랑채이다. 독락당(獨樂堂)은 '즐거움을 독차지하면 큰 재앙이 오지만 사람들과 함께 나누면 참다운 즐거움을 누릴 수 있다'는 뜻에서 지은 이름이다. 사진작가 서헌강 제공

이에 대해 이언적은 주희의 견해를 바탕으로 "태극은 초월적이기는 하지만 구체적 현실에서 떠나 있을 수 없다. 도덕 법칙은 보편적이지만 사람들의 행동 하나하나와 따로 떨어져 있는 것도 아니다. 진리를 깨닫기 위해서는 내적 수련과 더불어 구체적인 실천의 결과가 옳은지 그른지 따져 바로잡는 외적 수양이 필요하다."라고 주장했습니다.

1530년(중종 25년) 이언적은 사간원 사간에 임명되었어요. 하지만 김안로의 재등용을 반대하다가 관직에서 쫓겨났고, 귀향 후에는 자옥산에 **독락당**을 짓고 학문에 열중했답니다.

1545년 인종이 죽고 명종이 즉위하자 윤원형 일파가 사림을 축출하기 위해 을사사화를 일으켰어요. 이언적은 을사사화 때 의금부를 책임진 판의금부사여서 을사사화가 마무리된 후 2등 공신에 책봉되기도 했지요. 이이는 이언적이 을사사화 때 직언으로 항거하지 못했다는 점을 들어 "절개를 지키지 못한 우유부단한 학자"라고 비판했어요. 이언적은 1547년에 일어난 양재역 벽서 사건에 연루되어 강계로 유배되었습니다. 이언적의 서자인 이전인은 직접 유배지로 내려가 정성을 다해 부친을 봉양했다고 해요.

◐ 경주 양동 마을
(경북 경주시)
월성 손씨와 여강 이씨의 양대 문벌로 이어 내려온 조선 시대 대표적인 동성 취락이다. 여강 이씨인 이언적도 양동 마을에서 태어났다. 양동 마을은 2010년 안동 하회 마을과 함께 유네스코 세계 문화유산으로 등재되었다.

이와 관련해 이전인에 대한 일화가 전해지고 있습니다. 일찍이 이언적은 한 기녀를 사랑했어요. 하지만 기녀는 조씨 성을 가진 다른 남자의 첩이 되었고 아들까지 낳았지요. 아이의 아버지가 죽자 조씨의 첩은 장성한 아들에게 "네 진짜 아버지는 강계에 유배 중인 이언적 대감이시다."라고 출생의 비밀을 알려 주었어요. 아들 이전인은 조씨 집안의 상속권을 포기하고 아버지 이언적이 있는 강계로 갔지요. 이전인은 아버지 이언적을 마지막 날까지 정성껏 모셨다고 해요.

만년의 유배 기간에 이언적은 많은 저술을 남겼습니다. 특히

○ 양동 서백당
(경북 경주시)
경주 양동 마을에 있는 월성 손씨 종택이자 회재 이언적이 태어난 외가이다.

『구인록』에서는 유학의 근본 개념인 '인(仁)'에 대해 깊은 관심을 나타냈지요. 이언적은 주희를 추종하기는 했지만 주희가 강조했던 '격물치지(格物致知)'를 그대로 받아들이지 않고 주리론적 입장에서 인의 본질과 실현 방법에 관해 탐구했어요. '이(理)'와 '기(氣)'는 서로 분리된 것이고, 이로써 기를 다스려야 한다는 이언적의 '이선기후설(理先氣後說)'은 다음 세대인 이황에게 계승되어 영남학파를 형성하는 사상적 근거가 되었습니다.

하지만 이언적의 사상은 너무 관념적이어서 경제나 사회 분야 등 현실 문제에 적용하기 어렵다는 한계가 있습니다. 또한 왕권이 만물의 본질인 이(理)와 결부될 수 있기 때문에 봉건 전제 국가에서 왕권 수호의 이론적 근거가 될 수 있어요. 이언적이 본질과 도덕을 우선시함으로써 조선의 성리학이 보수적 성향을 띠게 되었지요.

동방 5현(이황, 조광조, 이언적, 정여창, 김굉필)의 한 명으로 꼽히는 이언적은 사후 **옥산 서원** 등 전국 각지의 서원에 배향되었고, 영의정으로 추증되었어요.

❂ 옥산 서원(경북 경주시)
이언적을 기리기 위해 세워진 서원이다. 이언적의 학설은 퇴계 이황에 의해 계승되어 영남학파의 사상적 근거가 되었다. 흥선 대원군의 서원 철폐령 때도 훼손되지 않고 살아남은 47개 서원 가운데 하나다.

이황, 조신 주리학의 일대 산맥을 형성하나

이황은 1501년 경상도 예안 온계리(경상북도 안동)에서 진사 이식의 7남 1녀 가운데 막내아들로 태어났어요. 태어난 지 7개월 만에 아버지를 여의고 홀어머니 밑에서 자랐지요. 과거 시험에는 뜻이 없었지만 어머니의 바람에 따라 34세에 문과에 급제해 관직에 발을 들여놓았어요.

이황은 10년도 채 안 돼 종3품인 성균관 사성에 오르며 순탄한 관직 생활을 이어 갔습니다. 하지만 1545년(명종 즉위년) 을사사화를 목격하고는 병을 핑계로 관직에서 물러났어요. 1550년 형 이해가 억울하게 참소를 당해 유배지로 가던 도중 목숨을 잃자 벼슬에 뜻을 두지 않고 학문에만 몰두했습니다. 조정에서 벼슬을 내려도 사직 상소를 올렸고, 마지못해 관직에 올랐다가도 곧바로 사퇴하기를 되풀이했지요.

1550년(명종 5년) 이황은 풍기 군수로 부임했을 때 백운동 서원을 보고 왕에게 책과 편액을 내려 줄 것을 청하는 상소를 올렸습니다. 명종은 이황의 청을 받아들여 백운동 서원에 **소수 서원**이라는 편액과 토지, 노비, 서적 등을 내려 주었어요. 이황은 서원에서 제향보다는 학문 연구에 더 치중했지요. 이후에도 이황은 제자들과 함께 계속해서 서원 건립 운동에 주력했답니다.

이황은 일 년 만에 풍기 군수에서 물러나 고향인 낙동강 상류 토계에 양진암을 짓고 학문 수행에 몰두했습니다. 이황의 자호인 '퇴계(退溪)'는 '토계(兎溪)'에서 따온 것이지요. 그 후에도 이황은 관직을 받았으나 이내 물러났어요. 명종의 잇따른 부름을 사양하고 고향인 예안에 머무르며 학문 연구에 힘썼지요. 1556년에 이황은 예안 향약을 만들었고, 1561년에는 도산 서당을 세워

**○ 소수 서원의 편액
(경북 영주시)**

명종이 친히 써서 하사한 편액이다. 소수(紹修)는 '이미 무너진 교학을 다시 닦게 했다.'라는 의미를 지닌다. 편액이란 널빤지나 종이, 비단 등에 글씨를 쓰거나 그림을 그려 문 위에 거는 액자를 말하는데, 흔히 현판이라고 부른다.

후진을 양성했어요.

16세기 후반부터는 소위 '사림의 시대'라고 해도 과언이 아닙니다. 사림이 조선의 모든 분야를 주도했기 때문이지요. 사림의 시대에 이황은 향촌의 안정을 위해 예안 향약을 제정했어요. 예안 향약은 자신의 고향인 예안현에 살던 농민들이 여러 가지 이유로 고향을 등지는 것을 보고 이를 해결하고자 제시한 것입니다. 이황은 향촌 사회를 안정하면서 성리학적인 사회 윤리를 구현하기 위해 향촌의 풍속도 교화하려 했어요. 예컨대 부모에게 불손한 자나 친척과 화목하지 못한 자를 엄벌로 다스린다는 조항 등이 풍속 교화와 관련 있다고 볼 수 있습니다.

1567년 왕위에 오른 선조는 이황의 명망을 높이 사 이황을 예조 판서로 임명했으나, 이황은 병을 이유로 곧바로 사직하고 다시 고향으로 돌아왔습니다. 1568년에는 선조의 간청에 못 이겨 마지못해 홍문관과 예문관의 대제학을 겸직했어요. 실록청의 도청 당상도 겸임한 이황은 『명종실록』 편찬 작업에 참여했다고 합니다.

이황은 선조에게 중국의 요임금과 순임금처럼 성인이 되기를 바라는 마음을 담아 『성학십도』를 바쳤습니다. 그림을 통해 성리학의 정수를 표현한 『성학십도』에서 이황은 군주 스스로 인격을 수양하기 위해 노력해야 함을 강조했어요. 하지만 선조는 이황의 바람대로 성군이 되기보다는 임진왜란 때 도망가기에 급급하고, 나라를 구한 이순신을 시기하는 왕이 되었지요.

이황은 1570년 70세의 나이로 세상을 떠났고, 사후에 영의정으로 추증되었습니다. 1574년에는 이황이 제자들을 가르치던 도산 서당의 뒤편에 이황의 학덕을 기리기 위한 도산 서원이 세워졌어요.

이황은 이이와 함께 조선 성리학의 사상적인 기본 틀을 마련한 인물입니다. 주리론 사상을 전개한 이황은 주자의 '이기이원론(理氣二元論)'에 기초해 우주를 '이'와 '기'로 나누어 파악했어요. 우주 만물의 근원인 '이'는 형이상의 '도(道)'가 되고, 현상인 '기'는 형이하의 '기'가 된다고 보았지요. 주자와 마찬가지로 '이'와 '기'는 서로 구별되지만, 서로 섞일 수도 떨어질 수도 없다고 생각했어요.

이황은 43세에 '주자학의 백미'로 여겨지는 『주자대전』을 통해 주자의 사상을 거의 완벽하게 이해하는 수준에 도달했습니다. 학문적으로 완숙기에 접어들었던 59세에는 33세의 젊은 기대승과 사단칠정과 관련해 8년 동안이나 편지를 주고받으며 논쟁을 벌이기도 했어요.

이황은 "인의예지는 '이'의 작용으로 나타나며, 희노애락애오욕은 '기'의 작용으로 나타난다."라고 주장했습니다. 이에 기대승은 "사단과 칠정을 각각 '이'와 '기'의 작용에 따른 것으로 나누게 되면, 사단에는 '기'가 없고 칠정에는 '이'가 없게 된다."라고 반박했어요. 이황은 기대승의 견해를 일부 수용해 "사단은 '이'가 발해 '기'가 그것을 따르는 것이요, 칠정은 '기'가 발해 '이'가 그것에 타는 것"이라고 해석했습니다.

이황과 기대승의 사단칠정 논쟁은 곧 사림의 관심을 불러일으켰습니다. 사림은 다투어 두 사람의 이론을 필사하며 또 다

조식이 이황에게 보낸 편지(국립중앙박물관)
남명 조식이 퇴계 이황에게 답한 편지이다. 평소 하늘의 북두칠성과 같이 흠모하여 만나고 싶어 했다는 마음을 전하고 일찍이 만나자는 약조가 있었음을 언급하고 있다. 자신은 어리석고 몽매한 사람으로서 헛된 명성을 얻어 부끄러워하고 있는데, 지난 해 겨울 허리에 통증이 생겨 오른쪽 다리를 절게 되어 만날 수 없게 되었다는 사정을 밝히고 있다.

사단칠정(四端七情)
성리학의 철학적 개념이다. 사단은 인간의 본성에서 우러나오는 마음인 인의예지(仁義禮智)를 가리킨다. 칠정은 사단에서 비롯되는 자연적인 감정인 희노애락애오욕(喜怒哀樂愛惡欲)을 가리킨다.

른 논쟁을 벌이기도 했지요. 사단칠정 논쟁은 서양 철학의 관점에서 보면, 형이상학과 형이하학의 상호 관계에 관한 논쟁이라 할 수 있습니다. 어쩌면 먹고사는 문제와는 직접적인 관계가 없는 이야기라 할 수 있지요. 이 논쟁에 백성의 삶이 스며들 여지는 없었어요. 학문적인 이론 논쟁도 좋지만, 지배층의 부정부패로 백성이 가난에 허덕이는 상황에서 학자들 간에 현실적인 개혁을 위한 고민이 부족했다는 점은 아쉬운 대목입니다.

이황의 문하생인 조호익은 스승을 '동방의 주자'라 칭하며 추앙했습니다. 이황의 학문과 사상을 계승한 학자들은 이른바 '퇴계학파'를 이루었어요. 유성룡을 비롯해 김성일, 기대승, 이산해, 성혼, 이익, 이항로 등 걸출한 학자들이 이황의 학풍을 따랐지요. 조선 주리학의 일대 산맥이 형성된 것입니다.

임진왜란 이후에는 이황의 문집이 일본에 유입되어 일본 내에서도 퇴계학이 주자학의 주류로 자리 잡았다고 합니다. 오늘날에도 일본과 대만, 미국, 중국 등 국경을 초월해 이황에 대한 연구가 이루어지고 있어요. 이황이 탐구한 주제가 인간의 보편적인 본성에 대한 것이기에 시대와 국경을 초월해 연구가 이루어지고 있는 것이지요.

○ **덕곡 서원(경남 의령군)**
이황의 학문과 덕행을 추모하기 위해 세운 서원이다. 1654년(효종 5)에 세웠고, 1660년(현종 원년) 나라에서 '덕곡'이라는 현판을 내려 사액 서원이 되었다.
의령군청 제공

○ **이황 초상(현초 이유태 作, 표준영정 4호)**
이황(1501~1570)은 주자학에 대한 깊은 이해를 바탕으로 조선 성리학의 기본 틀과 특징을 형성한 조선 중기의 학자이다. 한국은행 제공

◆ 도산 서원(경북 안동시)

퇴계 이황이 도산 서당(오른쪽 가운데 건물)을 짓고 유생을 교육하며 학문을 쌓던 곳이다. 1574년(선조 7)에 이황의 학덕을 기리기 위해 창건했다. 1575년 사액 서원이 되면서 영남 지방 유학의 중심지가 되었다.

❂ 이황이 사랑한 선유동 계곡(충북 괴산군)

선유구곡 제1경인 선유동문 (오른쪽 위)에 접어들면 현세 와는 다른 선계와 마주치게 된다. 그 흔한 정자 하나 없 지만 비경을 간직하고 있다. 이황도 선유동 계곡을 접하 고는 첫눈에 반했다. 선유동 계곡에는 선유구곡(仙遊九曲) 이라는 아홉 군데의 절경이 있다. 이황은 칠송정(현재 송 면리)에 있는 함평 이씨 댁을 찾았다가 바위와 노송이 어 우러진 선유동 계곡의 경치 에 빠져 아홉 달 동안 머물면 서 구곡을 정하고 이름을 새 겼다고 한다. 구곡은 선유동 문을 비롯해 경천벽, 학소암, 연단로, 와룡폭, 난가대, 기국 암, 구암, 은선암 등이다.

❂ 선유구곡 중 제4경인 연단로

바위 위가 평평하고 가운데 는 절구처럼 움푹 패여 있다. 한쪽에는 '錬丹爐(연단로)'라 는 글자도 새겨져 있다. 신선 들은 금단이라는 환약을 먹 고 장수했는데, 바로 이 바위 를 금단을 만드는 화로로 사 용했다는 전설이 전해진다.

조식, "모르는 것보다 실천하지 못함을 부끄러워하라"

이황이 현실과 동떨어진 이론에 탐닉하는 모습을 고깝게 여긴 이가 바로 조식이었습니다. 이황과 조식은 1501년생으로 동갑내기입니다. 조식은 경상남도 합천에서 태어났지요.

이황은 여러 벼슬을 두루 거친 후 여생을 학문 연구와 제자 양성에 몰두한 데 반해, 조식은 처음부터 벼슬을 하지 않고 평생 학문 연구에 매진하며 후진을 양성하는 일에만 전념했어요. 이황이 70세에 세상을 떠난 후 2년 뒤에 조식도 세상을 떠났지요.

이황과 조식이 활동하던 시대는 문정 왕후와 그의 동생 윤원형이 세상을 쥐락펴락하며 부정부패를 일삼던 때였습니다. 그 이전인 1519년(중종 14년)에는 기묘사화로 조광조가 사약을 받았는데, 이때 조식의 숙부인 조언경도 화를 당하고 말았지요. 이에 충격을 받은 조식은 평생 벼슬에 뜻을 두지 않았어요.

아버지 조언형이 과거에 급제하자 조식은 다섯 살에 한양으로 올라와 20대 중반까지 한양에서 살았습니다. 조식은 청년 시절에 유교 경전은 물론이고 불교, 노장사상, 의학, 병법, 천문 등과

○ 덕천 서원(경남 산청군)
조식 유적지 내에 있는 서원이다. 1576년(선조 9) 남명 조식의 학덕을 추모하기 위해 조식이 강학하던 자리에 건립했다. 임진왜란 때 화재로 소실되었다가 1602년(선조 35)에 중건되었다. 한국관광공사 제공

관련된 시적을 두루 섭렵했어요. 조식은 25세 때 과거를 준비하던 중 『성리대전』에 실려 있는 원 학자 허형의 글에 깊이 감명을 받았습니다. 허형은 책에서 학문의 목적을 분명히 밝혔어요.

"대장부가 벼슬길에 나가서 하는 일이 아무것도 없고, 초야에 있으면서 아무런 지조도 지키지 않는다면 학문을 닦아 장차 무엇을 하겠는가?"

아버지가 죽자 낙향한 조식은 처가가 있는 김해로 거처를 옮겨 공부를 이어 갔습니다. 18년간 살았던 김해에 '산해정(山海亭)'이라는 집을 지어 후진을 양성했으므로 '산해 선생'이라고도 불렸지요. 과거에 뜻이 없었던 조식은 어머니의 바람에 따라 하는 수 없이 과거 시험을 보았어요. 향시에는 합격했지만 문과에 급제하지 못해 결국 과거 공부를 접고 말았지요. 이후 조식은 출세를 위한 유학 공부에 미련을 버리고 유학의 본질을 탐구하는 데 전념했어요. 어느새 조식의 명성이 높아져 "경상좌도에는 이황, 우도에는 조식"이라는 말이 나돌 정도가 되었습니다. 조식은 이황과 편지를 주고받으면서 더러운 조정에서 벼슬을 하는 이황을 꾸짖었다는 이야기도 전하지요.

이황과 조식은 둘 다 현실 정치를 비판했지만, 성리학을 공부하는 방향은 달랐습니다. 이황은 주자학을 받아들이고 이론에 천착했지만, 조식은 성리학 외에도 노장사상에 포용적이었고 학문의 실천을 강조했지요.

"성인의 뜻은 이미 앞서 간 학자들이 다 밝혀 놓았다. 그러니 지금의 학자들은 모르는 것을 걱정할 것이 아니라 알고 있는 것을 실천하지 못하는 것을 부끄럽게 여겨야 한다."

1555년 조식은 조정으로부터 단성현의 현감 자리를 제안받았습니다. 조식은 윤원형을 비롯한 간신들로 가득한 조정에 출사할 마음이 없었어요. 하지만 거주지와 그리 멀지 않은 단성현의 현감 자리라면 사양할 명분이 별로 없으리라 판단했지요. 그러나 조식은 현감 생활을 통해 현실의 부조리를 더욱 깊이 인식하고, 현감 자리마저 사직해 버립니다. 조식은 당시의 상황을 적나라하게 보여 주는 사직 상소를 올렸어요.

"전하의 나랏일은 이미 잘못되어 나라의 근본이 없고, 하늘의 뜻과 민심도 이미 떠나 버렸습니다. 낮은 벼슬아치들은 아랫자리에서 시시덕거리며 술과 여자에만 빠져 있습니다. 높은 벼슬아치들은 빈둥거리며 뇌물을 받아 재산 모으기에 여념이 없습니다. 온 나라가 안으로 곪을 대로 곪았는데 누구 하나 책임지는 사람이 없습니다."

산천 유람을 좋아하던 조식은 60대에 이르러 지리산 아래 산청 덕산으로 거처를 옮겼어요. 천황봉이 보이는 곳에 산천재(山天齋)를 짓고 후학을 가르치는 일로 말년을 보냈지요.

조식의 가르침은 제자들에게 큰 울림을 주었습니다. 조식의 제자 중에는 임진왜란 때 의병으로 활약한 홍의 장군 곽재우와 합천에서 의병을 일으킨 정인홍도 있었어요. 이들은 스승의 가르침을 받들어 나라가 위기에 처했을 때 주저 없이 의병을 이끌었던 것이지요.

광해군의 총애를 받으며 대북파의 거두로 떠오른 정인홍이 인조반정으로 참형에 처해지면서 남명학파는 큰 타격을 입습니다. 하지만 학문과 수양에 전념하고, 실천 없는 공허한 지식을 배격하며, 불의에 타협하지 않았던 조식의 사상과 삶의 자세는 그의 학문을 따르는 자들에게 그대로 이어졌어요.

조선 전기의 4대 사화는 각각 어떤 특징을 지니고 있나요?

조선 전기의 정치적 사건인 4대 사화는 '사화'라는 같은 이름으로 묶여 있지만, 각각 성격이 조금씩 달랐습니다. '무오사화(1498년)' 때 연산군은 사림의 언론 활동을 억제하는 과정에서 훈구 세력과 사림 세력을 모두 억누르고 왕권을 강화했어요. '갑자사화(1504년)' 때는 연산군이 부족한 재정을 훈구 대신에게 떠넘기는 과정에서 이에 반발했던 훈구 세력과 연산군의 생모인 폐비 윤씨 사건과 관련된 사림 세력을 제거했지요. '기묘사화(1519년)' 때는 중종이 사림의 거두 조광조를 등용했지만, 조광조의 급진적인 개혁에 거부감을 느껴 조광조를 비롯한 사림을 정계에서 쫓아냅니다. 사화의 진통을 겪으면서 3사는 그 위상을 확고하게 정립했지만, 기능이 변질되어 당쟁의 주요 원인이 되었어요. 3사의 언관이었던 조광조가 주장한 도학 정치조차 의도와는 다르게 연줄과 학연의 악습을 만들어 냈으니 더 말할 나위 없겠지요. 무오사화, 갑자사화, 기묘사화는 3사의 기능이 현실에 적용되는 과정에서 촉발되었지만 '을사사화(1545년)'는 외척의 대립과 갈등이 원인이었어요. 인종에서 명종으로 넘어가면서 명종의 외척 윤원형 일파가 인종의 외척 윤임 일파를 제거하는 사건이 발생했지요. 4대 사화는 왕(을사사화에서는 대리청정한 문정 왕후)이 주도적인 역할을 했지만, 그 배후에는 신하들 간의 권력 다툼이 있었습니다.

조광조를 기리기 위해 세운 심곡 서원

10 선조실록 ①|
붕당 정치의 전개

명종이 후사 없이 죽자 중종의 일곱째 아들인 덕흥군의 막내아들이 후계자로 지목되어 왕위에 오릅니다. 바로 선조입니다. 선조는 어린 나이에도 스스로 국정을 이끌어 갔어요. 성리학에도 조예가 깊어 척신 세력을 멀리하고 재야의 사림을 대거 등용했지요. 하지만 조정을 장악한 사림 세력은 이조 전랑 자리다툼을 계기로 동인과 서인으로 나뉘었어요. 서인은 척신 정치에 온건한 태도를 보였고, 동인은 강경한 태도를 보였습니다. 이때 서인에서 동인으로 옮겨 간 정여립이 역모 죄로 몰리면서 서인이 실권을 잡았지요. 얼마 후 서인인 정철이 광해군을 왕세자로 책봉하는 문제를 거론해 선조의 심기를 건드렸어요. 이로 말미암아 서인 세력이 정계에서 대거 축출되었지요. 다시 정권을 잡은 동인은 서인에 대한 처리를 놓고 강경파인 북인과 온건파인 남인으로 갈라지게 됩니다. 이후 붕당 정치의 실익 없는 소모전이 조선을 내내 옥죄게 되지요.

- **1574년** 퇴계 이황의 학덕을 기리기 위해 제자들이 경북 안동에 도산 서원을 건립하다.
- **1575년** 이조 전랑 임명 문제가 계기가 되어 신진 사림인 동인과 기존 사림인 서인으로 붕당이 형성되다.
- **1589년** 정여립을 비롯한 동인들이 모반 혐의로 박해를 받은 기축옥사가 벌어지다.
- **1591년** 정철이 선조에게 광해군을 왕세자로 책봉하라는 건의를 올렸다가 서인이 정계에서 밀려나다.

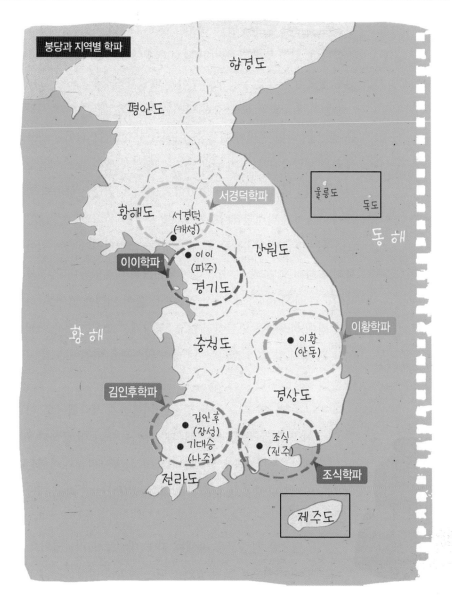

1 선조 초기, 동서 분당

익선관을 쓰지 않은 막내 하성군이 익선관을 쓰다

명종은 인순 왕후 심씨와의 사이에서 아들을 하나 두었습니다. 하지만 아들 순회 세자는 가례를 올린 후 얼마 되지 않아 열세 살의 어린 나이로 세상을 떠났어요.

순회 세자가 죽자 후사는 중종의 손자 중에서 택할 수밖에 없었습니다. 당시 명종의 왕비인 단경 왕후에게는 소생이 없었고, 장경 왕후의 아들 인종에게도 후사가 없었기 때문이지요.

중종의 후궁들의 경우 경빈 박씨는 아들 복성군과 함께 사약을 받았고, 희빈 홍씨의 아들 봉성군도 역모에 연루되어 스스로 목숨을 끊었습니다. 이제 남은 손자는 창빈 안씨의 둘째 아들인 덕흥 대원군의 세 아들밖에 없었어요. 덕흥 대원군은 중종의 일곱째 아들이자 막내였습니다.

하루는 명종이 왕손들을 불러 놓고 "누구의 머리가 큰지 알아보려고 하니 한번 써 보아라."라며 **익선관**을 내놓았습니다. 첫째 하원군과 둘째 하릉군은 덥석 익선관을 들어 머리에 썼어요. 하지만 막내 하성군은 망설이지 않고 "성상께서 쓰시는 것을 어찌 신하 된 자가 쓸 수 있겠나이까?"라며 익선관을 어전에 도로 갖다 놓았다고 합니다.

○ 익선관
(국립고궁박물관)
왕이 평상복(곤룡포)을 갖추고 정무를 볼 때 쓰던 관이다. 왕만 착용했기 때문에 왕의 상징물이라 할 수 있다.

하성군의 말을 들은 명종은 기특하게 **생각했어요**. 이어 명종은 "하성군은 임금과 아비 중 누가 더 **중하다**고 생각하느냐?"라고 물었습니다. 하성군은 "임금과 아비는 다르오나 충효는 다르지 않다고 생각합니다."라고 대답했지요.

명종은 하성군을 총애해 자주 대궐로 불러들였어요. 명종이 병으로 누워 있었을 때는 특별히 하성군을 불러

○ 정릉(중종의 능)

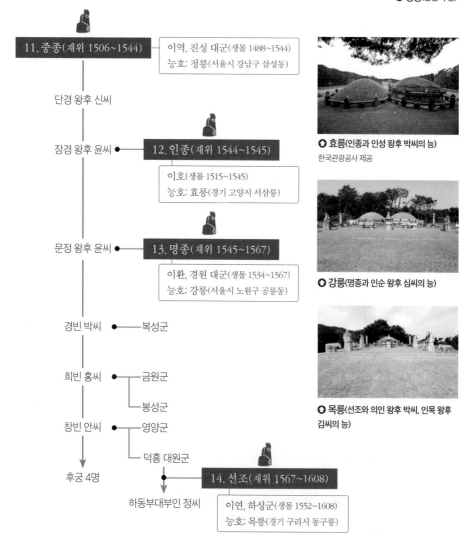

11. 중종(재위 1506~1544)

이역, 진성 대군(생몰 1488~1544)
능호: 정릉(서울시 강남구 삼성동)

단경 왕후 신씨

장경 왕후 윤씨 ● 12. 인종(재위 1544~1545)

이호(생몰 1515~1545)
능호: 효릉(경기 고양시 서삼릉)

○ 효릉(인종과 인성 왕후 박씨의 능)
한국관광공사 제공

문정 왕후 윤씨 ● 13. 명종(재위 1545~1567)

이환, 경원 대군(생몰 1534~1567)
능호: 강릉(서울시 노원구 공릉동)

○ 강릉(명종과 인순 왕후 심씨의 능)

경빈 박씨 ● 복성군

희빈 홍씨 ● 금원군

봉성군

창빈 안씨 ● 영양군

덕흥 대원군

후궁 4명

하동부대부인 정씨

○ 목릉(선조와 의인 왕후 박씨, 인목 왕후 김씨의 능)

14. 선조(재위 1567~1608)

이연, 하성군(생몰 1552~1608)
능호: 목릉(경기 구리시 동구릉)

간병하게 했지요.

　1567년(명종 22년) 6월 28일 명종이 갑작스럽게 쓰러지더니 의식을 회복하지 못했습니다. 인순 왕후 심씨가 이준경, 심통원을 불러 침전에 들었으나 명종은 이미 인사불성 상태였어요. 영의정 이준경이 "주상께서 따로 말씀하시지는 않았는지요?"라고 묻자, 인순 왕후는 "주상으로부터 받아 둔 서신이 있는데, 그건 경들도 알고 있는 일 아니오."라며 의중을 살폈지요. 이준경이 왕비에게 "주상께서 유언을 내리시지 못할 것 같으니 중전께서 결정하셔야겠습니다."라고 말했어요. 인순 왕후 심씨는 기다렸다는 듯이 "덕흥군의 셋째 아들 하성군이 후사를 잇도록 하겠다."라고 선언했지요. 명종은 자정이 넘은 시각에 34세의 젊은 나이로 눈을 감았습니다.

　이로써 조선 건국 이래 처음으로 적자가 아닌 서손(庶孫, 서자의 아들)이 왕위를 잇게 되었습니다. 조선 왕조 500여 년간 왕위에 오른 사람은 모두 27명인데, 이 가운데 왕의 적장자 혹은 적장손 출신은 겨우 열 명에 불과했어요. 선조는 왕실의 방계(傍系)

❍ **강릉**(서울시 노원구)
명종과 인순 왕후 심씨의 능이다. 사진에 보이는 능은 심씨의 능이다. 왼쪽에 명종의 능이 함께 있다. 명종이 죽자 이곳을 능지로 정해 치장했고, 이후 왕비의 능도 왕릉과 나란히 앉혀 쌍릉을 이루었다.

로서 왕위를 계승했으므로 치부인 덕흥군은 대원군으로 추존되었지요.

선조가 16세에 왕위에 오르자 명종의 비인 인순 왕후가 수렴청정했습니다. 하지만 지난날 문정 왕후 섭정의 부작용을 의식했는지 7개월 만에 섭정을 거두었고, 선조는 17세에 친정을 시작하였지요.

선조는 1569년(선조 2년) 박응순의 딸을 왕비(의인 왕후)로 맞아들입니다. 의인 왕후는 몸이 약해 후사를 잇지 못했어요. 선조는 공빈 김씨와 인빈 김씨를 비롯한 여덟 명의 후궁으로부터 13남 10녀의 자녀를 낳았지요. 그중 공빈 김씨가 낳은 둘째 아들이 15대 왕인 광해군입니다.

선조 초기, 조선 최고의 천재들이 얼굴을 내밀다

1545년(명종 즉위년) 을사사화가 발생하자 사림은 큰 타격을 받았습니다. 사림은 정계에서 물러나 한동안 재야에 묻혀 지내야만 했지요. 그러다가 1565년 문정 왕후가 죽고 윤원형이 실각하자 사림이 차츰 정계로 복귀하기 시작했습니다.

1567년 6월에는 명종이 죽고 선조가 즉위했습니다. 다음 해에 조광조가 영의정에 추서(追敍, 죽은 뒤에 관등을 올리거나 훈장 따위를 주는 것)되었고, 이황이 대제학에 임명되었어요. 1568년 이황은 선조가 성군이 되기를 바라며 『성학십도』 등을 지어 바쳤고, 다음 해에는 병을 이유로 낙향했지요. 이에 신진 사림은 "대신들은 이황이 재상이 되는 것을 조직적으로 막았다. 이황은 더는 뜻을 펼칠 수 없다고 생각해 낙향한 것이다."라고 쑤군거렸어요.

대신들의 중심에는 영의정 이준경이 있었습니다. 윤원형이 득세할 때 적극적으로 나서지는 못했지만, 어려운 시절 조정에

대원군(大院君)
조선 왕조에서 대원군은 선조의 아버지인 덕흥 대원군, 인조의 아버지인 정원 대원군, 철종의 아버지인 전계 대원군, 고종의 아버지인 흥선 대원군 등 모두 4명이다.

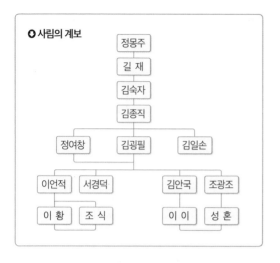

○ 사림의 계보

```
          정몽주
            |
          길 재
            |
          김숙자
            |
          김종직
       /    |    \
   정여창  김굉필  김일손
    /  \        /    \
이언적 서경덕   김안국 조광조
  |    |        |     |
이 황  조 식    이 이  성 혼
```

남아 권력의 균형을 잡는 역할을 했다고 자부했지요. 이준경은 "젊은 사림이 낙향해 편안하게 공부만 하지 않았나?"라며 젊은 사림의 안이한 처세를 꼬집었어요. 이에 젊은 사림은 "이준경은 윤원형 밑에서 벼슬한 인물"이라며 분개했지요. 결국 조정은 이준경의 노당과 기대승의 소당으로 나누어져 서로 대립하게 되었어요. 하지만 기대승은 노소 대립에 부담을 느낀 나머지 이황의 권유에 따라 낙향했지요.

이황과 기대승이 떠나자 이이라는 신진 관료가 새롭게 등장했어요. 이이는 1564년(명종 19년) 29세에 문과에 장원 급제해 벼슬길에 올랐고, 1568년(선조 1년) 홍문관 교리로 경연에 참여해 두각을 드러냈지요. 이이는 현실을 등진 채 절개만 지키려는 이황이나 기대승과는 달리 시대의 요구에 따라 새로운 세상을 만들어야 한다는 사명감이 있었어요.

학문적으로 이(理)보다는 기(氣)의 역할을 강조한 이이는 정치에서도 현실적이고 개혁적인 성향을 보였습니다. 1575년에 집필한 **『성학집요』**에서는 "현명한 신하가 왕의 수양을 도와야 한다."라고 주장했어요. 『동호문답』에서는 통치 체제의 정비와 수취 제도의 개혁 등 현실적인 방안들을 제시하기도 했지요.

장원 급제 아홉 번이 전설 이이, 인본주의를 꽃피우다

이이는 1536년 이원수와 신사임당의 셋째 아들로 태어났습니다. 신사임당이 이이를 낳기 전 흑룡이 집으로 날아들어 서리는 꿈을 꾸었다 해 아명을 '현룡'이라 붙였고, 산실은 '몽룡실'이라고 했어요. 이이는 8세에 파주 율곡리에 있는 **화석정**에 올라 시를 지을 정도로 재능이 뛰어났다고 합니다. 1548년(명종 3년) 13세 되던 해에는 진사 초시에 장원으로 급제한 천재였지요.

16세 때 어머니 신사임당이 세상을 떠나자, 파주 두문리 자운산에 장례하고 시묘를 지냈습니다. 이이는 어머니를 잃은 충격으로 19세에 금강산에 있는 절로 들어가 법명까지 받았어요. 일년 동안 불경을 공부하면서 주변의 중들을 감복시켰는데, "생불이 나타났다."라는 찬사까지 들었다고 합니다. 하지만 유교 경서를 다시 접하고는 현실 세계에 눈을 떠 20세 되던 해에 하산하게 되지요. 이후 유학에 전념해 1558년 겨울에 문과 초시에서 다시 장원 급제했어요. 이이는 총 아홉 차례의 과거에서 모두 장원을 차지해 '구도장원공(九度壯元公)'이라 불렸답니다.

시묘(侍墓)
부모의 상을 당한 상주가 무덤을 만든 다음, 서쪽에 초막을 짓고 3년 동안 사는 일을 말한다.

❂ 오죽헌(보물 제165호, 강원 강릉시)
이이가 태어난 집이다. 뜰에 오죽(烏竹)이 있어 '오죽헌'이라고 불렸다. 오른쪽 방에는 한자로 '몽룡실(夢龍室)'이라고 쓰여 있는데, 이곳에서 신사임당이 용꿈을 꾸고 이이를 낳았다고 한다.

이이는 관직에 있으면서 수많은 저술을 남겼습니다. 1569년
에는 선조에게 왕도 정치의 이상을 문답 형식으로 서술한『동
호문답』을 올렸어요. 재해(災害, 재앙으로 말미암은 피해)를 맞은
1574년에는 어려운 시국을 타개하기 위해『만언봉사』를 올렸
지요.『만언봉사』는 '만언에 이르는 상소'라는 뜻인데, 실제로는
1만 2,000자가 넘는다고 합니다. 1575년에는 주자학의 핵심을
간추린『성학집요』를 편찬했고, 1577년에는『소학』을 장려하는
아동 교육서『격몽요결』을 지었어요. 1580년에는 기자의 행적
을 정리한『기자실기』를 편찬했지요. 이이는 기자가 우리 민족
을 교화했다고 해 공자와 같은 성인으로 추앙했습니다. 1583년
에는 시무 6조를 올려 외적의 침입에 대비해 10만 명의 병사를
양성해야 한다고 주장하기도 했어요.

이이에게 성리학은 뜬구름 잡는 식외 사변적인 철학이 아니었습니다. "시세(時勢)를 알아서 옳게 처리해야 한다."라고 늘 강조했지요. 이이는 진리란 현실 문제와 직결되어 있고, 현실을 떠나서 따로 구하는 것이 아니라고 보았어요. 이(理)와 기(氣)는 서로 분리된 관계가 아니라는 이이의 성리학 이론과도 일맥상통하지요.

참고로 이황과 이이의 철학은 고대 그리스 철학자 플라톤과 아리스토텔레스의 철학과 비교되기도 합니다. 이황이 플라톤이라면 이이는 아리스토텔레스라 할 수 있지요. 플라톤이 물질과 이데아를 분리해 물질의 원형이자 초월적 실재인 이데아(Idea)를 우위에 두었다면, 아리스토텔레스는 물질과 이데아를 분리할 수 없는 유기적인 것으로 보고 물질의 현상을 중심으로 이데

기자(箕子)
중국 상 말의 현인으로 상이 망하자 주의 신하가 되기를 거부하고 동쪽으로 가자 주왕이 기자를 조선 왕에 봉했다는 이야기가 전해진다. 기자 동래설은 삼국 시대 이래 오랫동안 사실로 여겨져 왔으나 현대에 와서는 검증할 수 없다는 비판을 받고 있다.

○ 자운 서원(경기 파주시)
1615년(광해군 7) 율곡 이이의 학문과 덕행을 기리기 위해 창건되었다. 1650년(효종 1)에 '자운'이라는 사액을 받았다.

아를 설명했어요.

이황의 사상은 김성일, 유성룡 등에 의해 계승되어 영남학파를 이루고 동인 계통으로 이어졌어요. 이이의 사상은 조헌, 김장생 등에 의해 계승되어 기호학파를 이루고 서인 계통으로 이어졌지요. 또 도덕 원리를 우선시하는 이황의 주리론적 이기호발설은 후에 위정척사 사상에 영향을 주었고, 현실 세계를 중시하는 이이의 주기론적 이기일원론은 이후 실학과 개화사상에 영향을 끼치기도 했어요.

이이는 명분과 이익도 위아래나 선후의 관계가 아니라 중용을 취해 동시에 얻을 수 있는 양립 관계라고 생각했습니다. 이이는 늘 중용적인 태도를 보여 백성에게 이로우면 행해야 하는 일이고, 백성에게 해를 끼치면 해서는 안 되는 일이라고 보았지요. 이와 같은 이이의 실용주의적인 입장은 조선 사회에 대한 진단과 처방을 내린『만언봉사』에 잘 나타나 있습니다.

"정치는 시세를 아는 것이 중요하고 일은 실제 소용되는 것에 힘쓰는 것이 중요하다. 시의를 알지 못하고 실질적인 공적에 힘쓰지 않는다면, 비록 성현이 온다 하더라도 다스림의 효과를 거둘 수 없다."

이이는『만언봉사』의 끝부분에 "백성의 원기가 이미 쇠퇴해 10년이 못 가서 환란(임진왜란)이 일어날 것"이라 예언하기도 했어요. 또한 "습속을 따르고 전례나 지키려는 의견들로 흔들리지 말고 정성을 다해 해결책을 구하라."며 기존의 권위에 얽매이지 말 것을 권고했지요. 이상과 현실의 조화를 꾀한 이이 자신도 당파의 일원으로 현실의 습속에서 벗어나지 못한 한계점을 보이기는 했지만, 현실 사회에서 성리학의 이상을 구현하려는 학문적·정치적 노력은 높이 평가할 수 있습니다.

이기호발설(理氣互發說) 순수하고 선한 사단(四端)은 이(理)가 발현한 것이고 선악이 혼재된 칠정(七情)은 기(氣)가 발현한 것으로 구분하는 이황의 주리론적 학설이다.

이기일원론(理氣一元論) 만물의 본질인 이(理)와 만물의 현상인 기(氣)가 분리되어 따로 존재하는 것이 아니라 하나로 연결되어 있다는 주장이다.

◐ **화석정(경기 파주시)** 관직에서 물러난 이이가 제자들과 함께 여생을 보냈던 곳이다.

◐ **이이 묘(경기 파주시)** 자운 서원 내에 있다. 부인 곽산 노씨의 묘와 위아래로 위치해 있다. 이이 묘역에 신사임당 묘를 비롯한 가족 묘 13기도 함께 조성되어 있다.

◆ 돈암 서원 응도당(보물 제1569호, 충남 논산시)

1634년(인조 12)에 건립된 돈암 서원은 이이의 사상을 계승한 김장생을 배향한 곳이다. 옛 건축 양식을 충실히 따라 지은 응도당은 유생들이 공부하던 곳인데, 사원의 강당으로는 보기 드물게 규모가 크다. 아래 사진은 돈암 서원의 전경이다.

◆ 계룡 사계고택(충남 계룡시)

사계(沙溪) 김장생이 말년에 살았던 집이다. 김장생의 고향에 지어진 이 집은 본래 모습을 비교적 잘 유지하고 있다.

이조 전랑 자리다툼, 동서 분당으로 이어지다

선조가 즉위하자 기묘사화 이후 물러나 있던 사림이 정계로 속속 복귀하기 시작했습니다. 명종이 불러도 고향에서 꼼짝하지 않던 이황도 선조가 즉위한 다음 달 예조 판서에 임명되었고, 조광조의 제자인 **백인걸**도 직제학으로 임명되었어요. 반면에 권신들은 내리막길을 걸었지요. 선조의 등극으로 정계 일선에 복귀한 사림 세력과 영의정 **이준경**, 인순 왕후 심씨의 동생 심의겸 등 기존 세력 사이에는 갈등이 불거질 수밖에 없는 상황이었어요.

한편, 1572년(선조 5년) 2월 이조 전랑 오건이 자신의 후임으로 이황과 조식의 문인인 김효원을 추천했습니다. 김효원은 문과에 장원 급제한 수재로 신진 사류들 사이에서 신망이 높았어요. 하지만 이조 참의 심의겸은 "김효원은 윤원형의 식객 노릇을 하며 아부나 일삼던 자다."라는 이유를 들어 김효원이 이조 전랑 자리에 오르는 것을 반대했습니다. 당시 김효원은 신진 사림을 대표하는 인물이었으나 심의겸은 김효원을 권신에게 아첨이나 하는 소인배라 여겼던 거예요. 결국 김효원이 낙마하자 오건은 관직을 내놓고 낙향해 버립니다.

◑ 이준경 묘(경기 양평군)
갑자사화에 연루되어 어린 나이에 유배 생활을 했던 이준경(1499~1572)은 중종반정으로 풀려난 후 영의정까지 올랐다. 계속된 사화 속에서도 국정에 힘썼던 이준경은 세상을 떠난 후 경기도 양평에 부인과 함께 묻혔다.

1572년 7월에는 노당의 영수 이준경이 죽기 진에 붕당의 조짐이 있으니 그 타파 방법을 마련할 것을 촉구하는 글을 올려 조정을 뒤집어 놓았습니다. 명이나 조선처럼 제왕에게 권력이 집중된 나라에서 붕당은 원칙적으로 금지되어 있었거든요. 하지만 이이는 이준경의 유언을 "음해와 저주의 표본"이라며 비판했지요.

사실 김효원이 출세를 위해 윤원형의 집에 출입한 것은 아니었어요. 심의겸 일파를 제외한 모든 사람이 김효원의 결백을 인정해 마침내 1574년 이조 전랑에 임명되었지요.

이조 전랑은 비록 정5품의 관직에 불과했지만 인사권이 있어서 권한이 막강했습니다. 정3품인 당상관도 이조 전랑을 만나면 말에서 내려 인사할 정도였다고 하지요. 자신의 후임자를 지명할 수 있었던 이조 전랑을 어느 쪽에서 차지하느냐에 따라 권력의 지형이 완전히 바뀔 수 있었어요.

김효원은 심의겸을 가리켜 "미련하고 거칠어서 중용할 데가 없다. 정치 일선에서 물러나야 할 외척의 무리에 불과하다."라며 모욕을 주었어요. 이에 발끈한 심의겸 일파는 "김효원은 윤원형의 일파나 다름없는 무뢰배"라고 비난하는 상소를 올렸지요. 고심하던 선조는 얼마 후 김효원을 다른 부서로 옮겼어요. 김효원의 후임으로 심의겸의 아우 심충겸이 거론되었습니다. 김효원은 후임 추천권을 활용해 "이조 전랑이 외척 집안의 물건이냐?"라면서 이중호의 아들 이발을 자신의 후임으로 올렸지요.

심의겸을 지지하는 기성 사림과 김효원을 지지하는 신진 사림의 대립은 '동서 분당'으로 이어졌습니다. 김효원은 한양의 동쪽에 있는 건천동(지금의 을지로 4가와 충무로 4가 사이)에 살 았기 때문에 김효원의 편에 선 세력은 '동인'이라 불렸어요. 심 의겸은 한양의 서쪽에 있는 정릉동에 살았기 때문에 심의겸의 편에 선 세력은 '서인'이라 불렸지요. 서인은 척신 정치에 온건 한 입장을 보였고 동인은 강경한 입장을 보였어요.

1980년대에도 동네 이름이 정치 집단을 지칭한 적이 있습니 다. 당시 동교동계, 상도동계라는 말이 등장했어요. 동교동계는 김대중을, 상도동계는 김영삼을 영수로 하는 정치 집단을 의미 했지요. 동교동에는 김대중의 집이, 상도동에는 김영삼의 집이

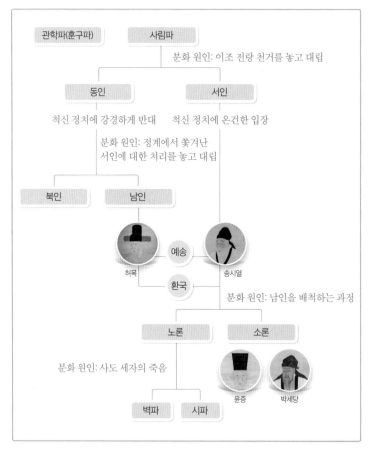

❖ 붕당의 전개 흐름도

있었거든요. 동네 이름을 정치
집단의 이름으로 사용한 것은 지
역에 기반을 둔 붕당 정치와 유
사한 점이 있습니다. 문제는 동
네가 아니라 출신지의 지역에 따

신진 사림→ 동인	기성 사림→ 서인
• 김효원	• 심의겸
• 척신 정치 청산에 적극적	• 척신 정치 청산에 소극적
• 이황과 조식, 서경덕 학문 계승	• 이이와 성혼 학문 계승
• 훗날 북인과 남인으로 갈라짐	• 훗날 노론과 소론으로 갈라짐

○ 동인과 서인의 특징
비교

라 국론이 분열되는 현상까지 나타났다는 것이지요. 동교동계와
상도동계가 민주화를 이끈 동지였듯이 서인과 동인도 성종 이후
훈구파와 맞선 사림파였어요. 고생 끝에 사림의 세상이 온 듯했
으나 이제는 사림끼리 대립하게 되었지요. 붕당 정치는 상호 견
제와 비판 등 순기능이 있었지만, 훗날 사화와 환국의 원인이 되
기도 합니다.

　이이는 김효원과 심의겸을 화해시킨 후 불화를 막기 위해 두
사람 모두 조정을 떠나 지방에 내려가는 조건을 내걸었습니다.
1575년 이이의 중재안을 전달받은 선조는 심의겸을 개성 유수
(留守, 오늘날의 광역시장에 해당하는 직위)로, 김효원을 경흥 부사
로 발령했어요.

　동인 측에서는 "경흥은 땅끝 변방이므로 서생이 지키기에는
적당하지 않습니다."라고 반대했어요. 이이도 형평성을 맞추기
위해 "김효원은 병이 있으니 가까운 곳으로 옮겨 주십시오."라고
청했지요. 이에 선조는 김효원을 부령 부사를 거쳐 삼척 부사로
보냈습니다. 하지만 동인은 "이이가 중립을 지키는 척하면서 사
실상 서인을 챙긴다."라고 불만을 드러냈어요. 동인은 자신들의
의견이 사림 다수의 의견이므로 '공론'이라고 보았지요.

　심의겸과 김효원의 충돌은 중신들을 배후에 둔 선배 사림과
인사 행정권을 기반으로 하는 후배 사림의 구조적인 대립에서
비롯되었으므로 개인적 차원의 무마로는 사태를 수습할 수 없었

어요. 조정자로 나선 이이는 문제를 해결하기는커녕 오히려 문제를 더 키워 놓은 셈이 되었지요.

동인에는 젊은 사림 대부분이 포진하고 있었지만, 노장파인 서인은 수적으로 열세였습니다. 동인에는 서경덕의 제자 허엽, 이황 문하의 유성룡·김성일, 조식 문하의 정인홍, 호남의 문인 이발 등이 있었어요. 서인에는 주로 이이와 성혼의 문인인 윤두수·정철 등이 있었지요. 동인과 서인은 학문적인 뿌리도 달랐어요. 동인은 이황과 조식의 제자들로 이루어진 경상도 중심의 영남학파였고, 서인은 이이와 성혼의 문하들로 이루어진 경기도 중심의 기호학파였답니다.

동서 붕당, 이이의 조정으로 '불안한 동거'에 들어가다

동서 분열이 가시화되자 이준경의 붕당 우려 유언을 비판했던 이이는 처지가 난처하게 되었어요. 불안해진 이이는 동인과 서인의 대립을 중재하기 위해 조정 방법을 제시했지요. 이이는 동인 강경파 이발과 서인 강경파 정철에게 서로 협조할 것을 당부했어요. 하지만 이는 갈라진 것을 겉으로만 봉합한 불안한 동거였지요.

1580년(선조 13년) 외직에 나가 있던 심의겸이 예조 판서가 되어 조정에 복귀했습니다. 이발과 정인홍은 심의겸을 탄핵하려 했으나 이이와 성혼이 "이제 심의겸은 어미 잃은 병아리일 뿐"이라며 말렸어요. 하지만 이이는 분쟁을 가라앉히기 위해 정인홍의 의견에 결국은 동의했지요.

정인홍은 심의겸을 "사류를 끌어들여 붕당을 조장했다."라는 이유로 탄핵했어요. 사류로는 정철, 윤두수, 윤근수 등을 거론했지요. 하지만 이이는 "정철을 탄핵하면 같이 일할 수 없다."라며 강경한 입장을 보였어요. 이에 정인홍은 정철에 대한 탄핵을 취소하고 낙향해 버렸고, 이이와 정철도 모두 사직하기로 합니다. 이렇게 해서 동서 간의 불안했던 동거는 마침내 끝나고 말았어요.

한편, 선조는 사림이 하나로 단결된 것보다 붕당을 지어 대립하고 있는 편이 더 바람직하다고 생각했습니다. 붕당이 서로 견제하면 강한 왕권을 바탕으로 당파의 세력 균형을 꾀할 수 있다고 판단한 것이지요. 하지만 당장은 수적으로 열세인 서인이 무너지면 동인 천하가 될 수도 있는 위험한 상황이었어요. 선조는 동인을 견제할 수 있는 카드로 이이를 선택했습니다.

선조의 신임 아래 이이는 '경장(更張, 묵은 제도를 개혁해 새롭게 함)'을 외치며 의욕적으로 일했어요. 의욕이 과했는지 이이는 실수를 저지릅니다. 당시 북방 야인들이 국경을 침범하는 일이 잦

○ **파산 서원(경기 파주시)**
파주 지역의 유생들이 주창해 창건된 파산 서원에는 성수침, 성수종, 성혼, 백인걸 등의 위패가 봉안되어 있다.

앉는데, 병마가 부족해 제대로 대응하지 못했어요. 이이는 말을 바치는 조선의 북방 주민에게 군역을 면제해 주는 조처를 했습니다. 문제는 조처를 하고 한참 후에야 보고했다는 거예요. 한번은 선조가 불렀을 때 병을 이유로 승정원을 찾지 않은 적도 있었지요. 동인으로 포진되어 있던 언론 3사는 이런 일들을 빌미 삼아 기다렸다는 듯이 이이를 탄핵했습니다.

"임금과 어버이를 버린 승려 출신 이이는 과거 급제 후 심의겸의 추천으로 높은 직위에 올라 두터운 관계를 맺었습니다. 박순과 성혼도 이이를 두둔하며 전하를 기망하고 있으니 이이, 박순, 성혼 등은 가히 심의겸의 당이라고 할 수 있나이다."

하지만 선조는 "부름을 받고 오지 않은 다른 이들은 문제 삼지 않으면서 유독 이이가 실수하자 기어코 제거하려는 것은 무슨 심보냐?"라며 오히려 탄핵을 주도한 자들을 유배 보냈어요. 이이는 파주로 물러나 여러 차례 사직 상소를 올렸으나 선조는 "경은 속히 올라와 나를 돌보라."며 변함없는 신뢰를 보였지요. 이이는 사직하고 물러난 지 석 달 후 49세를 일기로 눈을 감았어요.

이이가 죽자 조정은 동인과 서인으로 갈라져 다투기 시작했습니다. 조정은 먼저 붕당을 형성한 동인이 장악했지요. 한번 잘못 꿰어진 붕당의 단추는 조선이 저물 때까지 300여 년에 걸쳐 당쟁을 초래했습니다. 외척과 척신 세력이 사라지면서 세상이 바뀌었다 싶었는데 붕당 정치라는 또 다른 폐단이 기다리고 있었지요.

2 정철, 정여립

정여립, "천하는 공공의 물건, 임금도 마찬가지"

"천하는 일정한 주인이 따로 없는 공공의 물건이다. 어찌 정해진 임금이 있겠는가? 누구라도 임금으로 섬길 수 있다. 요·순·우 임금은 서로 보위를 넘겨주었으니 성인이 된 것 아닌가?"

정여립은 당시 도무지 받아들일 수 없는 혁신적인 사상을 부르짖었어요. 왕은 하늘이 내려 주고 핏줄을 통해 전해진다는 생각이 일반적이었던 조선 시대에 말이지요.

사림이 동서 분당으로 붕당 정치가 심화한 시기에 정여립은 이해하기 어려운 행동을 했습니다. 정여립은 본래 이이의 문인으로 서인이었지만, 이이가 죽은 후 동인이 정권을 잡았을 때 동인에 가담했어요. 정여립이 서인에서 동인으로 옮겨 간 것은 직선적인 성격이 동인의 영수 이발의 성향과 맞았기 때문이지요.

◐ 죽도(전북 진안군)
깎아 세운 듯한 바위산 절벽을 맑은 물이 한 바퀴 휘돌아 흐르고 있어서 섬처럼 보이는 곳이다. 산죽이 많아 '죽도'라는 이름을 얻었다. 정여립이 은신했다는 죽도 서당이 이곳에 있었다.

정여립은 이이의 문하에 있을 때 "공자는 익은 감이고 율곡은 반쯤 익은 감이니 곧 다 익지 않겠는가?"라고 이이를 칭송했어요. 하지만 이이가 죽은 후에는 동인 측에서 이이를 고루한 소인배라고 비난했지요. 선조는 그런 정여립을 달갑게 여기지 않았어요. 왕 앞에서도 직선적인 말을 쏟아 내는 정여립을 못마땅하게 여겨 동인의 영수 이발이 그를 천거했지만 등용하지 않았지요.

서인의 미움을 사게 된 정여립은 벼슬을 버리고 전주로 내려가 터를 잡았어요. 관직에서는 물러났으나 정여립은 동인 사이에서 명망이 높았지요. 낙향한 뒤에도 정여립을 찾아오는 사람들이 끊이지 않았답니다.

정여립은 진안군 **죽도**에 서실을 차려 놓고 사람들을 규합해 대동계라는 단체를 조직했어요. 무사, 승려, 노비 등을 모아 활쏘

기 모임을 여는 등 보름에 한 번씩 군사 훈련도 시행했지요. 이후 황해도 안악, 해주, 운봉 등지에서 소외된 승려나 기인들을 끌어들여 대동계를 전국적으로 확대했어요.

대동계의 군사적 능력은 상당했어요. 1587년(선조 20년) 왜선들이 전라도 손죽도에 침입하자 정여립은 전주 부윤 남언경의 요청으로 대동계의 군사를 이끌고 가서 왜군을 물리치기도 했어요.

대동계의 동정에 주목하고 있던 황해도 관찰사 한준은 1589년 "정여립 일당이 겨울에 한강이 어는 것을 이용해 한양을 공격하려 한다. 대장 신립과 병조 판서를 살해하고 병권을 장악하려는 역모를 꾸미고 있다."라고 조정에 알렸어요. 『선조실록』에는 "정여립이 역적의 괴수로 지목되자 서인은 서로 축하했고 동인은 간담이 서늘해졌다."라고 기록되어 있지요.

관련자들이 차례로 잡혀가자 정여립은 아들 옥남과 함께 죽도로 달아났습니다. 정여립은 관군에 포위되자 동행하던 이들을 죽이고 자신은 칼자루를 땅에 꽂아 앞으로 엎드려 자결했어요.

동서 분당 이후 조정에서 비켜나 있던 서인 세력은 정여립 사건을 계기로 반전을 꾀했습니다. 우의정에 임명된 정철은 평소 개인적으로 감정이 좋지 않았던 사람도 모두 역적의 무리로 몰아 처단해 버렸어요. 이발, 이길 등 정여립과 가깝다는 이유만으로 처형된 사람이 1,000여 명이 넘었다고 합니다.

82세나 된 이발의 노모는 곤장을 맞아 죽었고, 열 살의 어린 아들도 고문으로 죽었어요. 조카들까지도 고문으로 죽어 가문이 풍비박산 났지요. 이 사건을 가리켜 '기축옥사(己丑獄事)'라고 합니다. 기축옥사를 계기로 전라도는 '반역향'이라 불리게 되었고, 이후 호남인들의 등용이 제한되었어요.

정여립 모반 사건으로 연루되어 죽음에 몰린 자들은 모두 선조의 실정에 대해 비판적인 사람들이었어요. 이발은 "선조 임금 아래에서는 아무런 일도 할 수 없다. 임금이 시기심이 많고 모질며 고집이 세다."라고 통탄했지요.

　정여립에 대해 긍정적으로 평가하는 사람들도 있습니다. 근대 사학자인 단재 신채호는 정여립을 혁명적인 사상가로 높이 평가했어요. "천하는 공공의 물건이고, 임금도 마찬가지"라는 정여립의 시대에 앞선 주장 때문이지요.

　또한 정여립이 대동계를 조직해 군사력을 키운 것은 이이의 '십만양병설'에 호응했기 때문이라는 견해도 있습니다. 이런 이유로 "정여립은 당쟁의 희생자였고, 역모는 조작되었다."라는 주장도 나오게 되었지요.

　선조는 정여립의 옥사를 이용해 동인의 독주를 제어했습니다. 하지만 유성룡, 이산해, 정인홍 등 동인 전체로 피해가 확대

● **마이산(전북 진안군)**
정여립이 활동했던 죽도로 가는 길에 볼 수 있다. 고려 때는 용출산이라고 불리다가 조선 정종 때부터 '마이산'이라고 불렸다.

되는 것은 원치 않았어요. 선조가 원한 것은 오로지 동인과 서인의 권력 균형과 상호 견제였지요. 조선 시대에 왕으로 산다는 것은 이토록 냉엄한 현실과 마주하는 것이었어요. 선조는 또 다른 시소게임을 준비하고 있었습니다.

⊙ 정철(1536~1593)
당쟁의 중심에 있던 서인의 영수이자 가사 문학의 대가이다. 「관동별곡」, 「사미인곡」, 「속미인곡」 등 수많은 작품을 남겼다.

정철, 세자 책봉 문제로 선조의 심기를 건드리다

동서 분당 이후 동인이 조정을 장악하고 있었지만, 정여립의 모반 사건을 계기로 서인이 정국을 주도하게 되었습니다. 권력 변화의 중심에는 서인의 영수인 **정철**이 있었지요. 이긍익은 『연려실기술』에서 이와 같은 상황에 관해 다음과 같은 기록을 남겼습니다.

"큰 변고가 일어나니 서인은 기뻐 날뛰고 동인은 기운을 잃었다. 이것은 앞서 임금이 서인을 싫어해 동인인 이산해를 이조 판서 자리에 10년 동안이나 두는 사이에 서인은 모두 한직에 물러나 있게 되었다. 서인은 기색이 쓸쓸하더니 정여립 역모 사건 이후에는 갓을 털고 나서서 서로 축하했고 동인은 스스로 물러났다. 서인은 거리낌 없이 사사롭게 원한을 풀었다."

1591년(선조 24년) 좌의정 정철은 우의정 유성룡과 상의해 선조에게 건저(建儲, 왕세자를 세우는 일)를 건의하려 했어요. 하지만 선조가 살아 있는 상황에서 신하가 세자 책봉을 거론하는 일은 대단히 민감한 문제였지요. 두 사람은 후궁인 공빈 김씨 소생의 광해군을 염두에 두고 있었습니다.

선조는 의인 왕후 박씨와 결혼했으나 자식을 얻지 못하고, 공빈 김씨에게서 서장자인 임해군과 광해군을 얻었어요. 공빈 김씨는 선조의 사랑을 독차지했지만 광해군을 얻은 후 죽고 말았지요. 이어 선조의 사랑을 받은 또 다른 후궁 인빈 김씨가 신성군, 정원군 등 아들 넷을 낳았어요.

유성룡은 건저 문제를 최종적으로 결정하기 위해 동인인 이산해와 자리를 함께하기로 했습니다. 하지만 이산해는 선조가 인빈 김씨의 소생인 신성군을 마음에 두고 있다는 것을 의식해

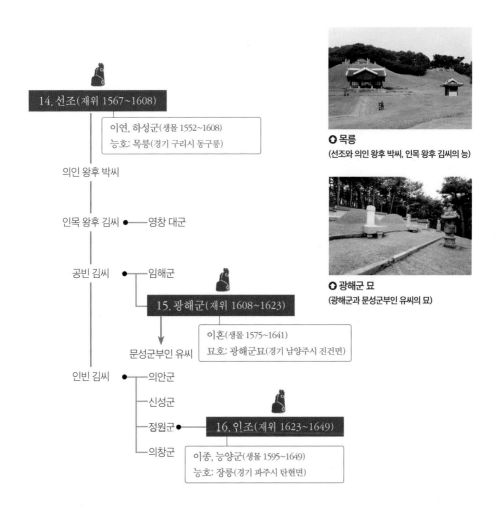

⊙ 목릉
(선조와 의인 왕후 박씨, 인목 왕후 김씨의 능)

⊙ 광해군 묘
(광해군과 문성군부인 유씨의 묘)

14. 선조(재위 1567~1608)
이연, 하성군(생몰 1552~1608)
능호: 목릉(경기 구리시 동구릉)

의인 왕후 박씨

인목 왕후 김씨 — 영창 대군

공빈 김씨 — 임해군

15. 광해군(재위 1608~1623)
이혼(생몰 1575~1641)
묘호: 광해군묘(경기 남양주시 진건면)

문성군부인 유씨

인빈 김씨 — 의안군
— 신성군
— 정원군
— 의창군

16. 인조(재위 1623~1649)
이종, 능양군(생몰 1595~1649)
능호: 장릉(경기 파주시 탄현면)

인빈 김씨의 오빠 김공량을 찾아가 "정철이 신성군 모자를 제거할 계책을 꾸미고 있다."라고 거짓으로 말했어요. 인빈 김씨는 김공량으로부터 이 말을 전해 듣고는 선조에게 달려가 눈물을 보이며 "모자를 살려 달라."라고 애원했지요.

건저 문제를 건의하기 위해 선조와 대면하기로 한 날, 이산해는 병을 핑계로 나가지 않았어요. 신중한 유성룡이 머뭇거리는 사이에 성격 급한 정철은 "광해군에게 사직을 맡길 만하다."라고 선조에게 청했습니다. 이에 인빈 김씨가 한 말이 사실이라고 확신한 선조는 "내 아직 젊거늘 무슨 말을 하는 것인가?"라며 격노했어요.

선조는 그 자리에서 정철을 파직해 버립니다. 정철은 진주로 유배되었다가 다시 강계로 이배되었어요. 정철은 임진왜란 때 잠시 재등용되기는 했지만, 건저 문제로 사실상 정철의 정치 인생은 끝난 것이나 마찬가지였지요.

한편, 동인 중 일부는 정철과 서인을 엄히 다스리자고 주장했으나, 다른 한쪽에서는 그렇게까지 할 필요는 없다고 맞섰습니다. 서인인 정철에 대한 처리를 놓고 동인은 강경한 입장을 보인 '북인'과 온건한 입장을 보인 '남인'으로 나뉘었지요. 북인의 대표적인 인물로는 서경덕의 문인 이산해와 조식의 문인 정인홍 등이 있었고, 남인의 대표적인 인물로는 이황의 문인 유성룡과 우성전 등이 있었어요.

○ **정철 신도비(충북 진천)**
정철의 공적을 기록한 비석이다. 정철이 사망한 지 100여 년 후인 1717년(숙종 43)에 가서야 세워졌다. 비문은 당대의 유학자 송시열이 지었다.

○ **정송강사(충북 진천)**
정철의 위패를 봉안한 사당이다. 경내에는 정철의 유품을 전시한 유물 전시관이 있다.

강직한 정철, 영원한 풍류객으로 남다

서인의 영수였던 정철에 관해서는 상반된 견해가 전해집니다. "강직하고 소탈하다."라는 평도 있지만, "편협하고 말을 함부로 한다."라고 보는 사람도 있었어요. 소신을 굽히지 않는 성품을 지닌 정철을 사람에 따라 다르게 보았던 것이지요.

정철의 큰누이는 인종의 후궁이었고 둘째 누이도 종친과 결혼했습니다. 그래서 정철은 어릴 때부터 궁중에 자주 출입하면서 명종과 친구처럼 가깝게 지냈어요. 정철은 26세에 진사시에 일등으로 합격했고, 이듬해 별시 문과에 장원으로 급제했습니다. 명종은 정철을 궁궐로 불러들여 장원 급제를 축하하는 잔치를 베풀어 주기도 했지요.

사헌부 지평으로 벼슬을 시작한 정철은 명종의 뜻과는 달리 원칙과 소신에 따라 처남을 살해한 경양군의 처벌을 고집했어요. 이후 명종과 사이가 틀어져 관직에서 물러났다가 선조가 왕위에 오른 후에야 중앙 정계로 복귀했지요. 강직한 성품의 정철은 동인의 영수 김효원을 비판하기도 해 이이로부터 "조정을 혼란스럽게 하는 정쟁을 일삼지 마라."는 충고를 듣고 낙향하기도 했어요.

정철은 정치가이면서 풍류를 아는 가사 문학의 대가였어요. 당대의 문신 이항복은 "송강(정철의 호)이 반쯤 취해서 즐겁게 손뼉

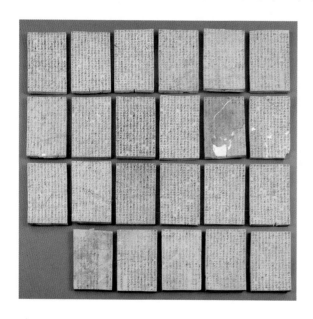

○ 정철 묘지명
(국립중앙박물관)
죽은 이의 덕과 공로를 글로 새겨 후세에 전하는 묘지 명문이다. 죽은 이의 성씨와 벼슬, 고향 등을 기록한 것을 '지(誌)'라 하고, 죽은 이를 칭송하는 글을 '명(銘)'이라고 한다.

을 마주치며 이야기 나눌 때 보면 마치 하늘나라에서 온 사람인 듯하다."라고 정철의 풍류를 높이 사기도 했지요.

정철은 1580년(선조 13년) 이후 관찰사로 지내면서 뛰어난 문학 작품을 남겼습니다. 1580년 45세의 정철이 강원도 관찰사로 재직할 때 지은 「관동별곡」은 금강산, 해금강, 관동 팔경 등의 경승지를 두루 유람한 후 자신의 소감을 읊은 기행 가사예요. 조선 시대의 대표적인 가사로 손꼽히지요. 『송강가사』에 실려 있는 「관동별곡」의 첫 부분은 다음과 같습니다.

강호(江湖)애 병이 깁퍼 듁님(竹林)의 누엇더니
관동 팔백리에 방면(方面)을 맛디시니
어와 셩은(聖恩)이야 가디록 망극(罔極)하다.
(자연을 사랑하는 깊은 병이 들어 창평에서 지내고 있었는데
임금이 800리나 되는 강원도 관찰사의 소임을 맡겨 주시니
아, 임금의 은혜야말로 갈수록 그지없구나.)

정철이 술을 얼마나 즐겼는지는 『청구영언』에 전하는 사설시조인 「장진주사」를 읽어 보면 잘 알 수 있어요. 인생이란 허무하니 죽기 전에 술을 무진장 마셔 그 허무함을 잊어버리자는 내용입니다.

한잔 먹세그려 또 한잔 먹세그려
꽃 꺾어 산가지 놓고 무진무진 먹세그려
이 몸 죽은 후면 지게 위에 거적 덮어 졸라서 매어 가나
구슬 끈 비단 상여에 만인이 울며 따르거나

관동팔경

강원도 동해안에 있는 여덟 곳의 명승지이다. 대관령의 동쪽에 있다고 하여 '관동'이라는 명칭이 붙었다. 간성의 청간정, 강릉의 경포대, 고성의 삼일포, 삼척의 죽서루, 양양의 낙산사, 울진의 망양정, 통천의 총석정, 평해의 월송정을 관동팔경으로 꼽는다.

「총석정」 비바람과 파도에 깎인 현무암 기둥 위에 세워진 정자이다.

「삼일포」 남강 하류에 있는 석호(潟湖)인데, 서른여섯 개의 봉우리로 둘러싸여 있다.

「청간정」 설악산에서 흘러온 청간천과 바다가 만나는 지점에 있는 정자이다.

「낙산사」 관세음보살이 머문다는 낙산에 있는 사찰로 신라의 의상이 창건했다.

김홍도가 1877년 정조의 어명으로 그린 화첩이다. 금강산 및 관동팔경의 풍경이 담겨 있다. '금강사군첩(金剛四郡帖)'이라는 명칭은 조희룡의 『호산외사』에 나오는 '명사금강사군산수(命寫金剛四郡山水)'라는 구절에서 비롯된 것이다. 김홍도는 여행에서 그려 온 초본에 의거해 채색 횡권본(彩色橫卷本)과 화첩본(畵帖本) 두 가지를 정조에게 올렸다.

「**경포대**」 소나무 숲과 경포 호수를 내려다보는 지점에 세워진 누각이다.

「**죽서루**」 오십천이 내려다보이는 절벽에 지은 누각으로 자연 암반 위에 세웠다.

「**망양정**」 동해를 한눈에 굽어볼 수 있어 '관동제일루'라는 현판을 받았다.

「**월송정**」 바닷가에 있는 소나무 숲 사이에 우뚝 솟아 있는 정자이다.

억새 속새 떡갈나무 백양나무 그 숲에 가기만 가면

누른 해 흰 달 가는 비 굵은 눈 쓸쓸히 바람 불 제

뉘 한잔 먹자 할꼬

하물며 무덤 위에 원숭이 휘파람 불 때야

뉘우친들 무엇하리

○ 월송정(경북 울진군)
고려 시대에 세워진 정자이
다. 당시에는 왜구의 침입을
살피는 망루의 역할이 컸다.
이후 빼어난 풍광이 알려지
면서 오랜 세월에 걸쳐 시인
과 묵객들의 사랑을 받았다.
신라의 화랑들이 울창한 소
나무 숲에서 달을 즐겼다 하
여 '월송정(月松亭)'이라고 불
렀다. 울진군청 제공

1585년 정철은 관직을 떠나 고향에 돌아가 4년 동안 은거하면
서 「사미인곡」, 「속미인곡」, 「성산별곡」 등 수많은 가사와 시조
를 지었습니다.

정철의 문학적 업적은 중앙의 관직에 머무를 때가 아니라 유
배지에서 이루어졌다고 해도 과언이 아니에요. 유배지가 학문과
문학의 산실 역할을 한 것이지요. 정철은 고산 윤선도와 함께 시
가 문학의 쌍벽을 이루었습니다.

조선 시대의 당쟁은 과연 나라를 망하게 한 원인이었을까요?

조선에서 사림은 훈구파에 이어 새로운 세력을 형성했습니다. 하지만 사림은 입지를 굳히자 자신들끼리 뭉치고 흩어지며 다투었어요. 이러한 당쟁은 망국의 원인으로까지 거론되었지요. 일본의 호소이 하지메는 "조선인의 혈액에 특이한 검푸른 피가 섞여 있어 머리카락이나 눈동자의 색깔과 같이 바뀔 수 없는 천성 때문에 당쟁이 일어났다."라는 터무니없는 이론까지 들먹였어요. 이에 동조하는 한국인 학자가 억지 주장을 교과서에 싣는 경우도 있었지요. 사림은 사상적·정치적 입장에 따라 자신들끼리도 반목하는 모습을 보였어요. 예송이 진행되었을 때는 왕과 사대부를 똑같이 보자는 주장도 제기되었지요. 선조 때 서인에서 동인으로 전향한 정여립은 왕을 일반 백성과 같은 존재로 보았습니다. 정여립은 "천하는 모두의 것이므로 주인이 따로 없다. 누구라도 왕으로 섬길 수 있다."라고 주장했어요. 단재 신채호는 혁명적 주장을 펼친 정여립을 '동양의 위인'이라고까지 칭송했지요. 결국 당파 싸움은 순조, 헌종, 철종 시기에 세도 정치로 변질해 권력이 소수의 근친이나 신하에게 집중되었어요. 이런 흐름으로 보아 망국의 원인을 당파적인 민족성에서 찾을 게 아니라, 지배 세력이 성리학적 신분 질서에 안주하고 기득권을 고수하려는 수단으로 삼은 데서 찾아야 할 것입니다.

정여립이 은거한 진안의 죽도

11 선조실록 ② | 임진왜란

조선이 건국된 지 정확히 200년 후인 1592년, '임진왜란'이 일어났습니다. 오랜 기간 평화가 지속되는 바람에 조선은 전쟁 대비에 소홀했어요. 일본의 움직임이 심상치 않았음에도 위기의식을 느끼지 못했지요. 이 무렵 일본을 통일한 도요토미 히데요시는 대륙 침략의 야심을 이루고 불만 세력의 관심을 밖으로 돌리기 위해 조선 침략을 단행했습니다. 파죽지세로 밀려오는 왜군에 맞선 조선군은 속절없이 무너졌어요. 결국 선조는 한양을 버리고 의주로 피란을 떠났지요. 다행히 이순신이 23전 23승이라는 신화적인 승리를 거두어 남해의 제해권을 장악했습니다. 이에 힘입어 전국 각지에서 의병이 일어나 향토 방어에 나섰고, 관군은 명군과 함께 왜군을 물리쳤어요. 결국 왜군은 경상도 해안 일대로 물러나 휴전을 제의했어요. 휴전 협상이 진행되는 동안 조선은 훈련도감을 설치하고 속오법을 도입하는 등 전열을 재정비했습니다.

- **1592년** 5월 임진왜란이 발발하다. 고니시 유키나가의 1만 8,000군이 부산성을 함락하다.
- **1592년** 7월 이순신이 이끄는 조선 수군이 한산도 대첩에서 왜군과 싸워 대승을 거두고 제해권을 장악하다.
- **1592년** 10월 진주 목사 김시민이 이끈 조선군이 진주 대첩에서 왜군을 크게 이기다.
- **1593년** 2월 권율이 행주 대첩에서 큰 승리를 거두다. 변이중이 제작해 보낸 화차가 큰 역할을 하다.
- **1594년** 훈련도감을 설치하고 화포와 조총을 제작해 전열을 재정비하다. 속오법을 도입하다.

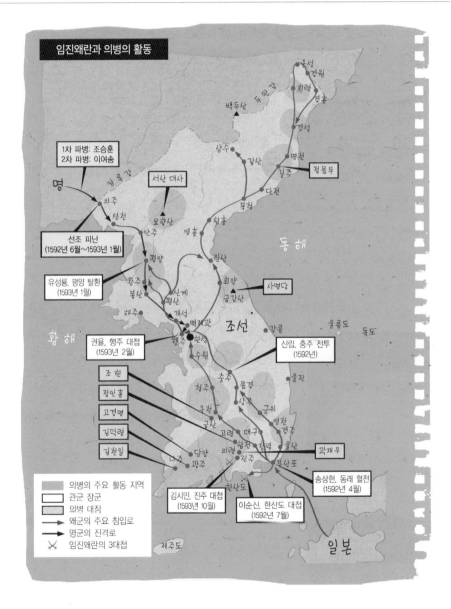

1 임진왜란 초기

일본의 잇단 통신사 파견 요청, 전란을 암시하다

임진왜란은 1592년(선조 25년) 일본의 침략으로 시작해 1598년까지 이어진 전쟁입니다. 왜군은 개전 초기에 한반도 대부분을 점령했으나, 명군이 개입하고 관군과 의병이 각지에서 활약하면서 일 년여 만에 경상도 해안으로 퇴각했어요. 도요토미 히데요시가 사망하자 왜군은 마침내 본국으로 급히 돌아갔지요. 『조선왕조실록』에서는 1592년의 제1차 침략을 '임진왜란', 1597년의 제2차 침략을 '정유재란'으로 구별해 부릅니다. 통상 1차 침략과 2차 침략을 합쳐 '임진왜란'이라고도 불러요. 임진왜란이 일어난 연도 정도는 기억해야겠지요? 편의상 592(오구이)를 왜구를 이긴 전쟁이라고 기억해 두면 편리할 거예요.

1592년은 조선이 건국된 지 정확히 200년이 되는 해입니다. 조선은 200년 동안 국지전을 제외하고는 전쟁을 치른 적이 거의 없었어요. 평화가 장기간 지속되자 자연스럽게 조선은 전쟁 대비에 소홀해졌습니다. 조정이 각 도에 왜군의 침공에 대비해 성곽을 수축하고 군비를 정비하라는 명령을 내렸어요. 그러나 대부분의 민폐를 일으킨다는 불만만 늘어놓았지요. 일부 수령은 전쟁 준비를 중지해 달라는 장계(狀啓, 지방 관리가 왕에게 보고하는 문서)를 올리기까지 했어요.

한편, 15세기 후반 유럽 상인들이 일본에 들어와 신흥 상업 도시가 발전하면서 일본의 봉건적인 지배권이 위협받는 상황이 되었습니다. 일본 통일에 성공한 **도요토미 히데요시**는 상업 도시를 기반으로 성장한 신흥 세력을 억제하고 내란을

❶ 도요토미 히데요시
(1536~1598)
오다 노부나가 휘하에서 점차 두각을 드러내 중용되었다. 오다 노부나가가 죽자 원수를 갚음과 동시에 왜의 통일을 이룩했다. 1592년 임진왜란을 일으켰다.

거치면서 난립한 다이묘의 막강한 군사력을 축소하기 위해 외부와의 전쟁을 모색했어요.

도요토미 히데요시는 "일찍이 일본을 제패한 사람은 여럿 있었지만 대륙까지 손에 넣은 사람은 없었다."라면서 여러 차례 대륙 침략 의도를 명백히 드러냈어요. 도요토미 히데요시는 1587년 마지막으로 규슈 정벌을 끝낸 후 대마도 도주 소 요시시게에게 "조선이 명으로 가는 길을 빌리게 하고, 조선 국왕을 일본으로 오게 하라."고 명령을 내렸습니다. 도요토미의 의도는 조선과 동맹을 맺고 명을 치는 데 있었어요. 대마도 도주는 가신인 다치바나 야스히로를 일본 사신으로 부산포에 보냈지요.

경상 우수사가 조정에 보고하자, 선조는 2품 이상의 대신들에게 논의하도록 했어요. 대신들은 관례대로 사신을 접대하는 것이 옳다는 결론을 내렸어요. 선조는 내키지 않았지만 따랐지요. 하지만 조정은 다치바나 일행이 한양에 올라와서 바친 수교문에 오만무례한 구절이 있다는 이유로 사신을 돌려보내고 회답도 보류했습니다. 예를 들면 '전하(殿下)'라고 써야 할 대목에 '합하(閤下, 정1품 벼슬아치를 높여 부르는 말)'라고 적혀 있었지요.

조선은 이미 일본 사신으로부터 교섭이 뜻대로 되지 않으면 전란이 일어날 수 있다는 암시를 받았으므로 통신사 파견 여부를 놓고 다시 논의했습니다. 하지만 여전히 찬반 의견이 팽팽히 맞섰지요. 결국 선조는 전교(傳敎, 임금의 명령)를 내려 왜구의 앞잡이 노릇을 하는 조선 사람들을 잡아 보내면 통신사 파견에 응하겠다는 조건을 내걸었어요. 대마도 도주가 조선의 요구 조건에 응해 10여 명의 왜구 앞잡이를 잡아 왔어요. 마침내 조선 조정은 통신사를 파견해 일본의 실정과 도요토미의 속뜻을 탐지하자는 쪽으로 의견을 모았습니다.

다이묘(大名)
일본 헤이안(平安, 당나라 장안을 모방하여 만들어진 계획 도시) 시대 말기에서 중세에 걸쳐 많은 영지(領地)를 가졌던 봉건 영주를 일컫는다. 무사 계급으로서 지방의 행정권, 사법권, 징세권을 가졌으며 군사 사무도 관할하였다.

김성일의 보고에 따라 전쟁 준비를 중단하다

바로 이때 정여립 모반 사건이 일어나 사신 행차를 미루다가, 1589년(선조 22년) 11월 중순이 지나서야 정사에 황윤길, 부사에 김성일, 서장관에 허성으로 **통신사**를 구성했습니다. 이듬해인 1590년 3월 조선의 통신사 일행은 왜의 승려 겐소 일행과 함께 한양에서 출발해 대마도에서 한 달 동안 머무르다가 교토에 도착했어요. 통신사 일행은 도요토미에게 국서를 전달하고 보름 만에 답서를 받았지요. 그런데 답서의 내용이 오만불손해 김성일은 글자를 여러 군데 고쳐서 가져왔어요.

통신사가 돌아온 후 조정에서는 보고 내용을 놓고 다시 논란이 벌어졌습니다. 통신사 일행 중 서인에 속한 통신 정사 황윤길은 다음과 같이 보고했어요.

"왜가 많은 병선을 준비하고 있고, 곳곳에 말 달리는 군사들이 보여 반드시 전란이 있을 것입니다. 하루라도 빨리 전란에 대비해야 합니다. 도요토미의 눈에서는 빛이 나고 담력과 꾀가 있어 보였습니다."

○「국서누선도」
(국립중앙박물관)
통신사 일행이 탄 배가 조선 국왕의 국서를 받들고 오사카의 요도가와를 지나는 장면을 그린 작품이다. 일본 막부의 어용 화가가 그린 것으로 추정된다.

하지만 동인인 통신 부사 김성일은 황윤길과는 반대되는 내용을 보고했어요.

"조선을 침입할 정황을 발견하지 못했습니다. 도요토미의 얼굴은 쥐의 형상을 하고 있어 두려워할 위인이 못 되어 보였습니다. 윤길의 말은 민심을 동요시킬 우려가 있나이다."

서장관 허성은 동인이었지만 황윤길과 의견을 같이했고, 김성일을 수행했던 황진도 마찬가지였습니다.

상반된 보고를 접한 조정의 신하들은 동인과 서인으로 갈라져 자기 당의 사신 편들기에만 바빴어요. 조정은 결국 왜의 조선 침략 가능성을 애써 외면하고 김성일의 의견을 수용했습니다. 선조는 백성이 동요할 것을 우려해 축성 작업마저 중단시켰지요.

선위사(宣慰使, 외국 사신을 위문하기 위해 파견된 관리) 오억령은 조선에 머무르고 있던 겐소로부터 "왜가 다음 해에 조선의 길을 빌려 명을 정복할 준비를 하고 있다."라는 말을 들었어요. 오억령은 선조에게 "왜가 조선 침략을 위해 군사를 일으킬 것입니다. 저들의 침입에 대비하지 않으면 큰 화를 입을지도 모르니 부디

축성 작업을 재개하소서."라고 보고를 올렸어요. 하지만 선조는 이를 무시하고 오억령을 민심을 교란시켰다는 죄목으로 파직했어요.

왜관에 머무르던 일본인들마저 하나둘 일본으로 돌아가자, 그제야 조선 정부는 무기를 정비하고 성을 수축하기 시작했습니다. 선조는 비변사에 "장수가 될 인재를 천거하라."는 명을 내렸어요. 이에 1591년 유성룡과 정탁이 정읍 현감 이순신을 전라 좌수사로 천거했지요. 이순신이 전라 좌수사로 발탁되자 사간원은 "관직의 남용이 이보다 심할 수 없다."라며 강하게 반대했지만, 선조는 끝내 유성룡의 뜻을 따랐어요. 조선이 전쟁 준비를 놓고 허둥대는 동안 전라 좌수사 이순신은 다가올 전쟁에 차근차근 대비하고 있었습니다.

○「왜관도」(국립중앙박물관)
1783년(정조 7)에 변박이 그린 초량 왜관의 전경이다. 1544년 다른 곳의 왜관은 모두 폐쇄하고 부산포에만 왜관을 설치했는데, 이후 몇 차례 장소를 옮겨 1678년에 초량 왜관을 신축했다.

이순신, 전라 좌수사가 되다

이순신보다 다섯 살 많았던 원균은 1567년(선조 즉위년) 무과에 급제한 후 조산 만호가 되었고, 여진족을 토벌한 공으로 부령 부사가 되었습니다. 병사 이일과 여진족의 시전 부락을 격파한 공으로 1592년에는 경상 우수사가 되었지요.

이순신은 1572년 훈련원 별과에 응시했으나 말에서 떨어지는 바람에 탈락했어요. 1576년 나이 30세가 넘어 무과에 급제해 겨우 관직에 나갔고, 1587년에는 조산 만호로서 함경도 경흥부에 속한 녹둔도의 둔전을 관리했습니다. 한번은 여진족이 녹둔도에 침입해 조선군 열한 명이 죽고 160여 명이 잡혀간 적이 있었어요. 이순신은 곧바로 추격해 적 세 명의 목을 베고 포로로 잡혀갔던 50여 명을 구출해 냈지요. 이 과정에서 아군 10여 명이 전사하고 이순신도 허벅지에 화살을 맞아 상처를 입었습니다.

이순신의 상관인 북병사 이일은 병력 증원 요청을 무시한 잘못을 숨기기 위해 경비 소홀을 이유로 이순신의 목을 벨 것을 청했습니다. 이에 이순신은 적극적으로 자신을 변호해 사형은 면하고 볼기를 맞은 후 백의종군(白衣從軍, 벼슬 없이 군대를 따라 싸움터로 감)하게 되었지요.

이순신은 능력과는 무관하게 10년 넘도록 품계가 제자리걸음이었습니다. 이이가 이조 판서로 있을 때 이순신이 같은 덕수 이씨라는 이유로 한번 만나 보고 싶어 했어요. 하지만 우직한 이순신

○ 무과 급제 교지
(현충사)
이순신이 임진왜란이 일어나기 16년 전인 1576년(선조 9) 2월 식년 무과에 합격했음을 증명하는 공식 문서이다. 합격 당시 이순신의 나이는 32세였고 성적은 '병과 4등(전체 합격자 29명 중 12등에 해당)'이었다. 문화재청 현충사 관리소 제공

○ 녹둔도 싸움
(기록화, 현충사)
이순신은 과거 시험 무과에 합격한 후 첫 발령을 받아 부임한 두만강 하구의 녹둔도에서 여진족을 무찔렀다. 당시 이순신은 수비를 강화하기 위해 절도사 이일에게 추가 병력을 요청했지만 거절당했다. 결국 녹둔도 병영이 와해되었는데, 그 죄를 이일이 이순신에게 뒤집어씌워 백의종군하기도 했다. 문화재청 현충사관리소 제공

은 "인사권을 갖고 있을 동안은 대감을 찾아뵐 수 없다."라며 이이를 만나지 않았답니다.

처음에는 원균이 승승장구했어요. 원균은 이순신보다 9년 앞서 무과에 급제했지만, 이순신은 재수해 겨우 합격했지요. 원균은 시전 부락 전투에서 공을 세웠으나, 이순신은 **녹둔도 전투**에서 패했어요. 여기까지는 원균이 나이(5년), 무과 급제 군번(9년), 전공 등에서 이순신을 앞섰습니다.

이순신은 주로 당쟁의 피해자로만 부각되지만, 사실 붕당 정치의 수혜자이기도 했어요. 1591년 정읍 현감에 불과했던 이순신은 전공과는 무관하게 남인의 영수 유성룡의 천거로 47세에 전라 좌수사가 되었습니다. 유성룡은 이순신을 천거한 이유에 대해 "같은 동네에 살아 이순신의 사람됨을 누구보다 잘 알고 있다."라고 밝혔어요. 북인에 속하는 원균은 이순신이 전라 좌수사가 된 이듬해인 1592년에는 경상 우수사가 되었습니다.

동래부사 송상현, "죽기는 쉬우나 길을 비키기는 어렵다"

조선과의 교섭이 결렬되자, 도요토미 히데요시는 조선 침략을 결정짓고 나고야에 수십만 대군을 집결시켰습니다. 1592년 4월 13일 오후 5시경 아홉 개의 부대로 나뉜 일본의 16만 8,000여 대군이 조선으로 밀려왔어요. 일본이 조선을 침입할 당시 총병력은 약 30만 명이었는데, 약 10만여 명은 나고야에 머물렀고, 3만

명은 교토를 수비했습니다. 이에 비해 조선의 병력은 5만여 명에 불과했지요.

당시 왜군은 100여 년 동안 숱한 내전을 거치면서 자연스레 군사력이 강해졌을 뿐 아니라 네덜란드에서 전래된 조총까지 갖춰 전투력이 막강했어요. 하지만 조선은 지난 200년 동안 큰 전쟁을 치러 본 적이 없고 국방에 충실히 대비하지 않아 군인이 무기 하나 제대로 다룰 줄 모르는 형편이었지요.

고니시 유키나가는 병선 700여 척에 1만 8,700여 명을 나누어 태운 제1군을 이끌고 오후 5시에 가장 먼저 부산 앞바다에 나타났습니다. 부산진 첨절제사 정발은 이날 절영도에서 사냥하다가 왜선을 보고는 조공하러 오는 배로 여겨 아무 대비도 하지 않았다고 해요. 정발이 부산진으로 돌아왔을 때는 이미 왜적이 성을 기어오르고 있었지요.

얼마 후 왜군은 조총으로 공격을 퍼부었습니다. 정발이 이끄는 1,000여 명의 조선군은 처음 보는 강력한 무기 때문에 공포에 휩싸였지요. 정발은 왜군을 맞아 있는 힘껏 싸웠으나 적은 수의 군사로 대군을 막기에는 역부족이었어요. 결국 부산진성이 함락되고 정발도 전사하고 말았지요.

○ 동래읍성 동장대
(부산시 동래구)
동래읍성은 1387년(고려 우왕 13)에 김해 부사 박위가 왜구의 침략을 막기 위해 축성한 것이다. 임진왜란 때 동래 부사 송상현의 지휘 아래 군관민이 합심하여 왜적과 전투를 벌였다. 동장대는 동래읍성의 동쪽을 이루고 있는 망월산 꼭대기에 있는 망루이다.

부산진을 격파한 왜군은 다음 날인 4월 14일 **동래성**으로 밀려 들었습니다. 부산진 함락 소식을 들은 동래 부사 송상현은 인근 의 양산과 울산 지역에 지원 병력을 요청해 전투에 대비했어요. 하지만 경상 좌병사 이각은 "성 바깥에서 협공하겠다."라는 핑계 를 대고 북쪽으로 달아나 버렸지요. 동래성을 포위한 왜군은 남 문 밖에 "싸우고 싶으면 싸우고, 싸우지 못하겠다면 길을 비켜 라."라는 팻말을 세웠어요. 동래 부사 송상현은 "싸워 죽기는 쉬 우나 길을 비키기는 어렵다."라고 쓴 팻말을 내걸어 항전의 뜻을 밝혔습니다.

하지만 동래성은 반나절도 채 안 돼 함락되고 말았습니다. 왜 군이 성안으로 밀려 들어오는데도 송상현은 조복(朝服, 관원이 조 정에 나아가 하례할 때에 입던 예복)을 갖추고 위층으로 올라가 성 문 위에 앉았어요. 송상현은 왜군이 들이닥치기 직전에 손가락 을 깨물어 부채에 다음과 같은 편지를 썼습니다.

> **달무리처럼 포위당한 외로운 성**
> **다른 군진에는 기척도 없구나.**
> **군신의 의리는 무겁고 부자의 정은 가벼워라.**

송상현은 믿을 만한 종복에게 편지를 건네며 아버지에게 전해 달라고 부탁했어요. 송상현은 피신하라는 부하의 권유를 뿌리 치고 단정하게 조복을 입은 채 순절했습니다. 왜장 히라요시 등 은 송상현의 충렬을 기려 동문 밖에 장사를 지내 주고, 무덤 위에 '충신'이라고 적힌 목비를 세워 주었어요. 전선에 따르면, 그로부 터 2년 동안 송상현이 최후를 맞이한 성문 위에서 밤마다 붉은 빛이 반짝였다고 합니다.

제승방략 체제로 맞선 이일, 조총에 맥없이 무너지다

동래성 함락 후 고니시 유키나가 부대는 조선 관군의 저항을 거의 받지 않고 기장, 양산, 밀양, 청도, 대구, 선산을 거쳐 4월 25일에는 상주까지 이르렀습니다. 나고야를 떠나 대마도에 대기하고 있던 가토 기요마사의 제2군 2만 2,000여 명은 고니시 유키나가 부대가 부산 상륙에 성공했다는 보고를 받고 4월 19일 부산에 상륙했어요. 제2군은 좌병영 울산을 함락하고 경주, 영천, 군위, 문경을 거쳐 고니시 유키나가의 부대와 합류해 충주로 들어갔습니다.

같은 날 **구로다 나가마사**의 제3군 1만 1,000여 명은 동래, 김해, 성주를 거쳐 추풍령을 넘어 충청도의 영동으로 빠져나와 청주 방면으로 침입했어요. 이후 후속 부대들도 속속 북상했지요.

왜적이 침입한 지 사흘 반나절이나 지난 4월 17일 아침이 되어서야 경상 좌수사 박홍으로부터 부산진성이 함락되었다는 장계가 조정에 전달되었어요.

왜군이 물밀듯 밀려온다는 급보를 접한 조정에서는 급히 이일을 순변사로 삼아 조령·충주 방면의 중로(中路)를 막게 했습니다. 또한 성응길을 좌방어사에 임명해 죽령·충주 방면의 좌로(左路)를 막게 하고, 조경을 우방어사로 삼아 추풍령·청주·죽산 방면의 서로(西路)를 방어하도록 했어요. 하지만 장수 휘하에는 거느릴 만한 병력이 없었지요. 중종 때 군적수포제가 시행되면서 상당수가 군역에서 빠진 상황이었거든요. 이일은 명령을 받은 지 3일 만에야 약간의 군관을 거느리고 떠났습니다.

중로의 방어를 책임지고 내려간 이일이 상주에 도착했을 때였습니다. 판관 권길에게 군사가 없음을 꾸짖으며 참수하려 하자 권길은 밤새 고을 백성 수백 명을 불러 모았어요. 하지만 그들은

군적수포제(軍籍收布制) 국가가 군포 수취를 양성화하여 매년 군포 2필을 받고 군역을 면제해 주던 제도이다.

군사 훈련을 전혀 받아 보지 못한 농민들이었지요.

이일이 흩어진 백성을 모으기 위해 창고를 열어 관곡을 풀자 산속에 숨어 있던 배고픈 사람들이 모여들어 수백 명에 이르렀어요. 이일은 800여 명을 이끌고 산을 의지한 채 상주 냇가에 진을 쳤어요. 이일은 "적이 가까이 왔다."라는 보고를 받자 "병사들의 사기를 떨어뜨린다."라며 정보를 제공한 병사의 목을 베어 버렸지요.

○ **구로다 나가마사**
(1568~1623)
임진왜란 때 제3군을 이끌고 조선을 침공한 일본군 장수이다. 부산광역시 기장군 기장읍 죽성리에 일본식 석성을 축조했다.

병사가 제공한 정보는 사실이었어요. 고니시의 제1군은 진을 치는 훈련을 하던 조선군을 급습했습니다. 왜군이 일제히 조총 사격을 하자 조선군은 겁에 질려 활시위 한번 제대로 당겨 보지 못한 채 흩어지고 말았어요.

상주 전투는 당시 조선 군사 체제의 문제점을 적나라하게 드러냈습니다. 조선 초에 시행된 '진관(鎭管) 체제'는 일정 지역을 작전 단위로 삼아 독자적인 작전을 수행하는 체제여서 대규모 외적의 침입에 대항할 수 없었어요. 그래서 16세기 후반에는 중앙에서 파견된 장수가 유사시 각 지역의 병력을 한곳에 모아 지휘하는 방어 체제가 수립되었지요. 이를 '제승방략(制勝方略) 체제'라고 합니다. 하지만 상주 전투에서 전방 방어선이 무너지면 후방 방어선을 구축할 수 없다는 약점이 드러났어요. 군역의 문란으로 군사를 동원하기가 어려웠고, 지휘관이 도착하기 전에 왜군이 먼저 쳐들어오는 경우도 있었기 때문이었지요.

신립, 조령을 버리고 죽음의 배수진을 치다

선조는 좌의정 유성룡을 도체찰사(都體察使, 전쟁이 났을 때 군무를 맡아보던 최고의 군직)로 삼아 여러 장수를 감독하고 통솔하게 했습니다. 이어 선조는 유성룡의 천거에 따라 신립을 도순변사(都巡邊使, 군무를 총괄하기 위해 중앙에서 파견한 국왕의 특사)로 삼고 보검을 하사하며 "누구든 명을 어기는 자는 모두 처단하라."고 명령했어요.

신립은 대궐 문을 나서 직접 병사를 모집했지만 따르는 사람이 아무도 없었습니다. 유성룡이 겨우 8,000여 명의 장정을 모아 신립 휘하에 배속시킨 후에야 신립이 전장으로 떠날 수 있었지요.

충주로 내려온 신립은 **탄금대**에 배수진을 치기에 앞서 우선 단월역 앞에 주력군을 주둔시키고, 조령으로 가서 형세를 살펴보았어요. 이때 종사관 김여물이 "왜군은 큰 병력이고 우리 병사의 수가 많지 않기 때문에 정면으로 적과 싸우기는 어렵다고 봅니다. 조령 산중에 군사를 매복시켰다가 적이 골짜기에 들어오기를 기다려 양쪽 언덕 높은 곳에서 내려다보고 화살을 쏘면 승산이 있습니다."라고 의견을 내놓았습니다. 충주 목사 이종장 이하 수행하던 여러 사람이 김여물의 의견이 옳다고 맞장구를 쳤지요.

하지만 신립은 "이 지역은 좁은 골짜기라서 기마병을 충분히 활용할 수 없다. 적은 보병이고 우리는 기병이니 넓은 들로 불러들여 철기를 휘두르면 위력적인 공격을 할 수 있을 것이다."라며

○ **탄금대**(충북 충주시)
신립이 왜적과 싸우다 장렬히 전사한 곳이다. 신립은 천혜의 요새인 문경새재를 버리고 탄금대를 선택했지만 참패했다.

단월로 되돌아왔어요.

왜군에게 **조총**이 없었다면 신립의 작전이 맞아떨어졌을지도 모릅니다. 주변에서는 왜군이 조총으로 무장했으니 작전을 달리 세워야 한다고 조언했어요. 하지만 신립은 이동하는 표적을 거의 맞히지 못하는 조선식 조총만 생각해 일본 조총을 무시했지요.

한편, 상주에서 패해 신립에게 달려온 이일은 신립 앞에서 죽기를 청했어요. 하지만 신립은 지난 일을 문제 삼지 않고 적의 형세를 물어보았지요. 이에 이일은 다음과 같이 문제점을 지적했어요.

"우리는 훈련도 제대로 받지 못한 백성으로 감히 대항할 수 없는 적을 맞게 되어 어떻게 할 수 없었습니다. 험준한 곳을 점거해 적의 길을 끊지 못했으니 넓은 들판에서 교전한다 해도 당해 낼 수가 없을 것입니다. 차라리 물러나서 한양을 지키는 것이 좋을 듯합니다."

그러자 신립은 이일을 크게 꾸짖으며 "패전의 책임을 물어 참수하려고 했으나 너의 전날 공훈을 생각해 스스로 왜적을 막아 공을 세우면 속죄할 기회를 줄 것이다."라고 말했어요.

며칠 후 왜군이 접근해 왔습니다. 고니시의 한 부대는 산을 따라 동으로 침입해 오고, 다른 부대는 강을 끼고 내려왔어요. 왜군이 삼 열 종대로 번갈아 가며 **조총**을 쏘아 대니 총성이 하늘을 찌르는 듯했지요. 기마 전술에 능했던 신립은 병사들이 철퇴를 휘두르기에 적합한 장소를 찾다가 사방이 높은 산으로 둘러싸인 너른 평지를 발견했어요. 이곳이 바로 탄금대입니다. 신립은 전체 병력을 정렬하고 왜군이 들어오기만을 기다렸어요. 아군의 뒤편에는 활시위 모양으로 강이 흐르고 있었지요.

왜군은 언덕을 기어올라 맹렬한 기세로 공격하기 시작했습니

○ **조총(전쟁기념관)**
왜군이 임진왜란 당시에 사용한 화승총이다. 1560년대 왜군은 교차 사격 전술을 도입하면서 조총의 연사력에 대한 문제점을 보완했다. 16세기 당시 왜의 총포 기술은 유럽보다 앞서 있었다고 전해진다.

다. 신립의 부대가 말을 달려 두어 차례 적진으로 돌진했어요. 하지만 왜군의 조총이 불을 뿜자 조선군은 매우 놀라 우왕좌왕하면서 두 갈래의 샛길로 달아나려 했어요. 그러나 이미 왜군이 앞을 가로막고 있었습니다. 강과 적 사이에서 오도 가도 못하는 진퇴양난에 빠진 것이지요. 조선의 병사들은 모두 강 쪽으로 밀려 나가거나 무자비한 왜군의 칼에 하나둘씩 쓰러졌습니다. **신립**은 맹장답게 홀로 말을 달려 적진을 향해 돌격하며 마지막 순간까지 적병의 목을 베고 달천에 몸을 던져 전사했어요.

『선조수정실록』에는 "신립이 군사를 이끌고 탄금대에 나가 강을 등지고 진을 쳤는데, 앞에는 많은 논이 있어서 실제로 말을 달리기에는 불편했다. 적이 삽시간에 사면으로 포위해 신립이 진을 친 곳으로 달려갔고, 병사들은 일시에 물에 빠져 흘러가는 시체가 강을 덮을 정도였다."라고 기록되어 있습니다.

이일은 동쪽 계곡을 따라 탈출하는 데 성공했어요. 왜군 한 명을 화살로 쏘아 죽이고 상경한 이일은 패전을 알렸으나 조정은 이일의 죄를 묻지 않았습니다. 탄금대 전투는 8,000여 명의 조선군 중에서 두서너 명만 살아남았다고 할 만큼 희생이 큰 전투였습니다. 충주 읍성에 있던 많은 사람이 당대의 명장인 신립의 군대를 믿고 피란을 가지 않았기 때문에 일반 백성의 피해도 컸지요.

○ 곤지암(경기 광주시)

신립의 무덤 근처에는 커다란 바위가 하나 있었는데, 이 바위 앞을 말을 타고 지나려 하면 말발굽이 땅에 붙어 움직이지 않았다. 어느 날 그 앞을 지나던 한 선비의 말이 갑자기 움직이지 못하자 선비는 "장군의 원통함이 아무리 크다고 하더라도 무고한 행인들을 불편하게 함은 온당치 못하다."라고 꾸짖었다. 그러자 하늘에서 벼락이 떨어지더니 바위가 두 덩어리로 쪼개졌다. 그 후 말을 타고 자유롭게 다닐 수 있게 되었고, 이때부터 이 바위는 '곤지암'이라고 불리게 되었다.

○ 신립 묘(경기 광주시)

임진왜란 당시 탄금대에 배수진을 치고 왜군과 대결했던 신립은 싸움에서 패하자 남한강에 투신했다. 신립을 따르던 부하들은 그의 시신을 건져 경기도 광주 곤지암 읍에 묻었다.

○ 문경새재(경북 문경시)
새재는 문경에서 충주로 이어지는 교통의 관문이다. 주변에 주흘산, 조령산 등 험한 봉우리들이 즐비하다. 명나라 장군 이여송은 훗날 "신립이 새재라는 천혜의 요새를 포기한 것은 매우 어리석은 짓이다."라고 비판했다. 하지만 신립이 천혜의 요새를 버리고 배수진을 선택할 수밖에 없었던 까닭이 무엇이었는지에 대해서는 더 생각해 볼 필요가 있다.

☀ 탄금대 전경(충북 충주시)

종사관 김여물은 조령 산중에 군사를 매복했다가 적이 골짜기에 들어오면 화살을 쏘자고 제안했다. 하지만 도망병이 나올 것을 우려한 신립은 기마병을 활용할 수 있는 너른 평지에서 싸우기로 결심하고 탄금대에 배수진을 쳤다. 언덕에 기어오른 왜군은 활시위 모양으로 흐르는 강을 등지고 있던 조선군을 향해 교차 사격 전술을 구사하며 조총을 쏘아댔다. 진퇴양난에 빠진 조선군은 하나둘 쓰러졌고, 마지막까지 싸우던 신립은 남한강에 투신했다. 충주시청 제공

♣ '탄금대'의 유래

'탄금대(彈琴臺)'는 우리나라 3대 악성 중 한 명인 신라의 우륵이 가야금을 연주하던 곳이라 하여 붙여진 이름이다. 사진은 이를 기념하여 세운 탄금대의 비석이다.

⊕ 열두대
탄금대 전투 때 신립이 뜨거워진 활시위를 식히기 위해 여기서 강 아래를 열두 번이나
오르내렸다고 해서 '열두대'라는 이름이 붙었다.

몽진에 나선 선조, 수라마저 아랫사람에게 빼앗기다

4월 29일 믿고 있던 신립의 패전 소식이 **한양 도성**에 전해지자 조정은 공포에 휩싸였어요. 왜군이 북진을 계속하자 동요한 선조는 결국 몽진(蒙塵, 먼지를 뒤집어쓴다는 뜻으로, 임금이 난을 피해 안전한 곳으로 피신함) 채비를 갖추었지요. 대간과 종실들은 사직을 버리지 말고 한양 도성을 사수할 것을 애원했습니다.

하지만 영의정 이산해가 "예전에도 파천(播遷, 임금이 도성을 떠나 다른 곳으로 피란하던 일)한 사례가 있다."라며 파천을 주장했지요. 모두 웅성거리며 이산해를 비난했지만, 선조는 이산해의 의견에 따라 파천을 결정했습니다. 대신들은 "나라가 날로 위급해지니 왕세자를 세워야 한다."라고 청했어요. 선조는 망설이다가 결국 대신들의 청을 받아들여 광해군을 세자로 책봉했지요.

일부 대신이 임금 뵙기를 청하며 도성을 끝까지 지킬 것을 주장했으나 유성룡은 상황이 이미 급박하다는 이유로 몽진이 불가피함을 주장했어요. 조정에서는 왕자를 각 도에 파견해 근왕병을 불러 모아 후일을 도모하게 하고, 세자는 어가(御駕, 임금이 타던 수레)를 따라가게 했어요. 임해군은 함경도로 가게 했고, 순화군은 강원도로 가게 했지요. 선조 일행은 몽진에 앞서 우의정 이양원을 유도대장에 임명해 도성을 수비하게 하고, 김명원을 도원수로 삼아 한강을 지키도록 했어요. 하지만 군비가 허술해 적과 상대하기에는 역부족이었지요.

◐ 화석정에서 내려다 본 임진강 동파리
(경기 파주시)
선조가 화석정 건너편의 동파리로 건너갈 때 왜군이 쫓아오지 못하도록 남아 있는 주변의 배들을 모두 불태웠다고 한다.

밤늦게 '조만간 왜적이 도성에 다다를 것'이라는 이일의 장계가 도착하자, 선조는 곧 군복으로 고쳐 입고 말을 타고 나섰습니다. 파천 반대를 부르짖던 신하들이나 궁궐 호위를 맡은 갑사도 거의 다 달아났어요. 선조를 호위하며 따르는 신하는 100명도 채 되지 않았지요.

그날 밤, 비가 엄청 퍼부어 길이 질척거렸고, 한 치 앞도 분간하기 어려웠어요. 『선조수정실록』에는 "선조의 수레가 도성을 나서자 난민들이 노비 문서를 맡고 있던 장례원과 형조 관아에 불을 질렀는데, 이때 경복궁, 창덕궁, 창경궁 세 궁궐이 모두 불타 없어졌다."라고 기록되어 있습니다. 고니시 부대를 따라온 종군 승려의 일지인 『서정일기』에는 5월 7일 경복궁이 전소한 것으로 기록되어 있어 경복궁 화재는 왜군이 저지른 일로 보기도 합니다.

○ **임진강변의 화석정**
(경기 파주시)
임진왜란 당시 의주로 피난을 가던 선조가 한밤 중에 임진강을 건널 때 화석정을 불태워 주변을 밝혔다고 한다. 내부에는 이이가 8세 때 화석정에서 지었다는 팔세부시(八歲賦詩)가 걸려 있다.

고양의 석다리 앞에 도착하자 무서운 기세로 비가 내렸고, 벽제역에 도착할 즈음에는 일행 모두가 물을 뚝뚝 흘릴 정도로 흠뻑 젖어 있었어요. 평생을 대궐에서 편안하게 호의호식하는 것밖에는 해 본 일이 없던 왕실 사람들에게 빗속에서 50km나 되는 진창길을 쉬지도 먹지도 못하고 이동한다는 것은 끔찍한 고통이었지요.

자정 무렵에 파주 동파역에 도착하자 파주 목사 허진과 장단 부사 구효연이 임금과 여러 대신에게 올릴 음식을 어렵사리 장만했습니다. 하지만 온종일 아무것도 먹지 못한 마부와 하급 관리들이 부엌으로 뛰어 들어가 임금께 올릴 음식마저 먹어 버렸다고 해요.

선조는 임진강을 건널 때 "왜군이 쫓아오지 못하도록 남아 있는 배는 모조리 불태우고 뗏목을 만들지 못하게 가까운 인가는 모두 철거하라."고 명을 내렸어요. 피란길이 막히는 바람에 수많은 백성이 왜적의 손에 죽어 나갔습니다. 6·25 전쟁 때 이승만 대통령이 서울 시민에게 "피란 갈 필요가 없다."라고 방송한 후 서울을 빠져나가면서 한강 다리를 끊은 것과 별반 다를 것 없는 상황이 벌어진 거예요.

5월 2일에는 고니시 부대가, 5월 3일에는 가토 부대가 한양에 도착했습니다. 왜군은 한양을 함락해 본거지로 삼고 약탈을 일삼으며 전열을 정비했어요. 일본 전국 시대 때 성주는 절대 도망가지 않았습니다. 싸움에서 지면 할복하거나 항복했어요. 일본은 섬나라였기 때문에 더는 갈 데가 없었기 때문이지요. 따라서 왜군은 왕이 있는 도성만 점령하면 전쟁이 끝난다고 생각했어요. 그런데 조선에서는 예상을 깨고 아무런 저항도 하지 않고 왕이 도망쳤습니다. 왜군은 당황한 나머지 한양에서 주춤거렸지요.

2 이순신의 연승

이순신, 옥포에서 첫 승전고를 울리다

육상에서는 조선군이 파죽지세로
밀려오는 왜군에게 처참하게 당했
지만 해상에서는 달랐습니다. 조
선 수군은 남해안에서 일본 수군
을 제압해 호남의 곡창 지대를 지
켜 냈어요. 보급선이 끊긴 왜군은
전략에 큰 차질이 생겼지요. 당시
경상 좌수사에 박홍, 경상 우수사
에 원균, 전라 좌수사에 이순신, 전
라 우수사에 이억기가 바다를 지
키고 있었습니다.

경상 좌수사 박홍은 해안으로
내려가 적과 맞서 싸우다가 중과
부적(衆寡不敵, 적은 수효로 많은 수
효를 대적하지 못함)으로 퇴각하면
서 왜적이 사용할 수 없도록 판옥
선과 전투 장비를 모두 바닷속에
빠뜨렸어요.

왜군에게 패한 경상 우수사 원
균도 무기를 배와 함께 수장시키

고 퇴각했지요. 원균은 전라도와 충청도에 이르는 해로의 목줄인
옥포의 중요성을 뒤늦게 깨닫고는 전라 좌수사 이순신에게 원군
을 요청했어요. 이순신은 "경계 영역을 함부로 넘을 수 없다."라
는 이유를 들어 원균의 원군 요청에 즉시 응하지 않았지요.

5월 2일 이순신은 20일 만에 조정의 출전 명령을 받고서야 지원에 나섰습니다. 이순신은 주력 전함인 판옥선 24척, 중형 협선 15척, 소형 포작선(鮑作船, 해물을 채취하는 사람들이 타는 배) 46척 등 85척의 함선을 이끌고 당포 앞바다에 당도했지요. 이때 원균은 70여 척의 전선을 거의 잃고 판옥선 4척, 협선 2척으로 합세했어요.

　5월 7일 낮 12시경, 여수 수영에서 출발한 전라 좌수영 수군은 옥포 포구로 나아가 적선 50여 척을 학익진을 이루며 에워쌌습니다. 이순신 함대는 포구를 빠져나오려는 적선에 천자총통, 지자총통, 현자총통으로 맹렬히 포격을 가해 26척을 격침했어요. 조선 수군의 피해는 겨우 부상자 한 명이었습니다.

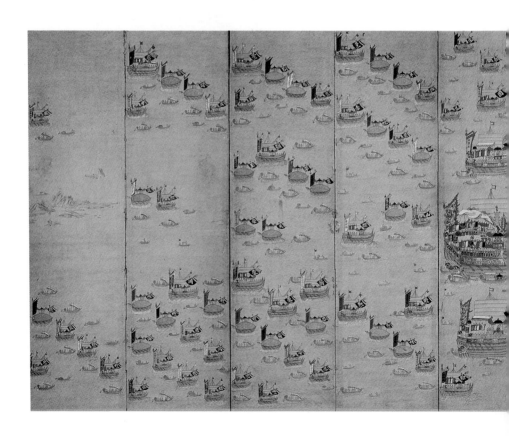

최초의 해전을 완벽한 승리로 장식한 이순신은 이어 합포(마산) 앞바다에서 적선 5척, 다음 날 적진포(통영시 광도면)에서 적선 11척을 불태웠어요. 1592년 5월 4일부터 8일까지 닷새간 이순신 함대는 옥포 · 합포 · 적진포 해전에서 적선 37척을 격파하는 대승을 거두었지요.

이순신은 병법에 따라 완벽하게 이기는 전투 조건을 만드는 데 주력했어요. 지는 전투에는 나서지 않고 물러나 힘을 기르는 게 더 낫다고 보았지요. 이것이 23전 23승의 비결이었어요.

원균은 이순신에게 구원병을 요청해 옥포 해전에서 적을 물리친 후 이순신에게 두 사람 이름으로 장계를 올리자고 했습니다. 이순신은 "급할 게 없으니 천천히 올리지요."라고 말하고는

○ 「수군조련도」
(국립중앙박물관)
조선 후기에 수군이 해상에서 기동 훈련을 하는 모습을 그린 수조도 병풍이다.

밤에 혼자 장계를 올려 버렸어요. 이순신이 혼자 장계를 올린 것은 지휘 체계의 혼선을 피하기 위해서였지요. 이순신은 장계에 "원균이 군사를 잃어 의지할 데가 없었고, 적을 공격할 때도 이렇다 할 공이 없었다."라고 원균을 깎아내렸어요.

이순신이 조선 수군을 멸시하던 명 수군 도독 진린에게 전공을 양보한 것과는 사뭇 대조적인 모습이었습니다. 물론 그때는 명 수군의 협조를 끌어내기 위한 전략적인 판단이 앞섰을 거예요. 원균은 이순신의 단독 장계에 불만을 품고 이후부터는 따로 장계를 올렸지요.

사천 해전에 거북선이 모습을 드러내다

일본 수군은 서해안에 진출하기 위해 기회만 엿보고 있었어요. 5월 29일 이순신 함대는 일본 수군을 공격하기 위해 사천 앞바다에서 원균의 경상 우수영 수군과 합류했습니다. 사천 해전에서는 이순신이 이끄는 전라 좌수영의 함선 23척과 원균이 이끄는 경상 우수영의 함선 3척 등 총 26척이 동원되었어요. 사천 해전에서 군관 나대용이 건조한 **거북선**이 처음으로 모습을 드러냈지요.

이순신 함대는 해안선을 따라 사천 선창으로 도망치는 왜군 척후선 한 척을 격침했어요. 이후 계속 나아가 왜선 12척이 정박해 있는 사천 포구에 이르렀지요. 후퇴하는 척하며 왜선을 먼바다로 유인한 이순신 함대는 갑자기 뱃머리를 돌려 왜군을 공격하기 시작했어요. 먼저 거북선이 돌진해 적진을 혼란에 빠뜨린 후 **판옥선**이 일제히 불을 뿜었습니다. 놀란 왜군은 포구 쪽으로 도주한 후 배를 버리고 산으로 달아나기 바빴지요.

이순신 함대는 왜선 10척을 불태웠고 나머지 2척은 일부러 남

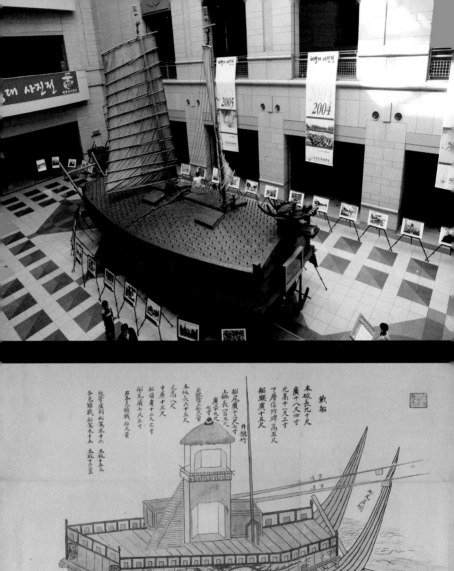
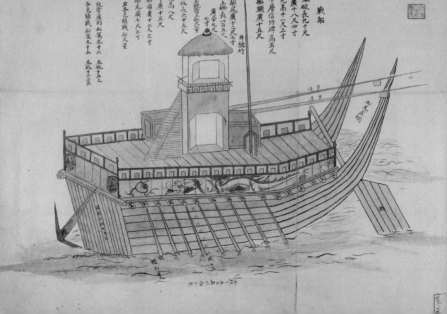

겨 둔 채 사천만 입구에서 밤을 지새웠어요. 6월 1일 새벽, 왜군 패잔병이 나머지 2척을 타고 도주하려고 하자 기다리고 있던 원균이 배를 불태우고 패잔병들을 소탕해 버렸지요. 사천 해전에서는 왜군 2,600여 명이 죽고 12척의 왜선은 모두 격침되었습니다.

6월 3일 오전 8시, 척후선으로부터 당포 선창에 왜선이 정박해 있다는 정보를 입수한 이순신 함대는 곧 당포(지금의 통영시 산양읍) 앞바다로 나아가 왜선 21척을 모두 격침했어요. 이후 이순신은 당포 해전 때 도주한 왜선이 당항포에 머물고 있음을 탐지하고는 전라 우수사 이억기, 경상 우수사 원균과 합세해 51척의 배로 왜선 26척을 격파했습니다.

1594년 3월에는 삼도수군통제사가 된 이순신이 한산도에서 왜적의 동향을 살피던 중 왜선 31척이 당항포로 이동하고 있음을 탐지하고 31척을 모두 격파하기도 했어요. 이순신 함대는 같은 지역에서 두 번이나 왜선을 크게 무찔렀지요.

6월 7일 거제도 앞바다에서 일본의 큰 배 5척과 중간 배 2척이 율포에서 나와 부산 쪽으로 달아났어요. 이순신은 즉시 추격을 명해 왜선 3척을 격파하고 수많은 왜병의 목을 베었지요.

임진왜란 극복의 1등 공신, 판옥선과 거북선

판옥선은 왜선을 무찌르기 위해 명종 때 만든 전함입니다. 배의 갑판 위에 널빤지로 상갑판인 판옥을 설치해서 '판옥선'이라 불리지요. 2층 구조의 판옥선에서 노를 젓는 격군은 아래에, 전투하는 병사는 위층에 배치했으므로 서로 방해받지 않고 임무를 수행할 수 있었어요.

배 바닥이 평평한 평저선(平底船)이었던 판옥선은 바닥이 뾰족한 첨저선(尖底船)보다는 속도가 떨어졌지만, 360도 회전할 수 있었고 암초가 많고 물살이 거센 우리 바다에는 최적이었습니다. 임진왜란 당시 판옥선에는 최소 120명이 탑승했지만, 왜군의 주력선인 세키부네에는 70~80명이 탑승할 수 있었지요. 판옥선은 높이가 높아 왜적이 기어오르기도 힘들었어요. 백병전을 주로 펼치던 왜적에게는 불리할 수밖에 없었지요. 화력 면에서도 왜선에는 기껏해야 1~2문의 화포만 실을 수 있었지만 판옥선에는 무려 24문 이상의 화포를 실을 수 있었지요.

명종 때 개량한 판옥선이 임진왜란을 극복하는 데 결정적인 역할을 할 것이라고는 아무도 생각하지 못했어요. 개전 초기에 선조는 왜군이 수전에 강하다고 여겨 "수전을 피하고 육지에서 싸우라."는 명령을 내리기도 했답니다.

사천 해전에 처음 모습을 드러낸 거북선은 왜군에게 공포 그 자체였어요. 거북선은 갑판의 윗부분이 개판으로 덮여 있고, 개판 위에는 뾰족한 쇠못이 꽂혀 있었지요. 거북선은 배에 탄 모든 사람을 보호할 수 있었으므로 돌격선의 역할을 톡톡히 해냈어요.

이순신은 1592년 6월 14일 조정에 승전 보고를 올리면서 거북선의 특징에 대해 다음과 같이 설명했습니다.

"신이 왜적들이 침입해 올 것을 염려해 거북선을 만들었는데, 앞에 있는 용머리의 입으로 대포를 쏘게 하고 지붕에는 쇠못을 꽂아 왜적이 오를 수 없게 하였나이다. 안에서는 능히 밖을 내다볼 수 있지만 밖에서는 안을 들여다볼 수 없었으므로 적선 수백 척 속에도 쉽게 뛰어들어 포를 쏠 수 있었나이다."

거북선은 누가 발명했을까요? 『태종실록』에는 "1413년(태종 13년) 한강에서 거북선과 가상 왜선이 해전 시범을 했다."라고 기록되어 있습니다. 하지만 그 이후 200여 년 동안 거북선에 대한 기록이 나타나지 않으므로 태종 때의 거북선과 이순신 장군

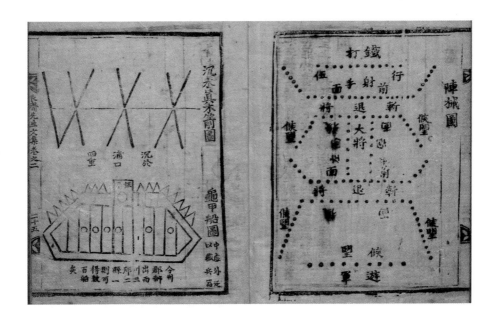

의 거북선은 같은 것이라고 보기는 어렵지요.

　이순신 휘하의 군관 나대용이 '실질적 발명자'라는 주장도 있
고, 유학자 이덕홍이 '원조 발명자'라는 주장도 있습니다. 이덕홍
의 『간재집』에 그려진 「귀갑선도(龜甲船圖)」를 토대로 "거북선의
덮개가 각진 모양이었다."라는 주장까지 나왔지요. 이순신의 장
계나 조선 후기의 모든 공식 기록에는 "이순신 장군이 거북선을
만들었다."라고 기록되어 있습니다. 이순신 장군이 실제 배를 만
드는 조선 기술자는 아니었으므로 "이순신 장군이 휘하 군관인
나대용에게 '개판을 씌운 판옥선'을 건조하도록 지시했다."라는
가설을 세울 수는 있겠지요.

○「귀갑선도」
「간재선생문집」
(규장각한국학연구원)

거북선 고증의 참고 자료가
되었던 「귀갑선도」에는 상갑
판 덮개가 둥근 형태가 아닌
사다리꼴 육면체로 그려져
있다.

3 육지의 대패, 바다의 대승
용인 전투에서 5만 대군이 1,600명의 왜군에게 당하다

이순신이 당포에 이어 당항포에서 승리를 거둔 6월 5일 용인에서는 5만 명에 가까운 근왕병(勤王兵, 임금에게 충성을 다하는 군사)이 왜군 1,600명에게 어이없이 패하고 맙니다.

전라도 관찰사 이광은 수만 명의 군사를 이끌고 한양으로 들어오려다 금강 부근에서 이미 선조가 파천했다는 소식을 듣고 전주로 귀환했어요. "관찰사가 싸우지도 않고 돌아왔다."라는 비난이 쏟아지자 이광은 왜군에게 빼앗긴 한양을 되찾기 위해 4만 명의 관군을 이끌고 북상했지요. 충청도 관찰사 윤선각도 수만 명의 관군을 이끌고 북상했고, 경상도에서 이동해 온 김수의 병력도 합류했습니다. 이때 이광 부대가 질서 없이 이동하는 것을 본 사람들은 "양을 몰고 목장으로 가는 것 같다."라고 비아냥거리기도 했지요.

1592년 5월 26일 경기도 진위(경기도 평택시 진위면)에 모인 하삼도의 관군은 10만 명에 육박해 위세가 당당했습니다. 하삼도의 관

○ **처인성(경기 용인시)**
고려 시대 대몽 항쟁의 전승지로 유명한 토성이다. 임진왜란 당시 왜군이 처인성에 주둔했지만, 독산성에 집결한 관군이 성을 탈환했다.

군은 6월 3일 수원 **독성산성**으로 옮겨 주둔했어요. 수원에 머물고 있던 왜군은 조선 관군의 위세에 눌려 용인에 주둔하고 있던 왜군에 합류했지요. 하삼도의 관군은 전라도 관찰사 이광이 지휘했습니다. 선봉장 백광언이 "많은 오합지졸(烏合之卒, 까마귀가 모인 것처럼 질서가 없이 모인 병졸)이 모여 있으면 위험하니 부대를 나누자."라고 제안했으나 이광은 듣지 않았어요.

6월 5일(양력 7월 13일) 일본 수군의 맹장 와키자카 야스하루가 1,600여 명을 이끌고 기습하자 선봉장 백광언은 우왕좌왕하다가 다른 장수들과 함께 전사하고 말았어요. 남은 관군들을 끌어모은 이광의 본군은 광교산 서쪽에 진을 쳤지요. 다음 날 아침, 이광의 본군은 다가올 전투를 위해 아침을 지어 먹다가 또다시 일본 기병의 기습을 받았어요. 겨우 1,600명의 왜군 기병이 아무런 대비도 하지 않고 있던 조선군 5만 명을 마치 어린아이들을 몰아치듯 무너뜨렸습니다.

전투에서 대패한 전라도 관찰사 이광은 곧 피직되었고, 승리한 왜장 와키자카 야스하루는 명장으로 이름을 떨쳤어요.

❍ 세마대(경기 오산시)
임진왜란 당시 독산성까지 진격한 왜군은 성 안에 물이 부족할 것이라고 판단했다. 그래서 물 한 지게를 산 위로 올려 보내 조선군을 조롱했다. 이에 권율은 독산성의 가장 높은 서장대로 말을 끌고 가서 흰쌀을 끼얹어 목욕시키는 시늉을 했다. 멀리서 그 광경을 지켜본 왜군은 독산성에 물이 풍부하다고 오판하여 퇴각했다. 이때부터 서장대는 '세마대(洗馬臺)'로 불리게 되었다.

◆ 독성산성 동문과 보적사

독산성에 있는 다섯 개의 문 가운데 하나이다. 전승을 기원하기 위해 창건한 보적사의 출입문 역할을 겸하고 있다.

○ 독성산성(경기 오산시)
원래 백제가 쌓았던 성인데, 통일 신라 시대와 고려 시대를 거치면서 임진왜란 때까지 계속 이용되었다. 전략상의 요충지이지만 물이 부족하다는 결점이 있다. 임진왜란 이후 중요성이 강조되면서 1602년(선조 35)에 보수하였고, 1796년(정조 20)에 수원성 축조와 함께 개축하였다. '독산성'이라고도 불린다.

해유령 전투에서 첫 승리를 이끈 신각, 모함으로 처형되다

바다에 이어 육지에서도 승전 소식이 들려왔습니다. 승리의 주인공은 신각이 이끄는 조선군이었지요. 신각의 **해유령 전투**는 개전 이후 조선 육군이 처음 이루어 낸 승리였어요. 하지만 신각은 승전 직후 허무하게 죽음을 맞았습니다. 대체 무슨 일이 있었던 것일까요?

도원수 김명원은 부원수 신각과 함께 한강 북단에 진을 쳤고 왜적은 한강 남단에 이르렀습니다. 적이 쏜 탄환이 지휘 본부인 제천정(지금의 서울시 용산구 한남동)에 떨어지고 몇몇 왜군이 헤엄쳐 건너는 시늉을 했지요. 제천정에서 술잔을 기울이며 시를 짓던 김명원은 황급히 무기를 강물 속에 버리고 평민의 옷으로 갈아입은 후 임진강으로 퇴각했어요. 유도대장 이양원도 도성 수비를 포기하고 물러났습니다. 신각은 도성 안으로 들어가서 이양원과 함께 양주로 후퇴했어요.

6월 25일 왜군 선발대가 선조를 쫓기 위해 북진했고, 전열을 정비한 신각은 경기도 양주 해유령에 매복해 있었습니다. 조선 최강의 신립 부대를 전멸시킨 왜군은 조선군을 우습게 보고 술까지 마셨어요. 하지만 매복하고 있던 조선군은 해유령을 지나가던 왜군을 향해 일제히 화살을 쏘아 70명을 전멸시켰습니다.

한편, 임진강으로 패퇴했던 도원수 김명원은 한강 수비를 포기한 비겁자라는 오명을 덮기 위해 "신각이 이양원을 따라 도망쳤다."라고 선조에게 보고했습니다. 이에 선조는 즉각 신각을 처형하라는 명령을 내렸지요.

며칠 후 신각으로부터 왜군 선발대 70명을 전멸시켰다는 소식을 전해 들은 선조는 뒤늦게 선전관을 급파해 형 집행을 중지하라고 명령했어요. 하지만 신각은 이미 먼저 도착한 선전관에게 목이 베여 죽은 후였지요. 청렴하고 충직한 신각이 죽자 그의 아내 정씨는 장사를 지낸 후 자결했어요. 정조 때 정씨를 기리는 열녀문이 세워졌습니다.

백성은 처음으로 승리를 거둔 장군이 곧바로 처형당하는 기막힌 광경을 두려움과 분노의 눈길로 지켜보았어요. 조선에서는 유능한 인물이 나타나기가 무섭게 수많은 정적의 시기와 질투의 대상이 되었습니다. 정적들은 자신의 입지를 강화하고 공을 세운 인물을 깎아내리기 위해 온갖 권모술수를 부렸어요.

개성에 머무르고 있던 선조 일행은 도성이 왜적에 함락되었다는 소식을 듣고 거처를 다시 평양으로 옮겼습니다. 허위 보고로 신각을 죽게 한 김명원에게는 죄를 묻지 않고 다시 임진강 방어를 맡겼어요. 임진강을 마주하고 왜군과 김명원이 이끄는

◐ 해유령전첩비
(경기 양주시)
전공을 세우고도 모함을 당해 죽은 신각을 기리기 위해 세운 전첩비이다. 양주시청 제공

조선군이 대치하게 되었습니다.

그런데 갑자기 왜군이 군막을 거두고 철수하는 시늉을 했어요. 이를 본 김명원은 "강을 건너 적을 추격하라."고 명령을 내렸지요. 김명원과 한응인은 5,000여 명의 군사와 함께 강북에 남고 만여 명의 군사는 강을 건넜다가 매복한 왜군의 공격에 일시에 무너지고 말았습니다. 이 장면을 본 강 건너편의 군사들이 겁을 먹고 흩어지는 바람에 김명원과 한응인은 수졸 몇 명만 데리고 평양으로 귀환했어요. 이때도 김명원은 '전쟁 중의 승패는 늘 있는 일'이라는 이유로 문책을 받지 않았지요.

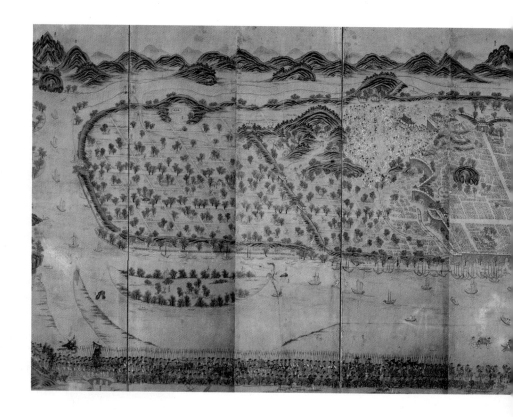

선조, 평양성을 버리고 의주로 가다

평양에 있던 선조는 겉으로는 백성에게 "끝까지 성을 지킬 것이다."라고 안심시켰지만, 개성이 함락되고 적군이 계속 북침한다는 소식을 접하자 또다시 도망치듯 평양성을 빠져나왔습니다. 윤두수, 이원익에게 평양성 방어를 맡겼지만 이들도 평양성을 왜군에게 헌납하고 도망 나왔지요.

6월 14일 선조는 중국 요동으로 망명할 것을 염두에 두고 의주로 피란 가는 도중 서둘러 광해군을 세자로 책봉하고 분조(分朝, 본조정과 별도로 임시로 설치한 조정)를 맡겼어요. 광해군은 분조를 이끌고 평안도, 황해도, 함경도, 강원도 지역을 옮겨 다니며 군대와 백성을 위무하고 의병 활동을 독려했지요. 아버지 선조

○ 「평양도」
(서울대학교박물관)
평양성과 인근 지역을 그린 지도이다. 평양성과 성안의 구조를 자세하게 보여 준다.

가 요동으로 도망갈 생각을 하고 있을 때, 광해군은 현장에서 군량과 말 먹이를 수집하고 운반했어요.

임진강을 건넌 적군은 3군으로 나누어 북상했습니다. 고니시 부대는 평안도 방면으로 침입해 평양을 점령하고 본거지로 삼았어요. **가토 기요마사**의 부대는 함경도로 침입했지요. 이 소식을 들은 함경 감사 유영립은 산속으로 숨기에 바빴어요. 관리들의 수탈과 지역 차별에 시달리던 이 지역 백성은 이들을 찾아내 왜적에게 넘겼답니다. 유영립은 왜적에게 넘겨졌지만 간신히 탈출에 성공했지요.

함경도로 들어간 임해군과 순화군은 백성을 위무하고 근왕병을 모집하는 의무는 저버린 채 가는 곳마다 각종 물품을 요구해 백성의 원성을 샀습니다. 철없는 왕자 임해군과 순화군은 반민 (叛民, 반란을 일으킨 백성)에 의해 포박되어 적진에 넘겨졌지요. 한편, 황해도로 들어간 구로다 부대는 해주를 본거지로 삼고 노략질을 자행했습니다.

1592년 6월 21일 이순신의 승전 소식이 올라오자 조정은 뛸 듯이 기뻐했어요. 하지만 다음 날 의주에 도착한 선조는 전란 수습에 앞서 명에 요동행을 타진했지요. 명 조정은 "부득이 오겠다면 인원을 100명 이내로 한정하라."며 미지근한 반응을 보였어요.

조선이 강군이라고 생각한 명은 파병 요청에 의심의 눈초리를 보냈습니다. 당시 명은 조선이 왜군의 손에 들어가면 왜군이 조선과 함께 명을 칠 것이라는 우려를 하고 있었어요. 선조가 의주에 있을 때 명 조

○ **가토 기요마사**
(1562~1611)
도요토미 히데요시 막하에 들어가서 많은 전공을 세워 영주가 되었다. 임진왜란이 일어나자 함경도 방면으로 출병했다. 1592년부터 1593년에 걸쳐 서생포에 왜성을 쌓기도 했다.

정은 화공에게 진짜 선조인지 초상화를 그려 오게 했을 정도였지요. 당시 명은 수많은 왜구의 침입을 물리친 조선의 군사력을 대단히 높게 평가하고 있었어요.

명은 선조 일행이 건너오지 못하도록 강가의 배들을 모두 건너편으로 옮겨 버렸어요. 선조는 사실 확인을 위해 파견된 명 사신 황응양에게 "왜가 명을 치기 위해 우리에게 길을 비켜 달라고 요청했으나 이를 단호히 거절했더니 이 지경에 이르렀소."라며 구원을 요청했습니다. 한편, 파죽지세로 북상하던 고니시군은 이순신의 연승으로 보급이 끊길 것을 우려해 북상을 멈추고 평양성에서 장기전 태세에 들어갔어요.

한산도에서 대패한 와키자카, 무인도에서 해초로 연명하다

1592년(선조 25년) 4월 왜군은 바다와 육지에서 동시에 공격하며 조선을 침범했으나 이순신에게 연전연패했습니다. 그러자 도요토미 히데요시는 용인 전투의 영웅 **와키자카 야스하루**를 이순신과 싸우게 했어요. 와키자카는 정예 병력을 늘려 73척을 이끌고 거제도 등지로 진출했습니다.

7월 6일 이순신은 이억기와 함께 전함 49척을 이끌고 전라 좌수영을 떠나 남해 노량에서 경상 우수사 원균의 함선 7척과 합세했어요. 와키자카가 이끄는 왜선 70여 척은 견내량에 정박 중이었지요.

7월 8일 이순신은 "바로 견내량으로 나아가 적을 공격하자."라는 원균의 주장을 받아들이지 않고 적을 한산도 앞바다로 끌어내기로 했습니다. 견내량은 수

⊙ 와키자카 야스하루
(1554~1626)
임진왜란 때 조선을 침공한 일본군 장수이다. 수군 관련 업무를 맡았지만 육전에도 참가했다.

심이 얕고 암초가 많아 작전을 펼치기 어려웠기 때문이었지요. 먼저 판옥선 대여섯 척이 적의 선봉을 급습했어요. 왜적의 배가 일시에 쫓아오자 아군 함선은 후퇴하는 척하며 적을 유인했지요.

왜적의 배가 한산도 앞바다에 이르자 모든 배가 일시에 북을 울리며 배를 돌려 학익진(鶴翼陣, 학이 날개를 편 듯이 치는 진)을 펴고 일제히 왜군을 향해 진격했어요. **승자총통, 지자총통, 현자총통**이 한꺼번에 불을 뿜었습니다. 한산도 대첩에서 적선을 격파하고 불사른 것만도 66척이나 되고 죽은 왜적은 9,000여 명이나 되었지요.

왜적의 배 10여 척이 간신히 도망갔고, 이 싸움을 지휘했던 와키자카 야스하루도 탈주했습니다. 와키자카를 포함한 생존자 400여 명은 무인도였던 한산도에 상륙해 13일간 미역과 조개 등을 먹으며 연명하다 뗏목을 엮어 가까스로 탈출했어요. 와키자카의 후손들은 당시의 치욕을 되새기기 위해 7월 6일에는 미역을 먹는다는 이야기가 전해지고 있습니다.

한산도 대첩을 승리로 이끈 이순신, 원균, 이억기는 7월 8일 안골포에 왜군이 머무르고 있다는 보고를 받고 10일 새벽 일본 수군을 공격했습니다. 수군 장수 구키와 가토는 포구 밖으로 좀체

나오려 하지 않아서 조선군이 포구로 마구 들이쳤어요. 온종일 계속된 안골포 해전에서 왜군 250명이 죽고 나머지 왜병들은 뭍으로 도망갔지요.

한산도 대첩과 안골포 해전으로 조선 수군은 왜적의 주력 전선 약 100여 척을 격파하거나 나포했습니다. 조선은 제해권을 완전히 장악해 왜군의 서해 진출을 차단할 수 있었어요. 이로써 바다와 육지 양쪽으로 올라가려던 일본의 수륙 병진 작전은 수포로 돌아갔고 왜군은 군량 보급에 어려움을 겪게 되었지요.

8월 24일 이순신의 연합 함대는 적선의 본거지인 부산포로 향하면서 절영도(지금의 부산시 영도)에서 적선 여러 척을 파괴했습니다. 이어 이순신은 왜선 470여 척이 나란히 정박하고 있는 부산포 내항으로 거북선을 앞세우고 전 함대를 돌진시켰어요. 이순신의 위용을 알고 있던 적장은 군사를 배에서 내리게 해 육지에서 총포를 마구 쏘아 댔습니다. 이순신 함대는 온종일 교전한 끝에 적선 100여 척을 파괴하는 전과를 올렸어요. 하지만 적을 완전히 섬멸하지는 못한 채 9월 2일 여수로 돌아왔지요. 본거지를 기습당한 왜적은 이후 해전을 피하고 육상 전투를 선호하게 되었어요.

원균은 합포, 적진포, 사천포, 당포, 당항포, 율포, 한산도, 안골포, 부산포 등에서 벌어진 해전에 참전해 이순신과 함께 일본 수군을 무찔렀어요. 이때까지만 해도 이순신과 원균은 서로 도움을 주고받는 동지였습니다.

하지만 1593년 8월 전라 좌수사 이순신은 새로 신설된 삼도 수군통제사가 되었고, 원균은 이순신 휘하에서 지휘를 받게 되었어요. 이순신보다 군대 경력이 한참 앞선 원균은 더는 이순신 휘하에 있을 수 없어 육군인 충청 절도사로 자리를 옮겼습니다.

○ 견내량
한산도 대첩 당시 일본군이
정박해 있던 곳이다. 지금의
거제대교 아래쪽에 위치한
좁은 해협을 말한다.

○ 한산도 앞바다(경남 통영시)

한산도 대첩은 1592년(선조 25) 7월 8일 조선 수군이 견내량에 정박해 있던 일본 함선 700여 척을 한산도 앞바다로 유인해 궤멸한 해전이다. 이 해전으로 제해권을 잃은 일본 수군은 서해 진출을 포기했고, 평양까지 진출한 일본군은 보급로를 잃어 후퇴할 수밖에 없었다.

🔴 세병관(국보 제305호, 경남 통영시)
충무공 이순신의 전공을 기념하기 위해 1604년(선조 37)에 세워진 건물이다. 목조 단층 건물인 세병관은 경복궁 경회루, 여수 진남관과 함께 우리나라에서 가장 규모가 큰 건물에 속한다.

✪ 제승당과 수루(경남 통영시)

한산도 북쪽의 제승당은 이순신 장군이 삼도 수군을 지휘하던 곳이다. 아래 사진이 제승당의 전경이다. 제승당 오른쪽에는 수루가 있는데, 이순신의 시를 새긴 현판이 걸려 있다.

한 산 섬 달 밝 은 밤 에
수 루 에 혼 자 앉 아
큰 칼 옆 에 차 고
깊 은 시 름 하 는 차 에
어 디 서 일 성 호 가 는
남 의 애 를 끊 나 니

4 의병 궐기, 진주성 대첩

홍의 장군 곽재우, 이순신의 배후를 지키다

왜군이 상륙한 지 열흘이 지난 후, 경상남도 의령의 선비 **곽재우**가 의병을 일으켰습니다. 당시 40세였던 곽재우는 자기 재산을 털어 의병을 모으고 직접 왜군을 물리쳤어요. 국가가 위기에 처했을 때 국경 지대로 도망간 왕이나 기득권층과는 전혀 다른 모습이었지요. 곽재우는 거느리고 있던 노비 10여 명으로 의병 부대를 꾸린 후, 이웃의 양반들을 설득해 이틀 만에 50여 명의 부대로 키웠습니다. 전성기 때는 군사 수가 무려 3,000여 명에 이르렀다고 해요.

곽재우는 주로 위장이나 매복 전술에 의존하는 유격전을 펼쳤습니다. 적을 속이는 기만전술에도 능했던 곽재우는 휘하 병사 10여 명에게 자신과 똑같이 붉은 옷을 입게 했어요. 적은 누가 진

❂ 정암진 전경
(경남 의령군)
정암진에 매복해 있던 곽재우는 강을 건너오려는 왜군을 몰살하였다. 왼쪽 언덕에는 1935년에 세운 정암루가 있다. 이 누각 아래는 정암나루가 있던 곳이었다. 사진 오른쪽에 보이는 바위섬이 '솥바위'인데, 정암(鼎巖)이라는 이름은 여기에서 유래되었다.
의령군청 제공

짜 곽재우인지 몰라 혼란에 빠졌지요. 여기서 '홍
의 장군 곽재우'라는 별칭이 생겼답니다.

곽재우가 활약을 펼친 의령에는 두 갈래 물줄기
가 흐릅니다. 남강은 서에서 동으로 흐르고, 낙동강
은 북에서 남으로 흘러요. 두 강은 지정면 성산 마을
의 기강 나루에서 합류하지요. 이 지점이 왜군의
주요한 보급로였어요. 임진왜란이 일어난
1592년 5월 중순에 도요토미의 측근인 승
장 안코쿠지 에케이가 왜군 2,000여 명을 이끌
고 의령 방면으로 진출했습니다.

곽재우는 강바닥에 나무를 박은 다음 밧줄로 엮어
두었어요. 정찰하러 온 왜적의 척후선은 낙동강을 거
슬러 남강으로 들어서다가 나무 말뚝에 걸려 꼼짝도
못 하게 되었지요. 곽재우는 일제히 화살을 퍼부어 왜적의 배를
무찔렀습니다. 5월 4일에는 왜선 3척을, 5월 6일에는 11척을 깨
뜨렸지요.

❖ 곽재우(1552~1617)
임진왜란 당시 가장 먼저 의
병을 일으킨 곽재우는 항상
붉은 옷을 입고 전투를 지휘
했다. 이때 홍의 장군이라는
별명이 붙었다. 의령군청 제공

5월 24일 안코쿠지 군대는 **정암진**(의령과 함안 사이를 흐르는 남
강의 나루)에 도착해 강을 건널 지점을 선정하고 나무를 꽂아 표
시해 두었어요. 곽재우는 왜적의 정찰대가 철수하기를 기다렸다
가 밤에 몰래 표지물을 뽑아 늪지대로 옮겨 꽂았어요. 다음 날 아
침, 안코쿠지군의 선봉대는 강 건너편에 꽂아 둔 나무가 있는 곳
으로 건너왔습니다. 배에서 내린 왜군은 무릎까지 빠지는 늪에
갇혀 옴짝달싹 못 하게 되었어요. 이때 매복하고 있던 곽재우의
의병은 화살을 퍼부어 적을 전멸시켰지요.

뒤이어 왜군 주력 부대가 남강을 건너 정암진에 상륙하자 미
리 매복하고 있던 곽재우의 의병은 기습 공격을 감행해 주력군
을 대파했습니다. 정암진 전투의 공으로 1592년 7월 곽재우는
유곡 찰방을 시작으로 바로 형조 정랑에 올랐고, 이듬해 12월에
는 성주 목사에 임명되었어요.

곽재우는 정암진 전투를 승리로 이끌면서 왜군이 전라도로
진군하는 것을 차단해 이순신이 이끄는 수군을 보호했습니다.
1592년 10월 김시민의 진주성 전투에서는 외곽을 교란해 승리
를 이끄는 데 이바지하기도 했지요.

1599년(선조 32년) 경상 우병사에 제수된 곽재우는 1600년 국
왕의 재가도 받지 않고 사직 상소를 올린 채 고향으로 내려왔어

요. 첫 번째 이유는 '조정에서 수군에만 전력하고 성을 지키는 일
은 포기하기로 했다.'라는 것이고, 두 번째 이유는 '왜의 사신이
구금당하고 화친은 말도 꺼낼 수 없다.'라는 것이며, 마지막 이유
는 '명재상 이원익을 파직했다.'라는 것이었습니다.

왜적이 침략했을 때는 "육지로 끌어들여 싸우라."고 했다가 이
순신이 바다에서 계속 이기자 "수군에 전력하자."라고 태도를 바
꾼 조정의 무원칙을 비판한 거예요. 곽재우는 현실적인 실리 외
교를 내세웠지만 전쟁터에 한 번도 나가 보지 않은 조정 대신들
은 "화친은 안 된다."라며 만용을 부렸습니다. 붕당의 대립으로
영의정 이원익이 파직당하는 상황에 이르자 곽재우는 더는 조정
에 미련을 두지 않았어요.

대사헌 홍여순이 곽재우를 탄핵하자 선조는 곽재우를 전라
남도 영암으로 유배 보냈습니다. 1602년 유배에서 풀려 현풍으
로 돌아온 곽재우는 비슬산에 들어가 익힌 음식을 끊고 솔잎으

○ 충익사(경남 의령군)
임진왜란 때 최초로 의병을
일으켜 나라를 지켰던 홍의장
군 곽재우와 휘하 장병들의
위패를 모신 사당이다. 의령군
청 제공

○ **곽재우 생가**
(경남 의령군)

2005년 곽재우의 생가터에 복원되었다. 조선 중기의 전형적인 사대부 가옥 형태로 꾸며졌다. 안채·사랑채·별당·대문간채·중문간채·대곳간채·소곳간채 등 7개의 건물로 구성되어 있다. 의령군청 제공

로 끼니를 이어 나갔어요. 그러다가 영산 창암에 망우정을 짓고 쓸쓸히 도인처럼 은거했지요.

좌찬성을 역임한 윤근수는 곽재우가 곡식으로 만든 음식을 끊은 이유에 대해 다음과 같이 설명했습니다. "곽재우가 도술을 닦기 위해 솔잎만 먹었다고 말하지만, 곽재우를 아는 사람들은 뛰어난 역량을 지닌 김덕령이 모함에 빠져 억울하게 죽자 자신도 화를 당할지 모른다는 두려움 때문에 세상에서 도피하려는 핑계로 삼은 것이라고 한다."

선조가 죽고 광해군이 즉위하자 곽재우는 오위도총부의 부총관에 올랐고, 이어 함경도 관찰사를 지내기도 했어요. 1613년 타협하지 않는 성품의 곽재우는 영창 대군을 사사하는 문제와 관련해 "영창 대군은 죄가 없다."라는 상소를 올려 광해군의 미움

을 샀습니다. 낙향한 곽재우는 4년 뒤 66세를 일기로 세상을 떠났지요.

권율, 이치 고개에서 왜군의 전라도 진출을 막다

전라도로 가는 바닷길은 이순신이 막고 있고, 경상도 서부 전선은 곽재우가 장악하고 있었습니다. 왜군은 전북 지역으로 뚫고 들어가 곽재우와 이순신을 후방에서 공격할 전략을 세웠지요.

도요토미의 지시에 따라 한양에 있던 고바야카와 다카카게는 영동, 무주를 거쳐 1592년 6월 23일 금산성을 함락시켰습니다. 그러고는 전주로 가기 위해 제1대는 금산의 웅치로, 제2대는 이치 쪽으로 이동하고 있었지요. 이에 대비해 전라도 도절제사 권율은 동복 현감 황진과 함께 관군 1,500명을 거느리고 이치로 달려가 적의 예상 진출로에 각종 장애물을 설치했어요.

○ 이치대첩비
(충남 금산군)
대둔산 중허리를 넘는 이치는 교통의 요지이자 전략상 중요한 곳이다. 임진왜란 당시 경상도와 충청도를 휩쓸고 승승장구하던 왜군은 미리 길목을 지키고 있던 권율에게 대패했다. 금산군청 제공

당시 조선군은 웅치와 이치 두 고개에서 1차 방어에 실패하면 후퇴해 전주성에서 2차 방어에 나서기로 했습니다. 한편, 고경명은 의병을 이끌고 왜군의 후방인 금산성에 진격하기로 작전을 짰어요. 금산성을 차지하면 조선의 군대가 왜군을 앞뒤에서 압박하며 공격할 수 있다고 판단한 것이지요.

7월 7일 왜군 제1대기 웅치 골짜기를 에워싸기 시작했어요. 첫날은 조선군이 왜군을 잘 막아 냈

으나 다음 날 적의 공세에 조선군의 전선은 무너져 버렸고, 살아남은 병력은 전주성으로 후퇴했습니다.

7월 8일 아침부터 이치에서도 피비린내 나는 싸움이 시작되었어요. 고바야카와가 이끄는 1만 5,000여 명의 왜군은 두 개 조로 나누어 교대로 목책을 파괴하려 했습니다. 조선군은 화살과 돌로 왜군의 접근을 막아 냈지요. 하지만 조선의 장군 황진이 총을 맞고 쓰러지자 이 틈을 타서 왜군이 목책 일부를 부수고 진 안으로 쳐들어왔어요.

이때 권율은 역습을 가해 왜군이 뚫고 들어온 돌파구를 봉쇄하고 진 안으로 들어온 왜군을 모조리 죽였습니다. 조선군의 강력한 역습에 당황한 고바야카와는 오후 4시쯤 공격을 중지했어요.

그 후 갑자기 왜적이 철수하기 시작했습니다. 고경명이 이끄는 의병 7,000여 명이 금산성으로 진격해 들어왔기 때문이지요. 하지만 고경명은 금산 전투에서 작은아들과 함께 전사하고 말았습니다. 장남 고종후는 아버지와 동생의 시신을 수습한 후 다시 의병을 모아 진주성 전투에 참여하였어요. 고경명과 함께 싸우던 의병장 최경회는 금산 전투에서 패한 후 잔여 병력을 모아 경상도로 넘어갔어요.

이치 전투에서 승리한 권율이 왜군의 전라도 진출을 막아 전라도가 조선군의 후방 병참 기지 역할을 다할 수 있었습니다. 또한 이순신의 수군도 건재할 수 있었지요. 만여 명의 의병이 합류한 권율의 조선군은 도성을 수복하기 위해 북상했습니다.

조헌과 영규, 금산성에서 열 배나 되는 적과 맞서다

임진왜란 때 의병장으로 활약한 **조헌**은 일본의 침략 가능성을 누구보다도 먼저 내다봤어요. 일본이 통신사 파견을 요청했다는 소식이 전해지자 "통신사를 일본에 보내지 말고 일본 정벌에 나서겠다고 선포하소서. 그러면 적이 함부로 바다를 건너오지 못할 것입니다."라는 극단적인 상소를 올리기도 했지요.

조헌은 재산이 넉넉지 않아 의병 1,000여 명을 어렵사리 모았습니다. 조헌의 의병은 공주의 승병장인 영규가 이끄는 승병 1,000여 명과 합세해 청주성을 치러 나섰어요. 의병을 우습게 본 왜적들은 성문을 열고 나왔고, 양군은 치열한 백병전을 벌였지요. 영규의 활약에 힘입어 결국 왜군은 경상북도 상주 방면으로 퇴각해 버렸어요.

곧이어 조헌·영규의 연합 부대는 고경명이 탈환하려다 실패한 금산으로 향했습니다. 연합 부대는 금산에 주둔한 적군을 공격하기 위해 병력을 이동했어요. 하지만 약속한 관군이 오지 않

✛ **조헌(1544~1592)**
의병을 일으켜 영규의 승병과 합세해 청주성을 탈환했다. 이어 700여 명의 군사를 이끌고 금산에서 싸우다가 의병들과 함께 전사했다.

✛ **칠백의총(충남 금산군)**
왜군과 싸우다가 순절한 칠백의사의 무덤이다. 금산군청 제공

○ 서산 대사 휴정(1520~1604, 국립중앙 박물관)

조선 중기의 고승이자 승장인 휴정은 임진왜란 때 사명당 유정과 함께 승병을 일으켰다. 합류한 승병이 1,000여 명에 달했다.

○ 사명 대사 유정(1544~1610)

임진왜란 당시 승병을 이끌고 왜군과 싸워 큰 공을 세웠다. 1604년에는 일본에 건너가 포로로 잡혀 간 조선인을 구해서 돌아왔다.

자 의병 상당수가 뿔뿔이 흩어지고 약 700명 정도만 남게 되었지요.

조헌과 영규가 금산성에 거의 다다랐을 무렵, 왜군은 조헌이 채 진영을 정돈하기도 전에 전 병력을 동원해 공격해 왔어요. 조헌이 이끄는 의병은 열 배나 많은 적을 상대로 최후의 한 사람까지 싸웠습니다. 조헌 부자와 영규, 그리고 의병들은 장렬하게 전사했지요.

이때 순국한 의병들을 '**칠백의사(七百義士)**'라고 하는데, 지금도 금산군에서는 추모 행사를 하며 이들의 호국 정신을 기리고 있답니다. 왜군도 엄청난 피해가 있어 시체를 성안으로 옮기는 데만 사흘이나 걸렸다고 해요. 한 달 후 왜군은 호남 침략을 포기하고 경상도 방면으로 후퇴했지요.

영규 외에도 많은 승려가 나라를 지키기 위해 들고일어났어요. 조선은 유교를 나라의 기본 이념으로 삼았지만 승려들의 애국정신은 종교와 사상을 뛰어넘었지요.

묘향산의 노승 **휴정**(서산 대사)은 승병을 일으키고 각 사찰에 궐기를 독려하는 격문을 보냈습니다. 휴정의 제자 처영은 지리산에서 궐기해 권율의 휘하에 있다가 평양으로 왔어요. 또 다른 제자 **유정**(사명 대사)은 금강산에서 1,000여 명의 승병을 모아 평양으로 왔지요. 휴정은 1,500명의 승병을 직접 통솔해 명 군사와 함께 평양성을 탈환하는 쾌거를 이루었습니다.

의병이 들불처럼 일어나다

나라가 위기에 처하자 왕은 신하들의 호위를 받으며 피란길에 올랐지만, 백성은 나라를 구하기 위해 들불처럼 일어났습니다.

1593년 정월 명 진영에 통보한 전국 의병의 수는 관군의 4분의 1에 해당하는 2만 2,600여 명에 이르렀습니다. 하지만 의병의 활동이 가장 활발했던 1592년에 비하면 수가 많이 줄었지요. 1593년에 관군이 복원되어 의병이 관군에 흡수되는 일이 많았기 때문이에요.

지금부터 의병장들의 대표적인 활약상을 지역별로 간단히 살펴볼까요?

남명 조식의 제자 정인홍은 합천에서 의병을 일으켜 왜군을 물리치고 이듬해 의병 약 3,000명을 모아 성주, 합천, 함안 등지를 방어했습니다.

거창과 고령에서 의병을 일으킨 김면은 전 재산을 의병 활동에 쏟아부어 처자식들이 이 집 저 집 돌아다니며 빌어먹었어요. 그렇지만 김면은 아내와 자식들을 한 번도 만나 보지 않은 채 막사에서만 생활하다 1593년 3월 과로로 숨을 거두었지요.

경상좌도에서 기병한 권응수는 경상좌도 수군절도사 박홍의 휘하에 있다가 고향으로 돌아와 의병을 모집해 영천을 탈환했습니다. 또한 학연, 예천, 문경 등지에서 연전연승해 왜적이 몹시 두려워했답니다.

나주에서 의병을 일으킨 김천일은 수백 명의 의병을 이끌고 선조가 피란한 평안도로 향하다가 강화로 들어가서 조정과 호남 사이의 연락 임무를 맡았어요. 김천일의 의병은 한강 변의 여러 적진지를 급습해 큰 피해를 주기도 했지요. 전라 의병을 대표하는 김천일, 고종후, 최경회

○ 북관 대첩비(복제비)

함경북도 김책시 임명동에 세운 전승 기념비이다. 정문부 장군이 의병을 모아 가토 기요마사가 이끄는 왜군을 무찌른 내용이 상세히 기록되어 있다. 1905년 러·일 전쟁 당시 함경도 지방에 진출한 왜군은 이 기념비를 일본으로 가져갔고, 2005년 10월 반환될 때까지 야스쿠니 신사에 방치되어 있었다. 2006년 3월 대한민국 정부는 북관 대첩비를 원래 위치에 복원하기 위해 북한에 인도했다. 북한 국보급 문화재 제193호로 지정되어 있다.

는 몇 달 후 진주성에서 전사합니다.

황해도에서는 전 이조 참의 이정암이 의병 약 500명을 이끌고 연안성에 들어갔습니다. 당시 황해도에서는 구로다의 왜군이 여러 고을을 점령하고 온갖 약탈을 자행했지만 연안성만은 침략을 당하지 않고 있었어요. 구로다는 5,000여 명의 왜병을 이끌고 연안성에 침입해 왔습니다. 이정암은 1592년 8월 27일부터 9월 2일 아침까지 밤낮없이 싸워 마침내 구로다의 왜군을 물리쳤어요. 이로써 강화도에서 의주의 행재소(行在所, 임금이 궁을 떠나 멀리 나들이할 때 머무르던 곳)까지 이르는 해상 교통로가 확보되었지요.

함경도에서는 정문부가 현직 관원으로서 경성에서 의병을 일으켰습니다. 정문부는 1592년 9월 경성을 수복하고 함경북도 길주에서도 가토 부대를 격파했어요. 길주 전투의 승리를 기념하기 위해 100여 년이 지난 1707년 숙종 때 길주군에는 **북관 대첩비**가 세워졌지요.

❍ 진주성 북장대
(경남 진주시)
전시에 성내와 외성의 군사를 지휘하던 곳이다. 진주성 내성 북쪽 끝 제일 높은 곳에 있다. 진주시청 제공

진주를 지킨 김시민, 일본을 잡는 원귀가 되다

1592년(선조 25년) 10월 5일 진주에 이른 나가오카 다다오키 휘하의 왜군 약 2만 명이 진주성을 에워쌌습니다. 진주 목사 김시

민은 고작 3,800여 명의 군사로 성안을 지키고 있었어요. 김시민은 화살과 무기를 최대한 아끼기 위해 "왜군이 성벽에 가까이 다가올 때까지 단 한 발도 쏘지 마라."는 엄명을 내렸지요. 2만여 명의 왜군은 세 부대로 나뉘어 진주성으로 접근했는데, 그중 1,000명은 조총을 들고 있었어요. 조총 소리가 요란하게 울려 퍼졌지만 진주성은 아무도 없는 것처럼 조용했지요.

다음 날 왜군은 다시 맹렬하게 성을 공격했습니다. 그때 김시민은 남문 위에 올라앉아 태연하게 피리 연주를 듣고 있었다고 해요. 조선군의 병력이 충분해 걱정거리가 없는 것처럼 보이기 위한 위장술이었지요. 그러자 왜군은 바짝 긴장해서 공세를 펼 때도 신중하게 행동했어요.

왜군은 날아오는 돌멩이를 막기 위해 짚단을 머리에 이고 움직였습니다. 하지만 관군이 던진 널빤지의 못에 찔리고 화약 주머니가 달린 짚단에 맞아 화상을 입었지요. 결국 왜군은 산더미처럼 쌓인 시체를 뒤로 한 채 후퇴하고 맙니다.

김시민과 관민은 6일간의 치열한 싸움 끝에 적을 물리쳤습니다. 이때 김성일의 사전 조치에 따라 의병장 곽재우, 최경회 등이 적군의 배후를 위협했지요. 적을 진압한 후 김시민은 성안을 돌

아보다가 쓰러져 있던 적군이 쏜 탄환에 이마를 맞고 쓰러졌어요. 이에 곤양 군수 이광악이 김시민 대신 전투를 지휘해 성을 끝까지 지켜 냈답니다. 이 전투를 제1차 진주성 전투 혹은 **진주 대첩**이라고 불러요.

날이 밝자 왜군들은 퇴각하기 시작했어요. 상처를 입은 김시민은 병상에 누워서도 나라를 근심하며 눈물짓다가 10월 18일 39세를 일기로 세상을 떠났습니다. 김시민이 죽은 후에도 사람들은 적이 김시민의 죽음을 알게 될까 봐 비밀로 했다가 상황이 안정된 후에 상을 치렀어요.

3,800여 명의 조선군이 2만이 넘는 왜군을 격퇴할 수 있었던 것은 김시민이 화약과 총통을 제작하는 등 철저히 전투 준비를 하고 탁월한 전략을 구사했기 때문이에요. 의병이 배후에서 호응한 것도 큰 도움이 되었지요. 화살이 떨어졌을 때는 부녀자들과

○ **진주성(경남 진주시)**
고려 말 왜구를 막기 위해 쌓은 진주성은 임진왜란 당시 항전지로 유명하다. 남강 변 벼랑 위에 세워진 누각인 촉석루는 진주성의 지휘 본부로 사용되었다.

노약자들도 나서서 돌멩이를 날라 주었답니다.

제1차 진주성 전투에서 진주 목사 김시민과 조선 관민이 보여 준 필사의 항전은 왜군에게도 강렬한 인상을 남겼습니다. 왜군 사이에서 '모쿠소 판관'으로 알려진 조선의 맹장 김시민에 관한 소문은 도요토미 히데요시의 귀에도 들어갔지요. 도요토미는 이듬해 무슨 일이 있어도 **진주성**은 꼭 함락하라는 명령을 내려 제2차 진주성 전투가 벌어졌습니다.

그때까지도 왜군은 김시민이 사망한 사실을 모르고 있었어요. 그래서 제2차 진주성 전투 중에 사망한 진주 목사 서예원의 목이 모쿠소 판관의 것으로 잘못 알려져 도요토미에게 보내졌지요. 임진왜란이 끝난 후 모쿠소는 조선군의 맹장이자 일본을 전복하려는 원귀로서 가부키(歌舞伎, 음악과 무용의 요소를 포함하는 일본 전통극)의 소재가 되기도 했답니다.

5 명의 파병, 행주 대첩

홍순언, 기녀와의 인연으로 명의 파병을 이끌어내다

선조는 피란 도중 명에 사신을 파견해 구원을 요청했습니다. 쇠퇴기에 접어든 명이 조선 파병을 결정하는 것은 쉬운 일이 아니었어요. 하지만 명으로 간 조선 사신단은 명 황제로부터 원군 파병 승인을 이끌어 냈습니다.

당대 최고의 역관인 홍순언에게는 특별한 사연이 있었어요. 홍순언은 젊은 시절 통역관으로 북경에 갔다가 우연히 기생방에 들렀는데, 그곳에서 아름다운 여인과 마주치게 됩니다. 그런데 그 여인이 울음을 멈추지 않기에 까닭을 물어보니 여인은 "저는 무고하게 죄에 연루되어 죽은 병부 상서의 딸인데, 부친의 관을 운반해 고향으로 돌아갈 비용이 없어 몸을 팔아 돈을 마련하고자 합니다. 이후에는 평생 수절할 것입니다."라고 대답했어요.

사연을 듣고 안타까웠던 홍순언은 역관에게 허용된 교역 자금을 모두 털어 기생방의 주인에게 주고 여인을 자유롭게 해 주었어요. 홍순언은 한때 막강한 군권을 쥐었던 병부 상서의 딸을 취하는 것이 내키지 않았을지도 모릅니다. 아니면 외교관(역관) 특유의 감각으로 먼 훗날을 위한 보험을 들어 놓았는지도 모르지요.

자유의 몸이 된 여인은 타고난 미모 덕분에 명 황제의 측근인 예부 상서 **석성**의 후실이 되었어요. 석성의 부인은 자신에게 은혜를 베푼 홍순언이 명에 다시 오기만을 손꼽아 기다렸지요.

1584년(선조 17년) 홍순언은 명 조정의 문서에 태조 이성계의 아버지가 이자춘이 아닌 고려의 권문세족인 이인임으로 되어 있는 것을 고치기 위해 사신단 일원으로 북경에 갔다가 그 여인을 다시 만나게 되었습니다. 명 조정은 이성계의 아버지가 이자춘이라는 것을 알고 있었지만 조선을 통제하기 위해 200년 동안이

○ 석성(1538~1599, 국립중앙박물관)
병부상서까지 오른 명의 장군이다. 다른 명의 장군들은 조선 장군 중 가장 유능한 자를 왕좌에 앉혀야 한다고 황제에게 건의했다. 하지만 석성은 조선 왕의 나태함이 일본군 침략의 원인이 되었음을 지적하는 칙서를 보내는 선에서 마무리하자고 건의했다.

나 수정해 주지 않았지요. 홍순언은 이 일을 관장하고 있던 예부 상서 석성의 도움으로 종계변무(宗系辨誣, 종가 혈통의 잘못된 점을 따져서 밝힘) 문제를 깔끔하게 해결했어요. 석성의 부인은 홍순언을 불러 후하게 대접하고, 많은 비단과 수놓은 직물을 주어 은혜에 보답했다고 합니다. 이 이야기는 현종 때 영의정을 지낸 홍명하가 그 당시 노인들에게서 듣고 효종의 부마인 정재륜에게 전해 주었고, 정재륜은 이 미담을 『공사문견록』에 수록했다고 해요.

○「기방의 풍경」
(프랑스 기메박물관)
집안에는 술자리가 한창이고, 대문 밖에는 기녀가 술취한 손님을 배웅하고 있다. 기방의 모습을 보여 주는 이 그림은 김홍도의 풍속화 가운데 작품성이 가장 뛰어난 것으로 꼽힌다.

임진왜란이 벌어지자 홍순언은 다시 명으로 원군을 청하러 갔고, 병부 상서가 되어 있던 석성은 원군 출병을 할 수 있도록 도와주었습니다. 이에 조승훈은 5,000여 명의 국경 수비병을 이끌고 와서 고니시의 본거지인 평양성을 조선군 3,000여 명과 함께 공격하기로 했어요. 조승훈 부대는 1592년 7월 15일 평양에 도착해 비바람이 심한 밤을 틈타 평양성을 공격했으나 도리어 적의 기습을 받아 대패했습니다. 조승훈의 1차 원병이 실패하자 명 조정에서는 파병 반대론이 일었어요. 하지만 병부 상서 석성이 "우리의 울타리인 조선이 무너지고 요동까지 잃게 되면 북경도 안전할 수 있겠소?"라고 설득해 다시 대군을 파병하기로 했지요. 그럼에도 상황은 여의치 않았습니다. 몽골 귀화인 출신 장수 보바이가 반란을 일으켜 명의 장군 이여송이 진압에 안간힘을 쓰고 있었거든요.

한편, 석성은 유격장 심유경을 조선으로 보내 일본과 협상하게 했습니다. 9월 4일 심유경은 평양 부근에서 고니시와 만나 50일간의 휴전에 합의했어요. 11월 26일에는 평양성으로 들어가 고니시에게 "포로로 잡힌 임해군을 석방하고 철수해 달라."고 요구했지요. 하지만 고니시는 "대동강을 경계로 명과 일본이 조선을 분할하자."라고 제안했어요. 조선은 황제의 조칙을 받는 나라인데 명이 고니시의 제안을 받아들일 리 없었지요. 심유경이 고니시와의 협상을 통해 휴전을 이끌어내서 왜군은 평양성에 머물렀습니다. 그 덕분에 명과 조선은 천금 같은 시간을 벌 수 있었지요. 그 사이에 정문부, 조헌 등 의병이 일어났고 진주성에서 대첩이 벌어지기도 했어요.

평양을 수복한 이여송, 벽제관에서 기습당하다

명은 화전양론(和戰兩論) 끝에 결국 대규모 파병을 결정했습니다. 명 조정은 송응창을 경략에, 이여송을 제독에 임명하고 5만여 군사를 파견했어요. 경략과 제독은 각각 조선의 체찰사, 도원수에 해당합니다.

2차 원정에 나선 이여송은 1592년 12월 4만 3,000여 명의 군사를 이끌고 압록강을 건넜습니다. 1593년 1월에는 평양 근처에 이르렀지요. 이에 순변사 이일과 별장 김응서가 관군을 이끌고 합세했고, 휴정 휘하의 승군 2,000여 명도 합세해 평양성을 공격했습니다.

조 · 명 연합군은 평양성의 칠성문, 보통문, 함구문의 세 곳에서 세차게 공격을 퍼부었어요. 평양 전투는 화포와 조총의 맞대결이었지요. 유성룡은 『징비록』에 "대포 소리에 땅이 진동하고 크고 작은 산들도 요동쳤다."라고 기록했습니다. 화포 공격을 감

체찰사(體察使)
지방에 군란이 있을 때 임금을 대신하여 일반 군무를 맡아보던 임시 벼슬이다. 보통 재상이 겸임하였다.

도원수(都元帥)
전쟁이 났을 때 군무를 통괄하던 임시 무관 벼슬이다.

당하기 어렵다고 판단한 고니시 유키나가는 내성에 불을 지르고 성을 빠져나와 얼어붙은 대동강을 건너 도망쳤어요. 이때 휴정이 이끄는 승군도 모란봉 전투에서 수많은 적의 목을 베거나 사로잡아 평양 수복에 큰 역할을 했지요.

○ 진남관 내부

좌의정 유성룡은 황해도 방어사 이시언에게 평양성의 왜군 퇴로를 지키고 있다가 퇴각하는 왜군을 공격하라고 미리 통보했습니다. 이에 이시언은 퇴각하는 왜군을 공격해 왜군 낙오병 60명의 머리를 베고, 황주 판관 정엽은 왜군 90명의 머리를 베었어요.

고니시 부대가 평양성 점령 6개월 만에 후퇴할 즈음 병사의 수는 부산에 상륙했을 때에 비해 3분의 1로 줄어 있었습니다. 고니시는 밤낮으로 달려 배천(황해도 연백 지역의 옛 지명)에 도착했어요. 황해도 해주를 근거로 삼았던 구로다는 고니시를 먼저 후퇴

○ 진남관
(국보 제304호, 전남 여수시)
이시언은 임진왜란이 끝난 1599년 이순신이 전라좌수영의 본영으로 사용하던 자리에 진남관을 건립했다. 수군의 중심 기지였던 이곳은 역사적 의의와 함께 학술적·예술적 가치가 뛰어나다. 여수시청 제공

◐「평양성 탈환도」(국립중앙박물관)

1592~1593년에 걸쳐 조선과 일본은 평양에서 네 차례의 전투를 벌였는데, 이를 '평양성 전투'라 한다. 3차 전투에서는 조선군이 패했으나, 4차 전투에서는 명의 도움을 받아 평양성을 탈환했다. 이 그림은 조선과 명의 연합군이 평양성을 탈환하기 위해 싸우는 장면을 담고 있다.

하게 하고 자신도 군사를 거두어 개성으로 철수했어요. 함경도에 머물던 가토 기요마사 휘하의 왜군도 고립되는 것을 우려해 한양 쪽으로 철수하기 시작했습니다.

한편, 논공행상(論功行賞, 공적의 크고 작음 따위를 논의해 그에 알맞은 상을 줌)을 둘러싸고 이여송의 북병과 송응창의 남병 사이에 갈등이 빚어졌습니다. 이여송이 자신이 이끄는 북병에게 전공을 돌리자 남병들은 "우리의 화포를 이용했기 때문에 승리할 수 있었다."라며 반발했어요. 실제로 전투가 끝난 후 "이여송이 확보한 만여 명 적군의 머리 가운데 절반은 조선인"이라는 보고가 명 조정에 올라가기도 했지요.

평양성을 탈환한 이여송이 그 길로 남진해 개성으로 다가가자 개성을 지키고 있던 고바야카와 다카카게는 구로다와 함께 한양으로 물러났습니다. 한양에는 함경도로 간 가토 부대를 제외한 왜군 대부분이 집결해 있었어요. 60세의 노장 고바야카와는 "쉽게 등을 보이면 적이 집요하게 공격할 가능성이 높으니 총반격해 기세를 꺾어 놓을 필요가 있다."라고 제안했지요.

왜군이 별다른 저항 없이 퇴각하자 이여송은 적을 가볍게 여

○ 벽제관 터
(경기 고양시)
임진왜란 때 이여송이 이끄는 명의 원군과 왜군이 벽제관 남쪽 여석령에서 격전을 벌였다. 명군은 평양에서 승전하자 왜군을 얕잡아 보고 서둘러 진격하다가 왜군의 맹공격을 받고 패전했다.

기고 바로 뒤를 따라 한양으로 향했습니다. 고바야카와의 결정에 따라 왜군은 한양 북쪽 40리 지점인 **벽제관** 남쪽 여석령에 매복하고 있다가 지나가는 명군을 유인해 급습했어요. 벽제관 전투에서 기습을 받아 대패한 이여송은 더는 진격하지 못하고 개성으로 후퇴했지요. 왜군의 기록에 의하면 이때 명군의 전사자가 만여 명이나 되었다고 합니다. 유성룡은 "적에게 숨 돌릴 틈을 주면 안 됩니다."라며 다시 공격할 것을 종용했으나 기세가 꺾인 이여송은 더는 전투에 나서려 하지 않았어요.

○ 벽제관의 옛 모습

함경도로 간 가토 군대가 평양을 기습한다는 소문이 떠돌자 이여송은 부총병 왕필적을 개성에 머무르게 하고, 조선의 여러 장수에게도 임진강 이북에 포진하도록 명한 다음 다시 평양으로 돌아갔어요.

권율, 변이중의 화차와 부녀자의 돌로 3만 왜군을 물리치다

함경도 방면으로 진출한 가토는 명군의 파병으로 평양성을 빼앗기고 고니시가 한양으로 퇴각했다는 소식을 접하자, 퇴로가 차단될 것을 염려해 즉시 한양으로 물러났습니다.

왜군은 평양성 전투의 패배로 사기가 떨어졌으나 벽제관 전투에서 승리하면서 다시 전의를 불태우고 있었어요. 이때 전라감사 권율이 명군과 합세해 도성을 수복하기 위해 북진하던 중 1593년 2월 행주산성에 병력을 집결했습니다. 승병장 처영도 승병 1,000명을 이끌고 합류했으나 총병력은 수천 명 정도밖에 되지 않았지요.

반면, 왜군은 이 무렵 한양 부근으로 전군이 집결하고 있었으므로 병력이 상당했어요. 그뿐만 아니라 벽제관에서 승리한 직후라 사기도 높았지요. 1593년 2월 12일 오전 6시쯤 왜군 3만여 명이 몰려와 여러 겹으로 행주산성을 포위했어요. 병력으로 보면 왜군은 조선군의 다섯 배를 훌쩍 넘었지요. 조선군은 활, 칼, 창 외에 화차와 돌을 날려 보낼 수 있는 석포 등 다양한 무기를 확보하고 있었고, 목책도 이중으로 설치해 놓았습니다. 또한 군비 수습에 주력했던 변이중이 보내온 **화차** 40량도 준비되어 있었어요.

왜군은 3진으로 나누어 아홉 차례에 걸쳐 온종일 맹렬하게 공격했어요. 전투 막바지에는 백병전 양상으로 바뀌었습니다. 고바야카와가 이끈 왜군은 승병의 일부를 무너뜨리고 성 가까이 진격했어요. 화살과 탄약이 떨어진 조선군은 투석전으로 맞섰는데, 이때 부녀자들이 긴 치마를 짧게 잘라 입고 돌을 날라 군사들을 도왔습니다. 마침내 왜군은 큰 피해를 본 채 퇴각했어요. 권율은 이들을 추격해 130여 명의 목을 베었고 적장에게도 상처를 입혔지요.

❍ 행주 대첩 비각
(경기 고양시)
권율 장군이 1593년 2월에 행주산성에서 왜군을 대파한 것을 기념하기 위해 1602년(선조 35)에 건립한 비이다.

⊕ 행주 서원지(경기 고양시)
행주 서원은 행주 대첩을 승리로 이끈 권율 장군의 전공을 기리고 호국 충절을 추모하기 위해 1842년(헌종 8)에 왕명으로 건립된 서원이다.

⊕ 행주치마
여자들이 부엌일을 할 때 치마를 더럽히지 않기 위해 그 위에 덧입는 작은 치마를 말한다. 행주치마라는 말이 행주대첩에서 나왔다는 설이 있다.

⊕ 신기전 화차(전쟁기념관)
화차는 수레 위에 총 내지는 신기전을 장착한 무기다. 한 번에 신기전 40발을 발사할 수 있는 신기전 화차는 로켓 여러 발을 발사할 수 있는 다연장 로켓의 원조 격에 해당한다.

⊙ 행수 대첩(기록화, 전쟁기념관)
1593년(선조 26) 2월 권율은 행주산성에서 왜군과 맞서 싸웠다. 치열한 전투 끝에 패배한 왜군은 큰 피해를 입고 퇴각했고, 공을 인정받은 권율은 도원수가 되었다. 행주 대첩은 진주 대첩, 한산도 대첩과 함께 임진왜란 3대 대첩으로 불린다.

⊙ 행주산성 토성
삼국 시대에 흙을 이용해 쌓은 행주산성은 임진왜란 이전에도 중요한 군사 기지였다. 행주 대첩이 벌어진 곳이다.

이렇듯 **행주 대첩**은 부녀자들까지 힘을 합해 승리를 거둔 전투였을 뿐 아니라 변이중이 만든 첨단 무기의 실습장이기도 했어요. 민간인을 포함한 3,000명의 군사가 3만 명의 왜군을 무찌른 이 싸움은 진주 대첩, 한산도 대첩과 함께 임진왜란의 3대 대첩 중 하나로 꼽힌답니다.

당시 행주 대첩에서 부녀자들이 돌로 투석전을 펼쳐 적에게 큰 피해를 주었기 때문에 '행주치마'라는 이름이 생겼다는 이야기가 전해집니다. 하지만 1527년(중종 22년) 최세진이 지은 한자 학습서인 『훈몽자회』에 "부엌일을 할 때 옷을 더럽히지 아니하려고 덧입는 작은 치마"라는 의미로 '행자치마'라는 단어가 실려 있는 것으로 보아 **'행주치마'**가 행주 대첩에서 유래되었다고 보기는 어렵지요.

권율은 군량미 조달을 시도하는 왜군을 격파하기 위해 수많은 소규모 부대를 사방으로 파견했습니다. 그래서 한양에 남아 있던 왜군의 군수 물자가 제대로 보급되지 않았지요. 상황이 어려워지자 왜군에게 한양은 더는 머무를 만한 곳이 아니었어요. 반격하기 좋은 상황임에도 명군은 적극적으로 추격전을 벌이지 않고 방관하기만 했지요.

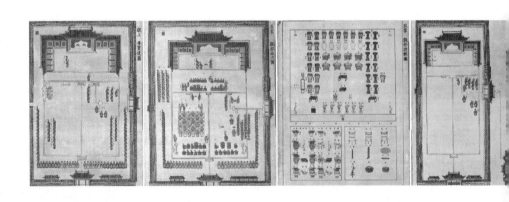

6 강화 회담, 제2차 진주성 전투

1차 명·일 강화 회담에 조선이 배제되다

행주산성에서 대패한 왜군은 보급로가 차단되어 전쟁 물자를 보급받지 못했고, 곳곳에서 일어난 의병 봉기로 수세에 몰렸습니다. 도성의 왜군은 멀리 나아가 땔나무도 구할 수 없는 형편이었지요. 결국 왜군은 한양에서 오도 가도 못한 채 죽음을 맞게 될지도 모른다는 불안감에 1593년 3월 조선과 명에 강화 회담을 요청하였습니다.

하지만 선조는 이여송에게 "왜군이 종묘를 불태우고 왕릉을 훼손했다."라면서 화친은 부당하다고 주장했어요. 살아 숨 쉬는 백성의 고통 때문이 아니라 숨 쉬지도 않는 **종묘**와 왕릉의 훼손을 화친 거부의 이유로 내세운 것이지요. 이여송은 조선을 배제한 채 일본 측과 강화 회담을 강행했어요.

심유경은 한양 인근에 도착해 일본의 두 장수인 고니시와 가토를 용산의 한 가옥으로 불러 회담을 열었습니다. 심유경은 회담을 시작하기에 앞서 그들을 순순히 굴복하기 위해 과장된 내용을 섞어 가며 다음과 같이 말했어요. "이여송 장군이 현재 30만 명의 군사를 이끌고 이리로 내려오고 있다. 유일한 탈출로를 알려 줄 테니 그대들은 조선의 두 왕자를 풀어 주어야 한다. 그리

○ 종묘친제규제도설병풍 (국립고궁박물관)
종묘에서 거행되는 의식을 글과 그림으로 표현한 여덟 폭짜리 병풍이다.

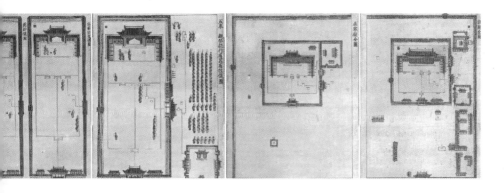

○ 일본군 진영을 방문하는 심유경

명의 사신 심유경은 평양성에서 고니시 유키나가를 만나 화평 교섭을 추진했지만 실패했다. 이후 일본으로 건너가 도요토미 히데요시와 협상을 진행했으나 이 역시 실패로 돌아갔다.

고 당장 한양을 떠나 경상도 해안으로 가야 한다."

전쟁에서 패한 일본 장수들은 4월 19일 한양을 빠져나온 37명의 장수 이름으로 이 제안에 따르기로 약속했어요. 명군도 일부 병력을 철수하고 강화 사절을 일본에 파견하기로 했지요. 왜군은 철수할 때 관아의 곡물 창고에 보관 중이던 2만 가마의 곡식을 건드리지 않기로 약속하고, 조선의 두 왕자는 왜군이 데리고 있다가 부산에 도착할 때 조선에 넘기기로 했어요.

4월 19일 왜군은 **심유경**, 임해군, 순화군을 앞세우고 한양에서 퇴각하기 시작해 서생포에서 거제도, 부산에 이르는 남쪽 해안 지역까지 내려갔습니다. 조 · 명 연합군은 4월 20일 한양으로 다시 돌아올 수 있게 되었어요. 왜군에게 한양을 빼앗긴 지 일 년 만의 일이었지요.

명군, 뇌물을 받고 추격을 멈추다

명군은 한양으로 오기 전날, 파주에서 유성룡과 마주쳤습니다. 유성룡은 이 자리에서 "만약 왜군에게 보복을 가해 사단을 일으키는 자가 있으면 참형에 처하라."는 내용의 패문(牌文, 칙사에게 보내는 통지문)을 열람하게 되지요.

이를 본 유성룡은 분개하며 "조선군이 왜군을 공격하지 못하게 하는 명령은 받아들일 수 없소. 이 패문은 백성이 원통해서라도 인정할 수 없을 것이오."라고 거부 입장을 분명히 했어요. 그러면서 **이여송**에게 왜군을 추격해 달라고 요청했으나 이여송은 한강에 배가 없다는 핑계를 대며 그렇게 할 수 없다고 대꾸했지요.

유성룡은 배를 즉시 모집하라고 명령해 80여 척의 배를 한강에 정박시켰습니다. 이여송은 어쩔 수 없이 동생 이여백에게 군사 만여 명을 붙여 배에 타게 했어요. 하지만 처음부터 전투에 관심이 없었던 이여백은 한강을 채 건너기도 전에 갑자기 발이 아프다는 핑계를 대며 되돌아왔지요.

한편, 평양에 머물던 명의 장수 송응창이 "왜군을 추격하라."는 전갈을 보내왔습니다. 하지만 조선 사람들은 이것이 한낱 수작에 불과한 것이라고 생각했어요. 왜군이 퇴각한 지 20일이나 지났는데 다시 추격 작전을 벌인다는 것은 말도 안 되는 소리였기 때문이지요. 조선 사람들은 "왜군이 한양을 떠나기 전에 평양에 있던 이여송과 송응창에게 많은 뇌물을 보내 무사히 달아날 수 있었다."라며 명군을 강하게 비난했어요.

도체찰사 유성룡은 각 도의 장수들에게 "관군을 규합하고 의병과 합세해 왜군을 공격하라."고 명령했습니다. 왜군의 뇌물을 받은 이여송은 이를 말리며 조선 장수들을 가두어 버렸어요. 분통이 터진 유성룡은 그만 병석에 눕고 말았지요.

이여송은 왜군이 철수한 다음 날인 4월 20일 한양에 입성했습니다. 그가 목격한 한양의 모습은 차마 말로 표현할 수 없을 정도로 처참했어요. 종묘와 세 개의 궁궐은 이미 불타 버리고, 침략군이 본부로 사용했던 경복궁 남쪽의 성벽만 온전했지요. 사방의 모든 땅이 불모지로 변했고, 백성은 참혹한 기근에 시달리고 있었어요. 조정에서는 1,000가마의 쌀을 풀어 솔잎을 넣고 죽을 끓여 백성에게 나누어 주었지만 턱없이 부족했지요.

굶주린 사내들은 서로 싸우다 상대방을 죽이고는 시체에서 골

❂ 이여송(1549~1598)
명의 장수로 임진왜란 당시 명의 2차 원병을 이끌고 참전했다. 평양성 전투에서 전세를 역전했지만 벽제관에서 패배했다. 이후 화의 교섭에만 주력하다 본국으로 철군했다.

수를 빼 먹으며 목숨을 겨우 이어가기도 했습니다. 심지어 술에 취한 명의 병사가 길에서 토하자, 굶어 죽어 가던 사내들이 기어 와 토사물을 서로 차지하려고 아귀다툼을 벌였다는 말도 떠돌았어요. 게다가 전염병까지 나돌아 병으로 죽은 사람이 길거리에 가득했습니다.

한양과 외곽의 시체를 모두 거두어 **수구문**(水口門, 광희문) 바깥에 쌓았는데, 시체 더미의 높이가 담장 위로 3m 이상 올라갔다고 하지요.

명과 일, 2차 강화 회담에서 동상이몽을 꾸다

송응창은 왜군이 남쪽으로 철수할 때 **심유경**과 함께 자신의 수하인 사용재와 서일관을 명 황제의 칙사로 가장해 동행시켰어요. 사용재와 서일관은 일본으로 건너가 도요토미 히데요시로부터 항복 문서를 받아 오라는 명령을 받았어요. 항복 문서만 받아 오면 전쟁이 끝날 것으로 생각한 것이지요.

◐ 광희문(서울시 중구)
서소문과 함께 시신을 내보내던 문이다. 수구문(水口門)이라고도 부른다.

이여송은 1593년 5월 한양을 떠나 문경까지 남하했어요. 심유경은 이여송이 대군을 끌고 내려오자 노심초사했습니다. 결국 화의가 깨질 것을 염려한 명군은 오유충과 유정이 거느린 병력만 남기고 나머지 병력은 북상시켰지요.

울산 서생포에서 거제도에 이르는 좁은 지역으로 물러난 왜군은 철수할 기미를 보이지 않았습니다. 철수를 운운하면서도 새로 성을 쌓고 군사 훈련을 강화했지요.

사용재와 서일관이 5월 15일 일본 나고야성에 도착했어요. 도요토미 히데요시는 명 황제의 가짜 칙사가 일본에 도착하기 전에 부하들에게 "조선에서 일본군이 완전히 철수하려면 명 측이 다음의 네 가지 조건을 수용해야 한다."라고 강조했습니다.

❍ 고니시 유키나가
(?~1600)
도요토미 히데요시의 신임을 받았던 일본의 장수다. 제1군의 지휘관으로 가장 먼저 조선에 쳐들어왔다.

첫째, 명의 황녀를 일본 천황의 후궁으로 삼는다.
둘째, 감합인(勘合印, 왜인의 입국 확인서에 찍는 도장)을 부활한다.
셋째, 조선 8도 중 4도를 일본에 할양한다.
넷째, 조선 왕자 및 대신 12인을 인질로 일본에 보낸다.

"명의 황녀를 일본 천황의 후궁으로 삼겠다."라는 도요토미의 요구는 명으로서는 수용할 수 없었을 뿐 아니라 무례한 조건이었어요. 일본 측이 요구 조건을 제시하자 사용재는 "일본군이 조선에서 완전히 철수해야 도요토미를 일본의 왕으로 책봉할 것이오."라고 대응했지요.

사용재와 서일관이 나고야에서 협상을 벌이고 있을 때 조선에서는 **고니시 유키나가**와 심유경이 명 조정에 가짜 사절을 보내기로 합의했어요. 고니시의 가신인 나이토 조안(소서비)이 사신의 역할을 맡기로 했지요.

송응창은 소서비 일행을 만나 "도요토미가 직접 쓴 항복 문서를 가져와야 한다."라고 요구했습니다. 소서비와 함께 북경으로 향하던 심유경은 소서비를 요양에 남겨 두고 경상도로 내려와서 고니시를 만났어요. 심유경과 고니시는 고심 끝에 일본이 명 황제에게 보내는 항복 문서를 다음과 같이 위조했습니다.

"도요토미 히데요시는 일본의 국왕으로 책봉되기를 바라며, 그렇게 된다면 신하로서 조공을 바치겠다."

송응창의 후임 경략인 고양겸은 일본 측의 제안을 받아들이기로 했고, 고니시는 1594년 7월 소서비를 명으로 보냈어요. 가짜 문서를 받아 든 명 황제 신종은 내막을 모른 채 흔쾌히 강화를 수락했지요.

왜군, 강화 도중에 다시 진주성을 공격하다

명군과 조선군이 머뭇거리는 사이에 왜군은 부족한 식량을 보충하고, 담판에서 유리한 조건을 확보하기 위해 움직이기 시작했어요. 1593년 6월 20일 도요토미 히데요시의 명에 따라 우키타 히데이에, 가토 기요마사, 고니시 유키나가 등이 이끄는 10만여 명의 왜군은 **진주성**을 공격했습니다.

이때 진주성에 있던 조선군은 수천 명에 불과했어요. 병력이 부족했던 조선 조정은 명군에게 원군을 요청했어요. 그러나 명군은 현재 화평 회담이 진행되고 있다는 것을 빌미로 지원을 거절했지요. 조선 조정은 자체 방어가 불가능하다고 판단해 진주성을 포기하라는 지시를 내렸어요. 하지만 진주 목사 서예원, 충청 병사 황진, 의병장 김천일, 의병장에서 경상 우병사가 된 최경회, 고경명의 아들 고종후 등은 만여 명의 군사와 함께 끝까지 진주성에 남아 싸울 것을 결의했습니다.

7월 20일 처음 교전이 일어나 조선군이 왜군 30여 명을 쏘아

○ 진주성(경남 진주시)
1593년 치열한 전투 끝에 왜군에게 함락되고 말았다. 남강 바위 위에 장엄하게 서 있는 촉석루는 진주성을 지키는 지휘 본부로 사용됐는데, 평화로운 시절에는 과거를 치르는 고시장으로 쓰였다.
진주시청 제공

죽이니 왜군은 일단 퇴각했어요. 7월 23일 왜군은 동문 밖에 흙을 쌓아 언덕을 만들고 흙으로 만든 대를 세워 성안을 향해 포격을 퍼부었습니다. 이에 충청 병사 황진도 성안에 다시 높은 언덕을 쌓아 낮에 세 차례, 밤에 네 차례의 공격을 모두 물리쳤지요.

다음 날 왜군은 방책을 만들어 탄환과 화살을 막으면서 화공을 퍼부어 진주성 내의 민가를 불태웠어요. 하지만 이날도 조선군은 밤낮으로 일곱 차례를 싸워 적을 격퇴했지요.

7월 25일 왜군은 동문과 서문 밖 다섯 군데에 언덕을 쌓고 그곳에 공성용 대나무 대를 세워 하향 사격을 가해 조선군 300여 명을 죽였습니다. 또한 사륜거라는 장갑차를 끌고 와서 성문을 뚫으려 했어요. 김해 부사 이종인이 이끄는 조선군은 기름과 횃불을 던져 어렵사리 왜군을 격퇴했지요.

다음 날 야간 경비가 소홀한 틈을 타 왜적은 몰래 성을 뚫으려 했어요. 이에 조선군은 결사적으로 방어에 나서 왜적 1,000여 명을 죽였지요. 하지만 이 전투에서 황진은 적이 쏜 탄환을 맞고 전사하고 맙니다.

7월 28일 오후에 큰비가 내려 동문 쪽 성벽이 허물어지자 왜군은 성난 파도처럼 밀려 들어왔고, 창과 칼로 육박전이 벌어졌어요. 김천일은 촉석루에서 항전하다가 아들과 함께 남강에 몸을 던졌습니다. 최경회와 고종후도 적의 손에는 죽을 수 없다해 남강에 투신했지요. 힘이 센 김해 부사 이종인은 왜군 병사두 명을 양팔에 끼고 강물로 뛰어들었어요.

7월 29일 결국 진주성은 함락되었습니다. 왜군은 도요토미 히데요시의 명령에 따라 성안에 있던 수만 명의 조선 백성을 닥치는 대로 죽였어요.

며칠 후 진주성을 함락한 왜장들은 촉석루에서 술잔치를 벌였습니다. 이 자리에 절세미인인 **논개**라는 기생이 불려 나왔지요. 노랫가락에 모두가 취할 무렵 술에 취한 왜장 게다니 무라노스케가 논개에게 다가갔습니다. 논개는 왜장을 꾀어 함께 강 쪽으로 튀어나와 있는 바위 위에 올라섰어요. 논개는 왜장과 춤추다가 왜장의 손을 잡는가 싶더니 와락 끌어안고 함께 남강에 뛰어들어 목숨을 잃었다고 합니다.

시인 변영로는 「논개」라는 시를 지어 논개의 충절을 기렸어요.

거룩한 분노는 / 종교보다도 깊고
불붙는 정열은 / 사랑보다도 강하다.
아! 강낭콩 꽃보다도 더 푸른 / 그 물결 위에
양귀비꽃보다도 더 붉은 / 그 마음 흘러라.

○ 의암(경남 진주시)
임진왜란 당시 논개는 의암 위에서 왜장을 껴안고 남강에 뛰어들었다. 진주시청 제공

진주 논개제

논개를 비롯하여 임진왜란 당시 진주성에서 순국한 7만여 명의 충절을 기리는 전통
예술 축제이다. 신위수행, 의암별제, 논개 순국 재현, 진주교방의 악가무, 진주 탈춤 한
마당 등 진주의 전통문화에 기반을 둔 다양한 행사가 매년 5월 진주성 일원에서 펼쳐
진다. 진주시청 제공

제2차 진주성 전투는 1차 전투 때와는 달리 왜군에게 크게 패했어요. 하지만 완전히 지고 완전히 이기는 전투는 이 세상에 없는 것 같습니다. 투혼은 승패 못지않게 아름다운 것이니까요. 제2차 진주성 전투에서 왜군은 진주성을 함락하기는 했으나, 엄청난 군사적 희생과 물질적 손실을 보아 얼마 후 철수하였습니다.

7 전열 재정비

명 황제, "유능한 장군을 왕에 올려야 한다"

고종의 밀사였던 호머 헐버트의 『한국사, 드라마가 되다』에 따르면, 명 황제는 일본의 조선 침략에 대해 제대로 대응하지 못한 책임을 물어 선조를 폐위하고 유능한 장군을 왕으로 세우는 것을 검토했다고 합니다.

하지만 조선에 우호적이었던 병부 시랑 석성 장군은 "조선 왕에게 사치를 질책하고 그것이 왜군의 조선 침략을 성공케 한 원인임을 지적하는 칙서를 보내는 선에서 사태를 마무리하는 것이 좋겠습니다."라고 황제를 설득했어요. 황제는 석성의 의견을 받아들여 조선 왕에게 분발을 촉구하는 내용의 칙서를 보냈지요.

여기서 조선의 장군 중 가장 유능한 자는 바로 이순신 장군을 말합니다. 명이 조선의 왕을 폐위하거나 세우는 일에 간섭한다는 것은 조선이 자주성을 상실했다는 것을 의미하지요.

유성룡은 파주에서 황제의 칙서를 가지고 온 명의 사신을 맞이했습니다. 명 사신은 자신이 한양에 도착하면 매우 중대한 사건이 일어날지도 모른다고 말했어요. 유성룡과 대신들은 어떤 일이 있어도 왕이 퇴위하는 사태는 막아야 한다는 데 뜻을 모았습니다. 대신들이 관직을 유지할 수 있는 것은 전적으로 왕이 자리를 유지하고 있었기 때문이었지요.

○ 명조팔사품
(통영 충렬사)
임진왜란 때 이순신의 뛰어난 무공이 전해지자 명의 신종이 이순신에게 여덟 가지의 유물 15점을 내렸다. 동으로 만든 도장인 도독인을 제외한 다른 것들은 모두 2점씩이다. 참도, 독전기, 영패, 귀도, 홍소령기, 남소령기, 곡나팔 등이 있다. 사진은 독전기와 참도이다.

조정 대신들은 자신들의 생각을 명 사신에게 알리고 협조를 구했습니다. 혹시라도 왕이 칙서를 읽고 양위를 선언하는 경우, 사신이 즉각 나서서 "왕의 양위는 황제에게 서한을 보내 허락을 얻기 전까지는 불가하다."라는 견해를 밝혀 달라고 명 사신에게 요청했지요.

왕은 도망가는 신세였고, 조정과 관군은 붕괴했으며, 민심은 왕으로부터 멀어졌어요. 선조가 피신할 때 호위 병력은 100명도 되지 않았습니다. 반대로 이순신은 자체적으로 상당한 군사력과 군량미를 확보했을 뿐 아니라 하삼도의 영토를 거의 담당하고 있었어요. 민심조차 이순신에게 기울었지요. 명의 신뢰를 받은 이순신이 마음만 먹었으면 국난 극복을 명분으로 무능한 조정까지 전복할 수 있는 상황이었어요. 썩은 왕조를 지키는 것이 옳았는지, 아니면 새로운 개혁의 지도력을 찾는 게 옳았는지는 여전히 논란거리입니다.

조선, 훈련도감을 설치하고 속오법을 도입하다

1593년 8월 10일 명 측은 2만여 명의 명군을 조선에 주둔하겠다며 명군의 식량 외에 반찬값, 옷값, 신발값, 위로금, 그리고 월급까지 조선에서 지급하라고 요구했습니다. 이제 명군은 도움을 주는 게 아니라 오히려 피해를 주는 상황이 되어 버렸지요.

황해도 순찰사 유영경은 명군의 횡포에 대해 다음과 같이 보고했습니다.

"수령 이하의 사람들은 목을 매어 끌고 다니기까지 하는데, 돈을 내놓지 않

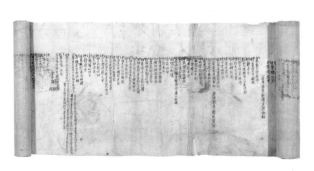

○ 무기 목록
(국립중앙박물관)
화약이나 총을 비롯한 각종 군사 무기류의 보유 상황을 파악해 목록으로 정리한 문서이다. 지방의 큰 읍(邑)에서 작성한 것으로 추정된다.

으면 큰일이 납니다. 군량을 내다 팔아 사익을 취하고 있고, 조금이라도 말을 듣지 않으면 몽둥이로 때려 사람을 죽이는 일도 다반사입니다. 참담해 차마 볼 수 없을 지경입니다."

유성룡은 이 문제를 해결할 수 있는 유일한 방법은 조선군 양성이라고 생각해 훈련도감을 설치할 것을 제안했어요. 조선에서는 병사들의 훈련을 강화하고 군비를 확충하며 침략군을 응징할 준비를 차근차근 해 나갔습니다. 마침내 1594년 2월 용병제의 개념을 토대로 훈련도감을 설치해 군대의 편제를 개편하고 훈련 방법도 개선했어요.

훈련도감의 군인은 기존의 군영과는 달리 국가로부터 급료를 받는 직업 군인이었습니다. 조선 정부는 이들의 급료를 위해 삼수미세(三手米稅)를 거두었지요. 당시 훈련도감에는 응모자가 줄을 이었어요. 큰 돌을 들고 높다란 담을 뛰어넘어야 입대할 수 있

○ 유성룡의 투구
(충효당)

임진왜란 당시 유성룡이 사용했던 투구이다. 유성룡은 양반 사대부의 온갖 반발에도 불구하고 난세를 극복하기 위해 적극적으로 개혁 정책을 추진했다.

었지요. 총을 쏘는 포수, 창검을 쓰는 살수, 화살을 쏘는 사수의 삼수군으로 구성된 훈련도감은 조선군의 전력을 크게 높였습니다. 이들은 훈련에 열중해 조선 제일의 강군이 되어 갔어요. 나아가 화포를 개량하고 조총도 제작해 무기의 약점을 보완했지요.

지방군 편제도 개편했습니다. 진관을 복구하고 유성룡의 건의로 속오군 체제를 정비했어요. 정해진 지휘관이 배속된 병사를 지휘하는 속오법에 따라 병농일치(兵農一致)의 원칙이 적용되었지요. 속오군에는 양반에서부터 노비에 이르기까지 주민 대부분이 편성되었어요. 속오군은 평상시에는 생업에 종사하다가 농한기에 훈련을 받았습니다. 유사시에는 전투에 동원되었지요. 훈련 등 군역에 필요한 비용은 스스로 부담했어요. 처음에는 양천 혼성군으로 편성되었으나 갈수록 양반이 노비와 함께 속오군에 편제되는 것을 회피함에 따라 나중에는 상민과 노비만 남게 되었어요.

유성룡의 개혁 입법, 의병 궐기를 북돋우다

임진왜란이 일어나자 가장 먼저 의령 유생 곽재우가 의병을 일으켰고, 이어서 정인홍, 김면 등이 군사를 일으켰습니다. 이들은 모두 학문의 실천성을 강조했던 조식의 제자들이었어요. 이들의 군사만 해도 만여 명에 달했지요.

일부 실천적 사대부의 '노블레스 오블리주(Noblesse Oblige, 높은 사회적 신분에 상응하는 도덕적 의무)'에 힘을 더한 것이 유성룡의 개혁 입법입니다. 1593년 10월 영의정으로 복귀한 유성룡은 면천법을 만들었어요. 천인도 군공을 세우면 양인이 될 수 있도록 하였고, 벼슬까지 주었지요. 면천법 덕분에 노비들이 대거 의병으로 참전하였습니다. 유성룡의 제안에 따라 전공 조사를 위한 임시 관청인 군공청은 "공사 천인이 적의 머리 하나를 베면 양인이 되게 하고, 둘을 베면 국왕 호위 무사로 배속하고, 셋을 베면 벼슬을 시키고, 넷을 베면 수문장에 제수한다."라는 파격적인 조건을 내걸었어요. 실제로 조령의 의병 신충원은 천인인데도 군공을 세워 수문장에 임명되었지요.

　도체찰사 유성룡은 '함경도 감사와 병사에게 지시하는 공문'에서 "신분을 막론하고 병사가 될 만한 장정은 규칙에 따라 모두 군대에 편입하라."고 명을 내렸어요. 이는 군역에서 면제된 양반에게도 군역을 부과하겠다는 의지의 표명이었지요. 노비와 양반이 함께 편성된 속오군은 유성룡의 건의로 1594년(선조 27년) 황해도 지역에서부터 편성되기 시작했어요. 지방 방어 체제인 진관 체제로 재정비되면서 전국적으로 편성이 이루어졌지요. 정유재란 때에는 이들이 실전에 투입되어 왜군의 북진을 저지하는 데 큰 힘이 되었습니다.

◐ 충효당(경북 안동시)
유성룡의 종택이다. 유성룡의 손자와 제자들이 생전의 학덕을 추모하기 위해 지었다. '충효당'은 유성룡이 평소에 '나라에 충성하고 부모에 효도하라.'는 말을 강조한 데서 유래한다.

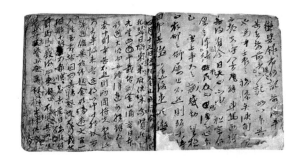

1594년 유성룡은 영의정이 자 도체찰사 자격으로 훗날 대 동법으로 불리는 대공수미법 을 강행했어요. 공납을 쌀로 대 신하는 대공수미법은 부과 기 준을 호에서 농지 소유 기준으

로 부담하게 한 혁명적인 제도였지요.

면천법으로 노비를 의병으로 끌어들이고, 대공수미법으로 가 난한 백성의 공납 부담을 줄이면서 조선은 조금씩 제자리를 잡 기 시작했습니다. 하지만 전쟁이 소강상태에 접어들자 선조는 전쟁 영웅이 된 의병들을 하나둘 제거하기 시작했어요. 선조의 '3대 시기 대상'은 국난을 맞아 나라를 구하는 데 앞장섰던 이순 신, 의병, 광해군이었어요.

조선 왕조 타도를 내걸고 봉기한 이몽학이 "의병장 김덕령, 병조 판서 이덕형, 도원수 권율은 내가 미리 내응했으므로 거사 만 하면 호응할 것이다."라고 거짓 소문을 냈어요. 선조는 이몽 학과 연루되었다는 혐의를 받고 있는 김덕령을 몸소 신문했다 고 합니다. 김덕령은 "신이 이몽학과 함께 반역할 뜻이 있었다 면 어찌 도원수의 명에 따라 출병했겠나이까. 신이 용서받지 못 할 일이 있다면 모친상을 당했으나 3년상을 치르지 못하고 칼 을 쥐고 나섰으며, 수년간 의병으로 나섰으나 뛰어난 공을 세우 지 못한 것에 있습니다."라고 항변했어요. 김덕령은 여섯 차례 나 매를 맞고 결국 숨을 거두었지요. 그러자 역량이 뛰어난 자는 모두 숨어 의병을 일으키지 않았어요. 한편, 선조는 임진왜란이 끝난 후 유성룡의 개혁 입법을 모두 무력화해 조선을 다시 전란 이전 상태로 돌려놓았습니다.

임진왜란 초기에 조선이 속절없이 밀린 원인은 무엇이었을까요?

임진왜란 당시 조선은 오랜 기간 지속된 평화로 전쟁에 대한 대비가 전혀 없었습니다. 전장에 투입시킬 훈련받은 군사가 없었지요. 한양에서 서둘러 군사를 모았지만 대부분 겁먹고 도망가 버리는 바람에 동원된 인원은 고작 300여 명 정도에 지나지 않았습니다. 조정은 당쟁에만 빠져 있어서 제대로 군사 작전을 수행할 지휘관을 기르지도 못했어요. 속오군은 한 영(營)의 정원이 2,500명이었는데, 대부분의 장정이 도망가 버려 속오군을 꾸리는 것이 불가능했습니다. 설사 장정들이 모인다 해도 먹일 군량이 없었지요. 그나마 소집된 노비들이나 농민들은 병장기가 부족해 맨주먹으로 싸워야 할 지경이었어요. 군대는 군역 대신 납부받은 군포로 겨우 유지되고 있었습니다. 뇌물을 바쳐 지휘관이 된 자는 군량이나 축내는 장정보다는 군포를 바치는 사람들을 더 반가워했지요. 일본군은 1592년 4월 13일 저녁에 부산에 상륙했는데, 한양에서는 4월 17일 아침이 되어서야 전갈을 받았다고 합니다. 역(驛)에는 힘없는 역마와 소수의 역졸이 배치되어 있었고, 역졸들은 걸핏하면 아프다고 사라지거나 농사를 지으러 갔어요. 봉수군도 봉수대를 버리고 달아났지요. 게다가 한양, 평양, 의주를 제외한 모든 곳은 군령이 미치지 않는 변방이라 왜적의 손에 쉽게 넘어갈 수밖에 없는 상황이었습니다. 명장 이순신이나 의병들의 희생이 없었다면 조선은 임진왜란 때 이미 일본 손에 넘어갔을지도 모릅니다.

8

이순신 옛집

12 선조실록 ③ | 정유재란

명과 일본의 휴전 회담이 결렬되자 1597년 왜는 다시 조선을 침략했어요. 왜군의 계략에 휘말린 선조가 이순신에게 출정 명령을 내렸지만, 적의 흉계를 간파한 이순신은 선조의 명령을 거부해 옥에 갇히고 말았지요. 칠천량 해전에서 원균의 함대를 대파한 왜군은 수륙 양면으로 총공격을 시작했습니다. 다급해진 선조는 이순신을 다시 수군통제사로 임명했어요. 이순신은 12척의 함선과 120명의 수군으로 133척의 왜선과 대적해 31척을 격침했지요. 왜군은 육군이 직산에서 조·명 연합군에게 패하고, 수군이 명량에서 패하면서 궁지에 몰리게 되었어요. 도요토미 히데요시가 사망하자 왜군은 결국 철군을 결정합니다. 이순신은 왜군의 퇴로를 막고 노량 해전을 승리로 이끌지만 안타깝게도 죽음을 맞았어요. 이로써 7년간의 기나긴 전쟁은 막을 내립니다.

- **1597년** 1월 명·일 회담이 결렬되고 왜가 조선을 다시 침략한 정유재란이 일어나다.
- **1597년** 7월 이순신이 명량 대첩에서 12척의 함선과 120명의 수군으로 133척의 왜선과 대적해 31척을 격침하다.
- **1598년** 11월 조선군이 노량 해전에서 승리를 이루다. 이순신이 해전에서 전사하다.
- **1607년** 일본 막부의 요청으로 임진왜란 이후 처음으로 일본에 통신사를 파견하다.

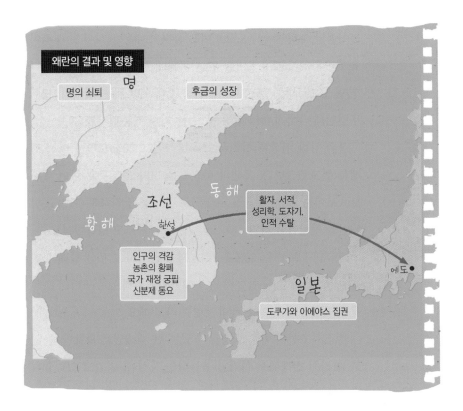

왜란의 결과 및 영향

명의 쇠퇴

후금의 성장

명

조선

동해

황해

한성

활자, 서적, 성리학, 도자기, 인적 수탈

인구의 격감
농촌의 황폐
국가 재정 궁핍
신분제 동요

에도

일본

도쿠가와 이에야스 집권

1 정유재란 발발, 칠천량 해전, 한산도 대첩

요시라의 거짓 정보에 말려든 선조, 이순신을 파직하다

1596년(선조 29년) 9월 정사 양방경과 부사 심유경은 책봉 국서를 가지고 일본으로 건너가 나고야성에서 도요토미 히데요시를 만났습니다. 하지만 책봉을 받은 도요토미의 자세가 너무 뻣뻣했어요. 이를 본 책봉사 양방경이 당황해하자 심유경이 "관백이 오늘 무릎에 종기가 나서 무릎을 꿇지 못하십니다."라고 둘러대 책봉식은 그럭저럭 마칠 수 있었지요.

이튿날 축하연에서 도요토미는 국서의 내용을 읽어 보게 했어요. '명 황제가 도요토미를 일본 국왕에 봉한다.'라는 대목이 나오자 도요토미는 "왕이야 내가 하고 싶으면 하는 것이지, 명이 무엇인데 나에게 하라 말라 하느냐?"라며 격분했지요.

결국 강화 협상은 사기극으로 밝혀졌고, 도요토미는 다시 전쟁을 선포했습니다. 조선의 바닷길을 장악하지 못해 한이 맺힌 도요토미는 "조선 수군을 궤멸하고 호남을 장악하라. 그리고 남해안을 짓밟아 우리의 강화 조건을 관철하라."고 명령했어요.

1597년 1월 15일 일본은 12만 명을 동원하고 부산 일대에 잔류하던 2만여 명과 합류해 총 14만 명의 병력으로 또다시 조선을 침공했습니다. 이를 '정유재란'이라고 해요.

왜군은 조선에 이순신 장군이 있는 한 제해권을 확보할 수 없고, 따라서 전쟁에서 이기기 힘들다는 사실을 잘 알고 있었습니다. 고니시 유키나가는 이중 첩자 요시라를 조선에 보내 가토 기요마사가 바다를 건너올 것이라는 거짓 정보를 흘리게 했어요. 이순신을 제거하기 위한 계략이었지요.

고니시와 가토는 서로 원수지간이었고, 요시라는 왜란 이전부터 귀중한 정보를 많이 전해 준 대마도 사람이었어요. 그래

忠武公李舜臣像

서 최근에는 고니시가 진짜 이순신의 손을 빌려 가토를 제거하려 했을지도 모른다는 주장이 제기되고 있습니다. 상인 출신인 고니시와 도요토미 히데요시의 최측근 무장 출신인 가토는 서로를 경쟁자로 여기고 있었고, 가토는 강화 협상을 주도했던 고니시를 못마땅하게 생각하고 있었거든요.

고니시와 가토의 불화에 대해 잘 알고 있었던 선조는 "1597년 1월 24일 가토 기요마사가 조선을 침략할 것"이라는 요시라의 정보를 의심 없이 받아들였습니다. 고니시의 계략에 말려든 선조는 "이순신에게 명해 수군을 이끌고 가덕도로 나아가 기다렸다가 가토 함대를 쳐부수라."는 명을 내렸어요.

하지만 적들의 흉계를 간파한 이순신은 "많은 전선이 출동하면 적이 알게 될 것이고, 적은 수의 전선이 출동하면 복병의 습격을 받게 될 것입니다. 왜선이 배후를 치면 서해가 뚫리게 됩니다."라며 선조의 명령을 거부했지요.

정보의 사실 여부를 떠나 조선 수군이 섣불리 공격하기 어려운 상황이었어요. 오랜 전란과 기근, 전염병으로 조선 수군의 건강 상태가 매우 열악했어요. 게다가 내내 당하기만 했던 왜군도 "일본 배가 속도와 수적 우세를 최대한 이용해 조선 배를 겹겹이 둘러싸고 공격한다."라는 전략을 세우고 있었기 때문에 이전과 같은 방식으로는 상대할 수가 없었던 것이지요.

선조의 출정 명령을 어긴 이순신은 1597년 2월 파직당하고 사형에 처해질 위기를 맞았습니다. 이순신을 천거한 유성룡조차 선조에게 "성품이 강직해 뜻을 굽힐 줄 모르는데, 무릇 장수는 뜻이 차면 교만해지게 마련입니다. 이순신은 오랫동안 한산도에 머물며 별로 한 일이 없었고 이번에도 나서지 않았습니다."라고 말했어요. 이정형만 홀로 "이순신이 '거제도로 나아가면 선박을 감출 데가 없는 데다 안골포의 적과 상대하고 있어 들어가서 지키기 어렵다.'라고 말했는데, 그 말이 합당한 듯합니다."라고 말했지요.

우의정 정탁은 "명장을 죽여서는 안 됩니다. 죽이기는 쉬워도 위급할 때 다시 살릴 수는 없기 때문입니다. 이순신도 생각한 바가 있어 나가 싸우지 않은 것으로 생각하옵니다."라며 이순신을 변호했어요. 정탁의 변호 덕분에 다행히 이순신은 죽음을 면했지만, 삭탈관직(削奪官職, 죄를 지은 자의 벼슬과 품계를 빼앗고 벼슬아치의 명부에서 그 이름을 지우던 일)되어 도원수 권율 밑에서 백의종군하게 되었지요.

이순신은 전략적으로 바른 판단을 했을지 모르나 강직한 성품 때문에 선조의 명을 받아들이지 않아서 결과적으로 최악의 사태를 초래했어요. 이후 원균이 삼도 수군통제사를 맡아 무리한 출정을 함으로써 전선을 거의 다 잃어버리고 만 것이지요. 이순신이 조정에 대해서도 전략적으로 판단했으면 어땠을까요? 선조의 바람대로 이순신이 무력시위라도 해서 적의 상륙을 최대한 지연했더라면 자신이 파직되는 상황은 피했을 것이고 비록 피해가 있더라도 최소화했을 거예요.

칠천량 해전에서 배설이 12척의 배를 끌고 도망가다

삼도 수군통제사에 임명된 **원균**은 수군을 지휘하다 보니 이순신이 왜 그토록 출정을 꺼렸는지 실상을 알게 되었어요. 휘하 장수들도 전투를 결사적으로 반대하자 원균은 조정의 출정 명령에 불응했습니다. 도원수 권율은 원균을 도원수 진영인 곤양으로 불러 곤장을 때려 가며 출전을 독려했어요. 결국 원균은 그동안 건조된 전선까지 포함해 160척의 함대를 이끌고 한산도에서 부산으로 진격했습니다. 원균은 자포자기의 심정으로 출전해서 적을 제대로 정찰하지도 않았어요.

원균이 칠천량(지금의 경상남도 거제시 하청면)으로 이동해 휴식을 취하고 있을 때였습니다. 도도, 와키자카, 가토 등 왜의 장수들이 1,000여 척의 대규모 함대를 이끌고 1597년 7월 14일 거제도 북쪽으로 이동했고, 7월 15일에는 달밤을 틈타 수륙 양면으로 기습했어요. 조선 수군이 전투태세도 제대로 갖추지 못한 채 기습을 당하자 판옥선은 화력이나 기동력을 발휘해 보지도 못하고 그 자리에서 궤멸하고 말았습니다. 전라 우수사 이억기와 충청 수사 최호 등은 물에 빠져 전사했고, 전선 100여 척은 불타거나 부서

○ 원균 묘(경기 평택시)
이순신, 권율과 함께 선무공신 1등에 책록된 원균의 묘이다. 국한문 혼용체로 쓴 비문에는 왕이 내린 교서와 원균의 행적이 기록되어 있다.

져 버렸지요. 원균은 선전관 김식과 함께 칠천도에 상륙해 나무 밑에서 쉬다가 추격해 온 적에게 살해당하고 말았어요.

'싸움에서 진 장수는 용서해도 경계에 실패한 장수는 용서하지 않는다.'라는 말이 있습니다. 칠천량 해전은 경계에 실패하는 바람에 어이없이 떼죽음을 당한 경우라 할 수 있지요. 배설은 "용맹할 때는 용맹하고 겁을 낼 때는 겁내는 것도 전략이다."라며 한사코 원균을 말리다가 결국 도망쳐 버립니다.

대열을 이탈한 배설은 12척의 전선을 이끌고 남해 쪽으로 후퇴하는 데 성공했어요. 도망친 배설 덕분에 그나마 전선 12척을 건질 수 있었고, 이 배들은 명량 대첩에서 요긴하게 활용되었지요. 아이러니하게도 도망친 장수 배설이 조선을 구하는 데 큰 역할을 한 셈이에요.

7월 21일 원균과 함께 탈출하다가 겨우 살아 나온 김식으로부터 패전 보고를 듣게 된 조정은 백의종군하고 있던 이순신에게 다시 삼도 수군통제사를 맡겨 수군을 수습하게 했습니다. "이순신을 살려 훗날을 도모하자."라고 주장했던 정탁의 선견지명이 머지않아 빛을 발하게 되었어요.

○ **원균 사당**(경기 평택시)
원균이 죽은 후 나라에서 세운 사당이다. 원래 묘소 앞에 있었으나 물이 들어 조금 떨어진 곳으로 옮겼다.

북상하던 왜군, 직산 전투 패배로 남쪽으로 밀려나다

제해권을 장악한 12만 왜군은 1597년 8월 초부터 수륙 양면으로 총공격을 시작해 남원성을 함락하고 전주성까지 점령했습니다. 남원성과 전주성에서 치열한 전투가 벌어졌을 때 왜군은 조선군은 물론이고 백성도 보이는 대로 죽인 후 귀와 코를 잘랐어요. 도요토미 히데요시가 조선 8도의 절반인 4도를 확보하기 위해 무자비한 살육을 지시했기 때문이지요.

당시에 그 유명한 '귀 무덤과 코 무덤'이 생겼어요. 조선인을 죽인 증거로 머리를 가지고 다니기에는 무겁고 거추장스러웠으므로 머리 대신 귀나 코를 베어 상자에 담아서 도요토미에게 보낸 것이지요. 당시의 승리를 기념하기 위해 교토에 귀 무덤을 만들었다고도 합니다.

어린아이가 위험한 행동을 하거나 울 때 할아버지나 할머니가 "애비! 안 돼."라면서 잘못된 행동을 지적하는 것을 본 적이 있을 거예요. '애비'라는 말은 귀와 코를 의미하는 '이비(耳鼻)'에서 나왔다고 합니다. 귀와 코를 잘라 가는 왜군이 얼마나 두려웠으면 '애비'라는 말이 나왔을까요?

왜군은 일정 수 이상의 조선인을 죽이면 조선인을 노예로 팔 권한을 가질 수 있었어요. 일본 노예 매매 상인들은 왜군들로부터 조선인을 사 원숭이처럼 목줄로 묶고 다녔다고 합니다.

한편, 조선은 북상하는 왜군을 막기 위해 한강에 방어선을 구축했고, 명군은 1597년 9월 7일 직산 남쪽 삼거리 부근에 도달해 도로를 차단하고 방어진을 펴고 있었어요. 북상하면서 이곳을 지나던 왜군은 명군을 향해 선제공격했지요. 이미 방어 진지를 구축한 명군은 왜군에게 포격을 가하면서 응전했어요. 왜군은 조총 사격을 하면서 돌격을 감행했으나 명군의 포격으로 큰 피해를 입었습니다. 명군은 백병전에서도 밀리지 않았지요.

왜군은 다시 병력을 좌우로 나누어 명군 진지를 포위했으나, 포위망이 형성되기도 전에 명의 증원군이 도착해 전세가 역전되었습니다. 명의 기존 병력과 증원군은 도리어 왜군을 포위해 제압했지요. 천안에서 급파된 왜군 기병대가 합세했으나 전세를 뒤집지는 못했어요.

직산 전투(소사벌 전투)에서 패배한 왜군은 한양 진격을 포기하고 남하할 수밖에 없었습니다. 조·명 연합군이 수세에서 공세로 전환해 압박을 가하자 왜군은 충청도 지역을 버리고 남하해 다시 해안 지역으로 밀려났지요.

정유재란 당시 명 측이 직산 전투를 평양성 전투, 행주산성 전투와 함께 조선의 3대 대첩이라고 부를 만큼 전투가 치열하게 전개되었어요. 대체로 전투는 공성과 수비전으로 이루어지지만 직산 전투는 일정 지역에 대규모의 병력이 집결해 전투를 벌이는 회전(會戰)이었지요.

○ 귀 무덤 오륜 석탑
(일본 교토시 히가시야마구)
원래는 '코 무덤'으로 불렸으나 명칭이 너무 야만적이라 하여 '귀 무덤'으로 바뀌었다. 무덤 위에는 희생된 조선인의 원혼을 누르기 위해 오륜 석탑을 세워 놓았다.

○ 진도대교와 울돌목

전라남도 해남군 문내면 학동리와 진도군 군내면 녹진리 사이의 울돌목에 놓인 우리나라 최초의 사장교(斜張橋)이다. 진도군청 제공

이순신, 13척의 배로 '조선의 살라미스 해전'을 이끌다

조선 수군은 칠천량 해전에서 대패하고 겨우 배 12척만 남은 상황이었습니다. 조정은 수군이 너무 약하다고 판단해 이순신에게 육군에 합류하라는 명령을 내렸어요. 하지만 이순신은 "수군의 작전이야말로 조선을 승리로 이끌 수 있는 최후의 수단"이라고 단호하게 주장했습니다.

정조 때 편찬된 『이충무공전서』에 실린 이순신의 상소에는 수군 함대 전략에 대한 확신이 잘 드러나 있어요.

"임진년부터 지금까지 5~6년 동안 적이 감히 충청도와 전라도를 곧장 돌진해 오지 못했던 것은 우리 수군이 길을 막고 있었기 때문입니다. 아직 신에게는 전선이 12척이나 남아 있나이다. 죽을힘을 다해 싸우면 능히 해낼 수 있습니다. 이제 와서 수군을 폐해 버린다면 적은 충청도를 거쳐 한강까지 밀고 올라올 것입니다. 전선은 비록 12척에 불과하지만, 제가 죽지 않는 이상 적이 감히 우리를 업신여기지 못할 것입니다."

1597년 7월 23일 삼도 수군통제사로 다시 임명된 이순신은 수군의 진영을 갖추는 일에 총력을 기울였어요. 9월 16일 이순신은 백성들이 가져온 1척의 배를 더해 13척의 함선과 120명의 수군으로 133척의 왜선과 대적해 31척을 격침하는 대승을 거두었습니다. 이 전쟁이 바로 세계 전쟁사에서도 유례를 찾아볼 수 없는 '**명량 대첩**'이에요.

○ 울돌목에 설치된 쇠줄 감는 기구

울돌목을 끼고 있는 두 육지 사이에 쇠줄을 연결해 왜선을 공격했다는 설이 전해지고 있다. 사진은 쇠줄을 연결할 때 이용한 기구를 재현해 놓은 것이다.

명량에서 이순신은 수군에게 "살려고 하면 반드시 죽고, 죽으려고 하면 반드시 살 것이다."라며 병사들의 사기를 북돋웠어요. **울돌목**(명량)에서 싸우는 이유도 "한 사람이 길목을 잘 지키면 1,000명의 적도 두렵게 할 수 있기 때문이다."라고 설명했지요.

이순신은 명량을 등 뒤에 두고 싸우는 것이 불리하다고 판단해 9월 15일 조선 수군을 우수영(전라남도 해남군 문내면)으로 옮겼습니다. 다음 날 이른 아침에 일본 수군이 명량에 진입하자 이순신은 출전 명령을 내리고 최선두에 서서 적진을 향해 나아갔어요. 그때 명량의 조류는 거의 정조(停潮, 밀물과 썰물이 교차해 조류가 잠시 멈추는 현상) 시기였고 일본 수군의 전선은 133척으로 확인되었지요. 후방의 전선까지 포함하면 일본 수군의 전체 함대는 총 330척이었습니다.

조선 수군들은 왜군의 수많은 함선에 지레 집먹고 뒤로 빠지려고 했어요. 이순신은 "도망가면 어디 가서 살 것이냐?"라며 호통쳤지요. 근대에 그려진 「**명량해전도**」를 보면 11척의 조선 함선이 대장선의 명령을 어기고 뒤로 물러서 있음을 알 수 있어요.

⚓ 명량해협

전라남도 해남의 화원 반도와 진도 사이에 있는 좁은 해협으로 '울돌목'이라고도 한다. 밀물 때는 남해의 바닷물이 이곳을
통과해 서해로 빠져나가 조류가 매우 빠르다. '명량'이라는 지명은 바닷물이 암초에 부딪힐 때마다 바위가 우는 것 같다는
데서 유래했다. 진도군청 제공

鳴梁海戰圖一

◆「명량해전도」
이순신은 명량 부근에서 험한 물살과 지형을 이용해
13척의 배로 왜선 133척을 무찔렀다.

○ 명량 대첩비
(보물 제503호, 전남 해남군)
1688년(숙종 14) 명량 대첩을
승리로 이끈 이순신의 공을
기념해 건립한 비석이다.
문화재청 제공

조선 수군은 명량으로 들어서면서 물결을 버티며 일자진(一字陣, 일자로 줄을 지어 길게 늘어선 모양)을 형성해 적선과 개별 대응했어요. 후방에는 수적인 열세를 숨기기 위해 의병이 탄 고깃배 100여 척을 띄워 함성을 지르게 했지요. 의병장 오익창의 『사호집』에는 "적이 대규모 전선으로 오인하도록 위장했다."라는 기록이 있습니다.

실제로 조선과 왜의 배가 마주했을 때 좁은 해로 탓에 배의 수는 13척 대 13척으로 엇비슷했어요. 이런 상황에서는 정확성과 사정거리에서 우세한 조선 수군의 화포가 위력을 발휘할 수 있었지요. 좁은 해협에 밀집된 왜적의 배는 화포로 쏘아 맞히기에 좋은 표적이 되었어요.

조류가 서서히 남동쪽으로 방향을 바꾸기 시작할 즈음 일본 수군은 이순신이 타고 있는 배를 포위하려고 했습니다. 이순신은 안위와 김응함의 배에 돌격을 명해 위험한 순간을 넘겼지요. 『난중일기』에는 "적장의 배와 다른 두 척의 적선이 안위의 배에 달라붙어 앞다투어 올라갔다. 안위와 배 위의 병사들이 죽을 힘을 다해 몽둥이나 창으로 적을 쳐 댔다."라는 기록이 있어요. 이로 미루어 볼 때 조선 수군은 단병접전(短兵接戰, 칼이나 창 따위의 단병으로 적과 직접 맞부딪쳐 싸우는 전투)에 강한 왜적을 상대로 본격적인 백병전을 벌이지는 않았던 것으로 보입니다.

이제 조류의 방향이 바뀌었어요. 많은 전선을 거느리고 있는 왜군이 조류를 거슬러 가며 전투를 치러야 하는 불리한 상황이 전개되었지요. 움직임이 자유로워진 조선 수군은 서로 엉켜 전진하지 못하고 있는 왜군 함대들을 차례로 격침했어요. 중국 병법의 원조 격인 오자가 "열로 백을 치는 데는 험한 곳이 제일 좋다."라고 말했는데, 바로 그런 상황이 전개된 것입니다.

이순신의 전선에 타고 있던 투항 왜인이 적선을 내려다보며 "꽃무늬 옷을 입은 저자가 바로 일본 장수 구루시마다."라고 외쳤어요. 이순신이 김석손을 시켜 구루시마를 끌어 올린 후 목을 베어 높이 매달자, 일본 수군의 사기는 극도로 저하되었지요. 녹도 만호 송여종과 평산포 대장 정응두 등 여러 장수와 병사들이 적선을 차례로 쳐부수자 일본 수군은 속절없이 무너졌습니다. 이후 일본 수군은 서해 진출을 아예 포기해 버렸지요.

명량 대첩과 관련해 18세기 실학자 이중환이 지은 『택리지』에는 "쇠줄을 좁은 해로에 깔아서 적선을 걸리게 해 전복시켰다."라는 기록이 나옵니다. 『선조실록』이나 당시 다른 기록에서는 볼 수 없는 내용이지요.

또한 이순신은 아낙네들을 모아 군복을 입히고 수십 명씩 무리를 지어 산봉우리를 돌게 해 마치 수많은 군사가 산봉우리에 내려오는 것처럼 보이도록 했다고 전해집니다. 여기서 유네스코 세계 문화유산으로 등재된 **강강술래**라는 놀이가 비롯되었다고 하네요.

○ 진도의 강강술래
전남 남해안 일대와 도서 지방에서 전래되어 오는 놀이이다. 임진왜란 당시 아군의 수가 많아 보이게 하기 위한 술책에서 비롯되었다는 설이 있다.

울산성에서 굶주린 왜군, 훗날 고구마 줄기 다다미방을 만들다

일본 육군은 충청남도 직산에서 조·명 연합군에게 패하고, 일본 수군은 명량에서 패하면서 전쟁은 소강상태에 접어들었어요. 그러다 태화강 옆 해발 약 50m 언덕에 있는 **울산성**에서 전쟁 흐름을 바꿀 대규모 전투가 벌어지게 됩니다.

　제1차 울산 전투는 1597년 12월 22일부터 다음 해 1월 4일까지 전개되었어요. 명의 부총병 양호는 4만 4,000여 명의 군사를 이끌고 도원수 권율의 5만여 명의 군사와 합세해 조령을 넘어 울산으로 향했습니다. 양호는 순천 방면을 공격하는 척하면서 좌군의 고니시군을 견제했고, 권율은 서생포 방면을 견제했지요.

　이어 마귀 제독이 합세한 명군 3만 6,000명과 조선군 1만 1,500여 명이 울산성을 공격하기 시작했어요. 포격과 화공으로 공격한 지 10여 일이 지나자 왜군의 사상자가 급증했습니다. 성이 완전히 포위되자 가토 기요마사의 군대는 말을 죽여 식량으

○「울산성 전투도」
(북촌미술관)
울산성 전투를 그린 일본의 병풍화이다. 조선군과 명군이 울산성을 포위해 왜군을 고립시키는 장면을 묘사하고 있다.

로 삼고 눈을 녹여 식수로 사용해야 할 정도로 극심한 식량 부족에 시달렸어요.

권율은 양호에게 총공격을 건의했으나 양호는 "왜군이 식량이 떨어져 저절로 무너질 때까지 기다리자."라고 제안해 전투는 장기전으로 돌입했습니다. 하지만 왜군 8만여 명이 양산에서 조·명 연합군의 방어선을 무너뜨리고 울산성으로 진격했어요.

1598년 2월 9일 조·명 연합군이 포위망을 뚫고 경주로 철수함으로써 13일간의 울산 전투는 막을 내렸습니다. 이 전투에서 조·명 연합군은 무려 약 1만 5,000명의 전사자를 냈고, 가토 기요마사의 군대도 약 1만 5,000명의 병력 중 500명 정도만 살아남을 정도로 양쪽 모두 피해가 컸어요.

이후 가토 기요마사는 서생포 왜성으로 퇴각해 방어성을 구축했습니다. 울산성에서 식량이 떨어져 고통을 겪었던 것을 잊지 않은 왜군은 훗날 **구마모토성**에 120개의 우물을 파고 고구마 줄기로 된 **다다미방**을 만들어 비상시 식량으로 대체하도록 준비했다고 해요.

○ 구마모토성 (왼쪽, 일본 구마모토현)
1607년 가토 기요마사가 건립했다. 나고야성, 오사카성과 함께 일본의 3대 성으로 손꼽힌다.

○ 구마모토성 혼마루 고텐의 다다미방
다다미는 일본 주택에 사용되는 전통식 바닥재를 말한다. 짚을 가로세로로 겹쳐 만든 판에 돗자리를 씌워서 만든다.

2 노량 해전, 임진왜란 이후

'용인의 달인' 이순신, 고금도 해전의 전공을 진린에게 돌리다

1598년(선조 31년) 7월 명의 도독 진린이 5,000여 명의 명군을 이끌고 고금도(전라남도 완도군 고금면의 섬)에 도착했을 때 이순신이 지휘하는 8,000여 명의 수군은 이미 진을 치고 있었습니다. 이순신은 위기에 처한 나라를 구하려면 명 장수의 협조를 최대한 끌어내야 한다고 생각했지요.

이순신이 진린을 초대해 연회를 베풀려고 하는데, 적이 습격한다는 보고가 들어왔어요. 얼마 지나지 않아 적선이 고금도에 나타났고, 이순신은 진린과 연합 함대를 이루어 일본 함대 쪽으로 돌진했습니다. 대접전 끝에 이순신 함대는 화포 공격으로 50여 척의 적선을 불살랐지요. 더는 맞붙어 싸울 수 없다고 느낀 일본 수군은 머리를 돌려 달아났습니다.

진린은 전투에는 소극적이고 공적에는 욕심이 많았어요. 이순신은 왜군 20여 명의 목을 벤 공을 진린에게 돌렸습니다. 이를 계기로 진린은 이순신에게 호감을 느끼게 되었지요. 이순신은 조선에서 적을 몰아내고 나라를 구할 수만 있다면 자신의 공 따위는 남이 독차지해도 상관없다고 생각했어요. 한편으로는 공을 다른 사람에게 돌려 음해 세력으로부터 자신을 보호할 수

○ 명조팔사품
(명량대첩기념관)
명의 신종이 이순신의 공을 높이 평가하여 도독인, 호두령패, 귀도, 참도, 독전기, 홍소령기, 남소령기, 곡나팔을 선물로 주었다. 동으로 만든 도장인 도독인을 제외한 다른 것들은 모두 2점씩이다.

도 있었지요. 결국 이순신은 명의 장수를 유능한 인물로 추켜세워 명군의 사기를 높이고 조선에 필요한 것을 얻었습니다.

이순신은 진린 곁을 한시도 떠나지 않으면서 진린이 큰 실수를 저지르지 않도록 살폈어요. 파병 초기 명의 병사들이 귀금속을 훔치고 조선 백성에게 상해를 입히며 난폭하게 굴자 이순신은 군의 기강을 잡는 일을 자신에게 맡겨 달라고 청한 다음 사소한 규칙 위반에도 엄벌을 내렸지요.

진린에 대한 평가는 다소 엇갈립니다. 이순신 장군의 『난중일기』와 유성룡의 『징비록』에는 "진린 장군이 공적에 욕심을 부리고 정유재란 말기에 퇴각하는 왜군을 쫓는 데 소극적이었다."라고 기술되어 있어요. 진린을 무인의 잣대로 냉정하게 평가한 것이지요. 전쟁이 끝나 갈 무렵 등장했으니 특별히 조선을 도와주었다고 보기도 어려워요. 한편, 『선조실록』에서는 진린을 긍정적으로 평가하고 있습니다. 여기에는 노량 해전이 끝난 후 왜군이 쌓아 놓은 수만 석의 곡식을 진린이 조선에 넘겨주었다는 기록이 있어요.

진린은 선조에게 "통제사는 천지를 다스릴 만한 인재입니다. 하늘의 어려움조차 능히 극복해 낼 공이 있습니다."라는 글을 올리기까지 했어요. 이후에도 명에 이순신의 전공을 상세하게 보

고해 명 신종 만력제가 이순신에게 여덟 가지 선물, 즉 **명조팔사품**을 보내도록 했지요.

이순신, 노량 해전에서 죽음을 맞다

왜군은 조·명 연합군의 공세로 울산과 사천, 순천 등으로 내몰렸습니다. 1598년 8월 도요토미 히데요시가 병으로 죽자 왜군은 순천 등지로 집결했고, 명의 장수들을 뇌물로 매수해 철군을 보장받으려 했어요.

고니시는 남해, 부산 등지에 있는 왜군 수군과 조·명 연합 수군을 협공하면서 퇴각하려고 했습니다. 고니시로부터 뇌물을 받은 진린은 이순신에게 "퇴로라도 열어 주는 게 좋겠다."라고 주장했어요. 하지만 고니시의 전략을 잘 알고 있는 이순신은 "조선 땅을 피로 물들인 자들을 살려 보낼 수 없다."라고 단호히 거절했지요. 진린은 더는 말을 잇지 못하고 이순신의 뜻에 따라 왜군의 퇴로를 막기 시작했어요.

왜군은 1598년 11월 18일 전선 500여 척을 노량 앞바다에 집결했습니다. 200여 척의 조·명 연합 수군을 거느린 이순신은 "이 원수만 무찌른다면 죽어도 한이 없습니다."라고 하늘에 빌고는 전투에 임했어요.

11월 19일 새벽, 이순신과 진린은 힘을 합쳐 적선 50여 척을 격파하고 200여 명의 왜병을 죽였습니다. 왜군은 이순신을 포위하고자 했으나 도리어 진린의 협공을 받아 후퇴했어요. 진린이 적에게 포위되었을 때는 이순신이 적선을 격파해 진린을 구출했지요. 이때 이순신의 총공격으로 왜선 400여 척이 격파되었어

○ 두석린 갑옷
(전쟁기념관)
조선 시대의 대표적인 의장용 갑옷이다. 포형 갑옷 위에 두석이라 불리는 놋쇠 미늘이 빽빽하게 붙어 있다. 이순신이 노량 해전에서 갑옷과 투구를 벗고 싸워 자살 의도가 있었다는 설도 제기되지만 갑옷을 벗는다는 것은 죽을 각오로 열심히 싸우겠다는 표현에 불과하다는 의견도 있다.

◑ 노량 해전(기록화, 현충사)

1598년 11월 19일, 진린과 함께 왜군을 공격하던 이순신은 왼쪽 가슴에 총탄을 맞고 쓰러졌다. 하지만 이순신의 죽음을 조선군에게 알리지 않았고 조선군은 후퇴하는 왜선 500여 척 중 400여 척을 격파하는 대승을 거두었다. 문화재청 현충사관리소 제공요. 왜군의 남은 전선이 남해 방면으로 도망치자 이순신은 필사적으로 추격했습니다. 이 과정에서 이순신은 안타깝게도 적이 쏜 흉탄에 맞아 전사하고 말았어요. 이순신은 죽기 전에 자기 죽음이 전투에 미칠 영향을 우려해 "싸움이 급하니 내가 죽었다는 말을 하지 마라."는 말을 남겼어요.

조선 수군은 다시 50여 척의 전선을 격파했고, 왜군은 남은 50여 척의 전선을 이끌고 겨우 도망쳤어요. 이로써 장장 7년간 전개되었던 임진왜란이 대단원의 막을 내립니다.

이순신의 죽음은 노량 해전이 끝나고 난 후에야 알려졌어요. 진린은 이순신이 전사했다는 소식을 듣자 가슴을 치며 통곡했지요. 노량 해전에서는 이순신뿐 아니라 명의 장수 등자룡, 가리포 첨사 이영남, 낙안 군수 방덕룡 등도 전사했어요. 수군 도독 진린의 휘하로 들어가 전투에 참전한 70세의 노장 등자룡은 이순신이 빌려준 판옥선 2척 중 1척에 휘하 군사들과 타고 왜군과 전투를 벌이다가 왜군의 습격을 받아 전사했지요.

○ 현충사 본전
(충남 아산시)
현충사는 충무공 이순신을 기리기 위해 1706년(숙종 32)에 세운 사우(祠宇)이다. 이순신의 영정을 모신 사당인 본전에서는 매년 4월 이 충무공탄신 기념다례행제가 열린다.

도망만 다닌 선조, 이순신과 의병장을 깎아내리다

7년간의 길고 지루한 전쟁이 마침내 끝났습니다. 도망만 다닌 선조와 조정 대신들은 전쟁이 끝나도 나쁜 습관을 고치지 못했어요. 선조와 대신들은 이순신과 의병장을 깎아내리고, 오히려 명군에 전란 극복의 공을 돌렸습니다. 그래야 도망이나 다닌 자신들의 허물을 조금이나마 덮을 수 있다고 생각했나 봐요.

이 같은 선조의 열등의식은 공신 책봉에서 여실히 드러납니다. 전장에 나가 몸 바쳐 싸운 **선무공신**은 고작 18명인데 반해, 선조를 호위한 호성공신은 내시 24명을 포함해 86명이나 되었어요. 선조의 옆에서 심부름이나 하던 내시들도 공신에 포함되었지만, 곽재우, 조헌, 김면, 김천일 등 의병장은 이름조차 올리지 못했지요.

1603년 공신도감(功臣都監, 공신을 표창해야 할 일이 생겼을 때, 공신의 업적을 실사(實査)하기 위해 임시로 설치한 관아)에서 "경상우도가 보전된 것은 곽재우의 공로"라며 공신 책봉을 건의했습니다. 하지만 의심과 질투가 많았던 선조는 "이순신과 원균이 수전에서 세운 공로가 으뜸이고, 권율의 행주 전투와 권응수의 영

○ 선무원종공신녹권
(국립중앙박물관)
공신도감에서 선무원종공신에게 발급한 증서이다. 선무공신은 임진왜란 때 큰 공을 세운 사람에게 준 칭호이고, 원종공신은 그보다 작은 공을 세운 사람에게 준 칭호이다.

○ 이순신 옛집
(충남 아산시)
충무공 이순신이 무과에 급제하기 전부터 살았던 집이다. 집 뒤편에는 충무공의 위패를 모신 가묘가 있어 매년 기일에 제사를 지내고 있다.

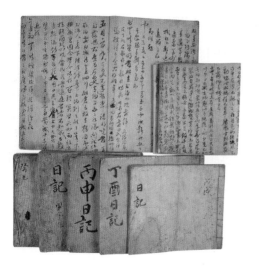

○ 『난중일기』
(국보 제76호, 현충사)
이순신이 임진왜란 동안의
일을 기록한 책이다. 연도별
로 총 7권으로 구성되어 있
다. 수군 통제에 관한 군사
비책과 전황을 보고한 장계
의 초안 등이 상세히 수록되
어 있어 당시 군사 제도의 연
구 자료로도 높이 평가받는
다. 2013년에 유네스코 세계
기록유산에 등재되었다. 문
화재청 현충사관리소 제공

천 수복이 기대에 부응했으며, 그 나머지는 듣지 못했다."라면서 곽재우와 여러 장수의 공로를 가볍게 평가했어요. 결국 곽재우는 선무공신에 책봉되지 못했지요. 만약 이순신도 전사하지 않았다면 선조로부터 제대로 평가받지 못하고 오히려 모함을 받았을지도 모릅니다.

선조는 "이번 왜란은 오직 명군의 지원이 있었기 때문에 극복할 수 있었다. 나를 호위하고 따른 신하들이 위험을 무릅쓰고 명에 호소한 덕에 강토를 회복할 수 있었다."라며 호성공신을 누구보다 치켜세웠습니다.

이순신은 원균, 권율과 함께 선무 1등 공신이 되었고, 인조 때는 '충무공'이라는 시호가 내려졌어요. 정조 때는 영의정으로 추증되고, 이순신에 대한 기록을 집대성한 『이충무공전서』가 간행되었지요.

원균은 처음에는 2등 공신에 올랐습니다. 하지만 선조가 "원균이 구원을 청해 이순신이 싸우러 갔다. 또한 권율이 억박질러할 수 없이 출전해 적과 싸우다 칠천량에서 전사했다."라고 원균을 두둔하며 선무 1등 공신에 올렸어요. 선조가 원균에 대해 일관된 신의를 보인 것은 이순신의 인기를 의식했기 때문입니다. 선조는 이순신에게 심한 열등감을 느꼈고 불안감마저 가지고 있었지요.

삼도 수군통제사로서 한산도 대첩에서 승리한 이순신은 삼도 백성의 신뢰를 한 몸에 받고 있었어요. 하지만 선조는 피란길에 오르면서 자신의 안위만 도모해 위신을 떨어뜨렸지요.

양위를 촉구하는 상소까지 올라올 정도였어요. 양위 상소는 평화로운 시기였다면 반역으로 몰릴 수도 있는 일이었습니다. 명의 구원병이 오면서 전세가 역전되자 선조는 스스로 양위 자작극을 벌였어요. "상소의 주장이 옳다. 역사의 죄를 씻기 위해서라도 양위하는 게 마땅하다."

신하들은 늘 그랬듯이 "적이 물러가지도 않았는데 어찌 망극한 말씀을 하십니까."라며 만류했습니다. 선조는 어쩔 수 없다는 듯이 양위 의사를 철회했지요. 하지만 곤란한 일이 생길 때마다 "세자에게 양위하겠다."라고 말했어요. 선조는 양위 표명을 신하 길들이기의 수단으로 이용했던 것이지요.

반면, 이순신은 전쟁에 완벽하게 대비해 23전 23승이라는 기적적인 승리를 이루었습니다. 이순신이 노량 해전에서 전사했을 때는 하삼도 전역에서 슬퍼하지 않는 이가 없을 정도였지요.

선조가 이순신에 대해 열패감만 느끼지 않았어도 임진왜란의 흐름이 달라지고, 조선의 미래도 달라지지 않았을까요? 선조의 질투심은 오히려 못난 임금이라는 점만 부각하고 말았지요.

❍ 이충무공 묘
(충남 아산시)
노량 해전에서 장렬히 전사한 이순신의 묘이다. 처음에는 남해 충렬사에 안치되었으나 이후 아산으로 이장했다.

임진왜란 이후, 무엇이 달라졌나

임진왜란으로 궁궐이 불타 버려 선조는 월산 대군(성종의 형)의 사저를 빌려 정사를 보았습니다. 왜란의 영향으로 조선의 인구는 크게 줄었고, 토지 대장과 호적이 소실되어 국가 재정이 크게 약화되었어요. 조정은 재정 문제를 해결하기 위해 공명첩(空名帖, 수취자의 이름을 기재하지 않은 백지 임명장)을 대량으로 발급했는데, 이는 조선 후기에 신분제가 동요하는 원인이 되기도 했습니다.

임진왜란은 조선 조정의 의사 결정 방식마저 바꾸었습니다. 국난을 수습하기 위해 군사 문제를 처리하는 비변사가 주목을 받았지요. 비변사는 중종 때 여진족과 왜구에 대비해 임시 기구로 설치되었다가 명종 때 을묘왜변을 계기로 상설 기구가 되었습니다. 재상 합의 기구인 의정부에만 의존하기보다는 문무 고위 관리들의 지혜를 하나로 모을 필요성이 제기되었기 때문이지요. 붕당 간의 이해관계를 조정하기 위해서라도 고위 관리들이 한자리에 모일 필요가 있었어요.

기능이 확대된 비변사에서는 군사 문제뿐 아니라 외교, 재정, 사회, 인사 문제 등 거의 모든 정무를 다루었습니다. 비변사의 정치적 역할은 날로 강화되었어요. 반대로 의정부와 6조의 행정 체계는 유명무실해졌지요. 비변사 체제에서 집권 붕당은 상대 붕

비변사(備邊司)
조선 후기에 의정부를 대신해 실질적인 최고 합의 기구로 자리 잡았다. 삼정승, 5조의 판서와 참판(공조는 제외), 5군영의 대장, 유수(수도 이외의 요긴한 곳을 맡아 다스리던 정이품의 외관), 대제학(홍문관과 예문관의 으뜸 벼슬) 등이 모여 외교와 내정 등 국정 전반을 관장했다.

❶「통신사 행렬도」
(국립중앙박물관)
1636년(인조 14) 제4차 통신사 일행이 에도성(지금의 도쿄)에 들어가는 모습을 그린 행렬도이다. 당시 수행한 화원 김명국이 그린 것으로 추정된다.

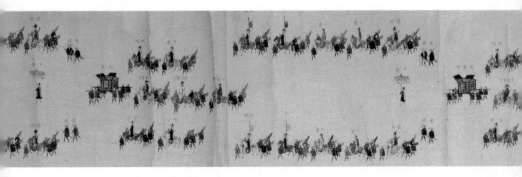

당과 함께 모여 공론을 도출해 냈습니다. 왕이 비변사를 상대하는 것은 양반 모두를 상대하는 것이나 다를 바 없었지요.

한편, 일본의 에도 막부는 전쟁 후 경제적인 어려움을 해결하고 선진 문물을 받아들일 목적으로 대마도 도주를 통해 조선과의 국교를 재개하고자 했습니다. 조선은 막부의 내부 사정을 알아볼 요량으로 사절을 보냈지요.

1604년 일본으로 건너간 사명 대사는 일본과 강화하고 조선인 포로 3,500여 명을 고향으로 데려왔어요. 1609년에는 일본과 기유조약을 맺어 동래부의 부산포에 다시 왜관을 설치하고 제한된 범위 안에서 교섭을 허용했지요.

○ 「통신사 행렬도」에
나타난 통신사의 모습

○ 비변사등록
(국보 제152호, 규장각한국학 연구원)
비변사에서 논의된 사항을 기록한 등록이다. 선조 이전의 등록은 전하지 않고 1617년(광해군 9)에서 1892년(고종 29)까지 276년간을 기록한 273책이 전한다.

일본은 에도 막부의 쇼군이 바뀔 때마다 국제적으로 권위를 인정받고 조선의 선진 문화를 받아들이기 위해 사절을 파견해 달라고 요청했습니다. 이에 조선은 1607년부터 1811년까지 총 12번에 걸쳐 **'통신사'**라는 이름으로 사절을 파견했어요. 통신사의 인원은 적게는 300여 명, 많게는 400~500명까지 되었다고 합니다.

이렇듯 임진왜란은 의도치 않게 문화 후진국이었던 일본이 크게 발전할 수 있는 계기가 되었어요. 일본은 조선에서 문화재를 약탈하고 학자와 기술자를 데려가 문화 발전의 토대로 삼았는데, 특히 이황의 성리학인 퇴계학과 도자기 문화를 수용해 크게 발전했습니다. 특히 도자기에서의 발전이 커 일본에서 임진왜란을 '도자기 전쟁'이라고 부르는 이유가 여기에 있지요.

임진왜란 때 끌려간 도공 이삼평은 백자의 원료가 되는 흙을 발견해 일본에서 처음으로 자기를 빚었습니다. 그는 지금도 일본에서 도조(陶祖, 도자기의 시조)로 추앙받고 있어요. 기술을 천시하던 조선에서는 천민에 불과했던 도공이 일본에서는 자신의 명의로 된 도자기를 빚는 예술가로 대접받았지요.

임진왜란으로 동북아시아의 형세도 크게 변화했습니다. 명과 조선, 일본이 전쟁을 벌이는 동안 북방에서는 여진족이 급속히 성장하고 있었어요. 북방의 일개 야만 집단이었던 여진족은 나라를 세워 주변 국가를 위협할 정도로 커졌고, 훗날 조선에서 병자호란을 일으키게 됩니다.

임진왜란 때 명군의 실상은 어땠을까요?

외침을 당하면 불가피하게 다른 나라로부터 군사 지원을 받는 경우가 있습니다. 지원군의 도움으로 큰 위기를 넘기기도 하지만, 의외로 혹독한 대가를 치를 때도 있지요. 조선은 명의 군사 비용과 군량을 맡았어요. 명은 조선의 지원에 만족하지 않고 마치 점령군처럼 민가의 재물을 약탈하고 여성들을 겁탈하는 등 죄 없는 백성을 못살게 굴었지요. 임진왜란 당시 명군이 지나간 자리에는 사람이든 짐승이든 남아나는 것이 없었다고 해요. 그래서 우스갯소리로 '왜군은 얼레빗이고 명군은 참빗'이라는 말까지 나돌았지요. 명은 평양성 전투와 벽제관 전투에서 패한 이후 전쟁에서 발을 빼기 위해 강화 회담에 매달리며 조선군의 공격을 방해했어요. 지원군의 부정적인 모습은 광복 이후에도 엿볼 수 있습니다. 일본이 패망한 후 남한과 북한에 각각 미군과 소련군이 들어와 군정을 시행했어요. 미군은 지원군의 성격을 띠고 있었지만, 사실상 광복 후 남한을 지배하며 한국 사회 전반에 적지 않은 부정적 영향을 미쳤습니다. 대표적인 예로 친일파를 정부나 각계각층의 중요한 직책에 기용해 일제의 잔재를 처리하기 힘들게 만들었지요. 이와 같은 폐해를 막기 위해서라도 국력을 키우고 자주국방에 더욱 힘써야 할 것입니다.

만력제의 마차와 호위하는 명의 병사들

13 광해군일기 |
전후 복구 노력과 중립 외교

광해군은 온갖 우여곡절을 겪은 끝에 왕이 되었어요. 선조가 세자인 광해군과 적자인 영창 대군을 놓고 엉거주춤한 태도를 보였기 때문이지요. 조정은 광해군파와 영창 대군파로 분열되었어요. 그 여파로 광해군은 왕이 된 후에도 왕권을 위협하는 세력과 마주해야 했지요. 결국 광해군은 인목 대비를 유폐하고 영창 대군을 제거했어요. 한편, 광해군은 왜란으로 황폐해진 나라를 복구하기 위해 다양한 개혁을 시도했습니다. 민생을 안정하기 위해 양반의 반대를 무릅쓰고 대동법을 시행했고, 허준에게 『동의보감』을 편찬하게 했어요. 당시에는 명이 쇠퇴하고 후금이 새롭게 성장하고 있었습니다. 이에 광해군은 명과 후금의 싸움에 말려들지 않고 실리를 취하는 중립 외교 정책을 취했어요.

- **1608년** 명이 쇠퇴하고 후금이 성장하는 당시 국제 정세를 고려해 광해군이 명과 후금 사이에서 중립 외교를 펼치다.
- **1608년** 영의정 이원익의 건의로 특산물 대신 쌀로 바치게 한 대동법이 경기도에서 처음으로 시행되다.
- **1610년** 허준이 전란 극복을 위해 선조의 명에 따라 집필하기 시작한 의학서 『동의보감』을 완성하다.
- **1614년** 이수광이 우리나라 최초의 백과사전식 저술인 『지봉유설』을 편찬하다.

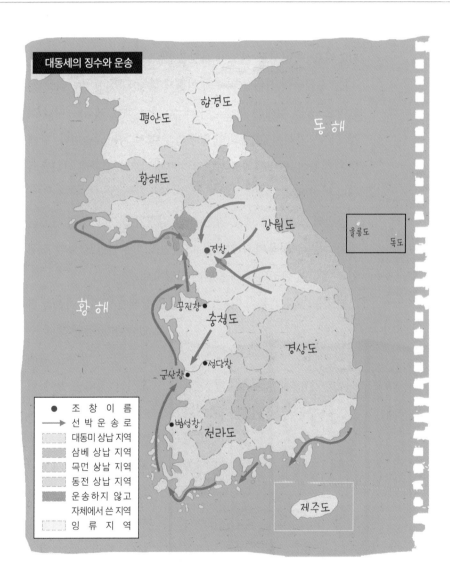

대동세의 징수와 운송

평안도
함경도
동해
황해도
강원도
울릉도
독도
경창
황해
공진창
충청도
경상도
군산창
성당창
법성창
전라도
제주도

- ● 조 창 이 름
- → 선 박 운 송 로
- 대동미 상납 지역
- 삼베 상납 지역
- 목면 상납 지역
- 동전 상납 지역
- 운송하지 않고 자체에서 쓴 지역
- 잉 류 지 역

1 선조의 양위 자작극

'질투의 화신' 선조, 양위 자작극을 벌이다

광해군은 1575년(선조 8년) 공빈 김씨의 둘째 아들로 태어났습니다. 선조의 정비인 의인 왕후 박씨는 아이를 낳지 못했으나, 선조의 마음을 사로잡은 공빈 김씨는 임해군과 광해군을 낳았어요. 하지만 공빈 김씨는 광해군을 낳은 후 산후병으로 앓아눕게 되었지요. 죽어서도 선조의 사랑을 받고 싶었는지 공빈 김씨는 "다른 후궁들이 신첩을 저주해 이렇게 앓게 되었나이다."라고 말했어요. 공빈 김씨는 광해군이 세 살 되던 해에 세상을 떠났고, 광해군은 자식이 없던 의인 왕후의 손에서 자라났습니다. 광해군은 성격이 거친 임해군과는 달리 모범적으로 생활해 신하들의 신망을 얻었어요.

공빈의 빈자리를 애교 많은 인빈 김씨가 파고들었고, 선조는 점차 공빈을 마음에서 잊었어요. 자연스럽게 인빈 김씨의 소생인 신성군이 선조의 총애를 받게 되었지요.

선조는 세자 책봉이 이루어지지 않은 상태에서 임진왜란을 겪었습니다. 몽진 길에 오른 선조는 만약을 위해 후사를 정해 두어야 했어요. 평양성에 머무르던 선조는 대신들의 주청을 받아들여 18세인 광해군을 세자로 책봉하고 조정을 분리했습니다. 한편, 몸이 약한 신성군은 피란 중에 의

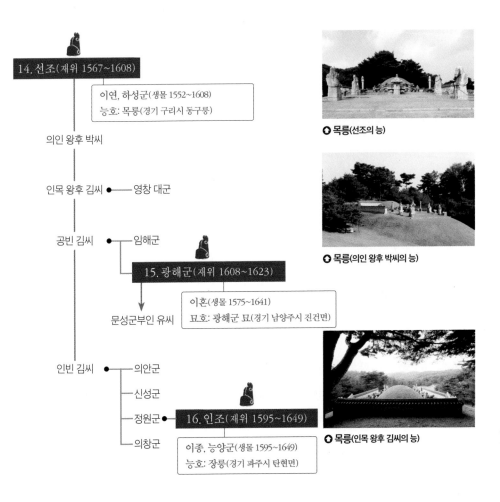

14. 선조(재위 1567~1608)

이연, 하성군(생몰 1552~1608)
능호: 목릉(경기 구리시 동구릉)

목릉(선조의 능)

의인 왕후 박씨

인목 왕후 김씨 ● ── 영창 대군

목릉(의인 왕후 박씨의 능)

공빈 김씨 ● ── 임해군

15. 광해군(재위 1608~1623)

이혼(생몰 1575~1641)
묘호: 광해군 묘(경기 남양주시 진건면)

문성군부인 유씨

인빈 김씨 ● ── 의안군
　　　　　── 신성군
　　　　　── 정원군 ● ── 16. 인조(재위 1595~1649)
　　　　　── 의창군

이종, 능양군(생몰 1595~1649)
능호: 장릉(경기 파주시 탄현면)

목릉(인목 왕후 김씨의 능)

주에서 병으로 죽고 말았어요.

　광해군을 세자로 책봉한 후 선조는 **의주**로 향했고, 세자는 분조를 이끌고 함경도로 향했습니다. 하지만 함경도는 이미 왜장 가토의 손에 넘어간 상태였어요. 세자는 하는 수 없이 평안도, 강원도 일대에서 분조 활동을 하며 민심을 수습했고, 경상도나 선라도 등지로 내려가 군량을 모으기도 했어요.

　유성룡, 정철 등을 비롯한 대신들은 "선조가 요동으로 건너갈 경우 세자에게 양위해야 한다."라는 데 의견을 모았지만 감히

○「**평북의주군도**」
(국립중앙박물관)
평안도 의주군을 그린 지도
이다. 임진왜란이 일어나자
선조는 한양에서 멀리 떨어
진 의주까지 피란을 갔다.

왕에게 하야를 촉구하지는 못했어요. 반면, 세자의 활약 소식을 들은 젊은 신하들은 "세자 저하에게 왕과 나라의 일을 맡기시는 게 옳은 줄 아옵니다."라며 하야 상소를 노골적으로 올렸지요. 선조는 이순신에게 느꼈던 열패감을 이번에는 세자에게 느끼게 되었어요.

이때 고니시 유키나가는 심유경과 강화를 진행하면서 평양성에 머무르고 있었어요. 선조에게는 천만다행이었지요. 게다가 명의 황제도 원병 파병 의사를 비쳤어요. 명의 파병 소식에 고무된 선조는 "상소의 주장이 옳다. 나라를 망친 군주는 양위하는 게 마땅하다."라며 양위 자작극을 벌였습니다. 이런 상황에서 신하들이 선조의 양위를 받아들이는 모습을 보였다가는 자칫 역모로 몰릴 위험이 있었어요. 임진왜란이 일어나기 한 해 전에 정철은 광해군을 세자로 책봉하자는 건저의(健儲議)를 제기했다가 신성군을 마음에 두고 있던 선조의 노여움을 사서 유배형에 처해진 적도 있었지요.

51세에 새 장가 든 선조, 적자 대신 서자 광해군을 선택하다

세자를 정식으로 책봉하기 위해 선조는 윤근수를 명에 파견했습니다. 임진왜란 극복에 크게 이바지한 광해군은 당연히 자신이 세자로 책봉될 것이라고 생각했을 거예요. 하지만 명은 광해군이 적자도 장자도 아니라는 이유로 세자 책봉 재가를 미루고 있었지요. 당시 명 황제 만력제는 장자가 아닌 자기가 좋아하는 후궁의 아들을 황태자로 염두에 두고 있었어요. 하지만 신하들은 장자를 황태자로 책봉할 것을 끈질기게 주청했지요. 이런 상황이다 보니 명 조정이 광해군을 세자로 책봉하는 것에 결사코 반대했던 거예요. 광해군은 임진왜란이 벌어진 직후에 왕세자로 책봉되었어요.

전쟁 직후인 1600년(선조 33년) 6월 의인 왕후가 세상을 떠났습니다. 적통에 대한 미련을 버리지 못한 선조는 1602년 51세 때 17세에 불과한 김제남의 딸을 두 번째 왕비(인목 왕후)로 맞아들였어요. 세자의 나이는 26세이고 세자빈의 나이는 28세였으니, 세자빈은 자기보다 열한 살 어린 시어머니를 모셔야 했지요.

○ 목릉(경기 구리시)
선조와 원비 의인 왕후 박씨, 계비 인목 왕후 김씨의 능을 아울러 목릉이라 부른다. 사진에서 왼쪽이 선조, 오른쪽이 의인 왕후의 능이다. 인목 왕후의 능은 맞은편에 있다. 선조의 유일한 적통인 영창 대군을 낳은 인목 왕후는 서궁에 유폐되었다가 인조반정으로 복위되어 대왕대비에 올랐다.

적자를 원하던 선조의 바람대로 1606년 인목 왕후가 영창 대군을 낳았어요. 평소 광해군을 달갑게 여기지 않았던 선조는 영창 대군에게 왕위를 계승하고 싶은 마음이 생겼어요. 영의정 유영경은 갓 태어난 영창 대군에게 하례(賀禮, 축하의 예를 차림)를 올리기도 했답니다. 선조는 유영경을 비롯한 여러 신하에게 공공연히 "영창 대군을 잘 부탁한다."라고 말했어요. 급기야 북인은 영창 대군을 지지하는 소북파와 광해군을 지지하는 대북파로 나뉘었지요.

영창 대군을 지지하는 소북파는 서자이자 차남인 광해군을 세자로 인정하지 않았어요. 명의 허락을 받지 않았다는 이유 때문이었지요. 심지어 영의정 유영경을 중심으로 영창 대군을 세자로 옹립하려는 움직임도 있었어요. 30세의 광해군은 어린 이복동생과 왕권을 놓고 경쟁하는 사이가 되었습니다.

1608년(선조 41년) 선조는 병세가 악화되자 어쩔 수 없이 광해군에게 양위 교서를 내렸어요. 겨우 두 살인 영창 대군에게 보위를 물려줄 수는 없었지요. 하지만 선조의 양위 교서를 받은 유영경은 교서를 공표하지 않고 자신의 집에 감추어 버렸어요. 대북파의 거두인 정인홍과 이이첨 등이 이를 알아내고는 선조에게

❂ 덕수궁 석어당
(서울 중구)
선조는 임진왜란의 아픔을 되새기며 다시는 그런 일이 없도록 한다는 뜻으로 석어당에 단청을 하지 말라고 지시했다.

고해바쳤지만, 선조는 미처 처분을 내리기도 전에 죽고 말았습니다. 다급해진 유영경은 인목 왕후에게 "영창 대군을 즉위시키고 당분간 수렴청정하셔야 합니다."라고 주청했어요. 그럼에도 인목 왕후는 이미 대세는 세자에게 기울었으므로 세자의 환심을 사는 게 낫다고 판단해 "국사를 잠시도 비워 두어서는 안 되니 바로 세자의 즉위식 준비를 하라."는 교지를 내렸습니다.

광해군은 왕위에 오르기까지 온갖 우여곡절을 겪었습니다. 상황이 이렇게 된 데는 아버지 선조의 책임이 크다고 할 수 있지요. 선조는 세자인 광해군이 왕위를 잇는 것에 동의하면서도 광해군에게 맞서는 소북파의 영수 유영경에게 영창 대군을 맡기고 눈을 감았어요. 또한 양위 교지를 유영경에게 전달하도록 해서 대북파와 소북파가 반목할 빌미를 제공했지요.

1608년 광해군은 33세에 경운궁(지금의 덕수궁) 즉조당에서 즉위했어요. 전란 후 선조는 월산 대군의 사저를 임시 행궁으로 삼아 **석어당**에서 16년을 머물렀고, 광해군은 궁을 옮겨 행궁에서 즉위한 후 그곳을 경운궁이라고 불렀습니다.

광해군, 유영경과 임해군을 제거하다

광해군 즉위 직후인 1608년 2월 대간들은 "임해군이 몰래 역당을 모으며 무사를 양성했나이다."라고 왕에게 반역 행위를 고발했습니다. 이 소식을 들은 임해군은 여장을 한 채 도망가다가 붙잡혀 결국 옥에 갇히고 말았어요. 임해군의 종들도 붙잡혀 와서 고문을 받았습니다. 고문을 이기지 못한 어떤 종은 "무기를 땅에 묻었다."라는 말까지 토해 냈어요.

또한 정인홍은 "임해군이 사병을 키워 역모를 도모했으니 신료의 입장에서 벌을 청하지 않을 수 없나이다."라는 내용의 상소

를 올렸습니다. 광해군은 임해군을 역모 혐의로 강화군 교동에 가두고, 관계된 자는 모조리 잡아 죽였어요.

옥사가 진행 중일 때 광해군의 즉위를 알리는 사신이 명으로 갔습니다. 명 조정에서는 "차자가 왕이 된 이유가 무엇이오?"라고 추궁했어요. 이에 사신은 "임해군이 병으로 양보했소."라고 궁색한 답변을 내놓았지요. 명에서는 조사단을 파견해 내막을 알아보도록 했어요. 광해군은 임해군을 협박해 입단속을 하고, 명 사신에게는 수만 냥의 은과 엄청난 양의 인삼을 뇌물로 주어 사건을 무마하려 했습니다. 광해군은 1609년 3월에야 비로소 명으로부터 책봉 조서를 받았지요.

1609년 5월 이이첨은 강화도 현감 이현영을 불러 "나라의 큰 화근을 비밀리에 제거해 달라."고 요청했습니다. 하지만 이현영은 이이첨의 뜻에 따르지 않아 옥에 갇혔어요. 새로 부임한 이직이 수하를 시켜 임해군을 죽이고 자살로 위장했어요. 임해군의 죽음으로 말미암아 광해군은 혈육의 죽음을 방조한 냉혈 군주로 낙인찍히게 되었습니다.

한편, 광해군이 즉위하면서 대북파가 정권을 잡았습니다. 대북파인 정인홍과 이이첨은 "유영경이 선조의 교지를 숨겨 나라를 혼란에 빠뜨렸으니 그 죄를 물어야 합니다."라고 탄핵했지요. 유영경과 뜻을 같이했던 소북파도 목숨을 부지하기 위해 유영경 탄핵에 가세했어요. 처음에 광해군은 "유영경은 선왕의 옛 신하"라며 이에 응하지 않았습니다. 하지만 탄핵 요구가 계속 이어지자 광해군은 유영경을 파직하고 경흥으로 유배를 보내 버렸어요. 그래도 처벌 요구가 계속되자 목을 매 스스로 목숨을 끊게 했습니다. 최고의 권신도 세상이 바뀌면 언제 목이 달아날지 모르는 일입니다.

정인홍, 문묘종사에 반대하다 청금록에서 빠지다

1610년(광해군 2년) 9월 **문묘** 종사(文廟從祀, 공자를 모신 사당에서 제사를 지냄)에 김굉필, 정여창, 조광조, 이언적, 이황 등 5현을 올리는 의식이 거행되었습니다. 일찍이 중종 때 조광조가 스승 김굉필을 정몽주와 함께 문묘에 종사할 것을 청한 적이 있었어요. 비록 정몽주만 종사되었지만 정몽주로부터 비롯된 사림의 학맥은 자타가 공인했습니다. 선조 때는 기대승이 경연장에서 김굉필, 정여창, 조광조, 이언적의 문묘 종사를 청했는데, 이황이 죽으면서 5현 종사에 대한 논의가 시작되었어요. 마침내 광해군이 5현 종사를 전격 수용함으로써 성리학의 계보는 정몽주, 길재, 김종직, 김굉필, 정여창, 조광조, 이언적, 이황으로 이어지게 됩니다.

대북파의 핵심 인물인 정인홍은 문묘 종사에서 자신의 스승인 조식이 빠지고 오히려 조식이 생전에 선비로 여기지 않았던 이언적과 이황이 오른 것에 대해 불만을 터뜨렸습니다. 정인홍은 회재 이언적과 퇴계 이황을 배척하는 상소인 '회퇴변척소'를 올렸어요.

"이언적과 이황은 진퇴가 분명하지 않은 몰염치한 자로서 선비로 불러 주기도 아까운데 문묘에 종사했으니 참으로 통탄스럽나이다. 이황은 벼슬할 것 다하고 누릴 것 다 누린 인물이고, 이언적은 높은 벼슬을 누리면서 을사사화 때 절의를 지키지 못한 위인입니다."

정인홍의 주장에 분노한 성균관 유생들은 **청금록**에서 정인홍의 이름을 지워 버렸어요. 정인홍을 변호하던 광해군은 유생들의 유적을 삭제하고 과거를 볼 수 없도록 했지요. 이에 발끈한 유생들은 집단으로 성균관을 비우고 떠나 버렸어요. 대신들까지 유생 편을 들자 광해군은 마지못해 유생들에 대한 처벌을 거두어들였습니다.

○ 청금록
유생들의 인적 사항을 기록한 명부이다. 성균관, 사학, 향교, 서원 등에 비치되어 있었다.

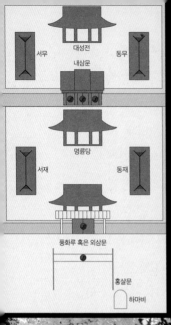

성균관 문묘(서울시 종로구)

공자와 여러 성현들의 위패를 모시고 제사를 드리는 사당이다. 성균관에서 관장한 문묘는 제향을 위한 공간일 뿐만 아니라 유생들이 공부하는 유교의 중심 공간이기도 하다. 제사를 위한 공간인 '대성전 구역'에는 중국과 조선의 선현을 제사 지내는 곳인 동무와 서무가 있고, 교육을 위한 '명륜당 구역'에는 기숙사 격인 동재와 서재가 있다. 성균관과 향교는 동일한 구조를 지니고 있다. 서원도 구조는 비슷하지만 관학이 아닌 사학이라는 점, 우리나라의 선현만 배향한다는 점이 다르다.

○ 명륜당 구역
명륜당을 중심으로 남쪽 좌우에 동재와 서재가 남북 방향으로 길게 배치되어 있다. 명륜당 앞마당
은행나무의 은행에서 냄새가 심하게 나자 유생들이 은행나무에 은행을 맺지 않게 해 달라고 빌었
고, 그 결과 은행이 열리지 않게 되었다고 한다.

2 전후 복구 노력과 민생 안정책

광해군, 전후 복구와 궁궐 재건에 힘쓰다

임진왜란으로 말미암아 조선의 인구는 급격히 줄었고, 토지는 황폐해졌으며, 신분 질서도 무너져 내렸습니다. 나라의 기강을 바로 세울 만한 인물도 딱히 없었어요. 국난을 초래한 조정 대신과 사대부들에게 계속 나라를 맡겨야 하는 상황이었지요. 백성의 안위에는 관심이 없던 지배층은 전쟁으로 잃어버린 것을 보상이라도 받으려는 듯 백성의 고혈을 짜내고 남의 땅을 가로채는 데 열중했어요.

광해군은 전란의 피해를 극복하기 위해 다양한 개혁 조치를 취했습니다. 호적 조사와 양전 사업을 다시 시행해 경작지를 늘리고 국가 재정을 확충해 나갔어요. 국방에도 전력을 기울였습니다. 남한산성 등 성곽을 개축하고 병기를 수리했으며, 병사를 훈련했지요. 훗날 병자호란이 일어났을 때 인조가 남한산성에서 군사 만 명과 함께 45일이나 청 군대에 저항할 수 있었던 것은 광해군 때 남한산성을 개축하고 군사를 훈련했기 때문에 가능했던 거예요.

광해군은 소실된 실록을 다시 인쇄하고 지방의 사고도 정비했습니다. 임진왜란 때 내장산으로 옮긴 **전주 사고** 실록을 제외한

◑ 경희궁 숭정전
(서울시 종로구)
1616년(광해군 8) 세워진 경희궁의 정전이다. 임금이 신하들의 조례를 받고 공식적인 행사를 하던 곳이다.

춘추관, 충주, 성주 사고의 실록은 모두 소실되고 말았어요. 다행히 남아 있는 전주 사고본으로 다시 인쇄한 실록을 각각 정족산(강화도 마니산), 오대산, 태백산, 적상산(묘향산) 등 전란을 피할 수 있는 곳에 사고를 지어 보관해 두었지요. 만약 전주 사고의 실록마저 사라졌다면 『조선왕조실록』은 오늘날 제대로 빛을 보지 못했을 것입니다.

광해군은 경운궁에 머무르면서 전란 중에 훼손된 창덕궁 공사를 본격적으로 시작했어요. 1610년(광해군 2년) 창덕궁 공사가 끝나자마자 창경궁도 중수할 것을 명령했어요. 3사가 재정의 어려움을 이유로 강력히 반대하자, 광해군은 "대비께서는 당연히 창경궁에 계셔야 하고, 나는 본래 심병이 있어 트인 곳에 거처해야 한다."라며 창경궁 재건을 밀어붙였지요. 1617년에는 인왕산 아래 정원군의 집 일대에 **경덕궁**(지금의 경희궁)을 짓도록 했습니다. 필요한 경비는 공명첩을 팔아 마련하기도 했지요. 무리한 궁궐 공사는 백성의 부담을 가중해 백성의 원성을 사기도 했습니다.

○ **전주 사고**(전북 전주시)
경기전의 내부에 설치되었던 사고이다. 임진왜란 이후 실록을 봉안하기 위한 다섯 개의 사고가 정비되지만 전주 사고는 유지되지 못했다.

이원익, 양반의 반대를 무릅쓰고 대동법을 관철하다

광해군은 탕평 인사를 표방하면서 선조 때 영의정을 지낸 **이원익**을 그대로 연임시켰습니다. 남인인 이원익은 전란의 후유증으로 고통받는 백성의 부담을 줄이기 위해 **대동법** 시행을 강력히 주장했어요. 대동법 시행을 주관하는 선혜청도 이원익의 건의로 설치되었지요. 대동법은 조정에 바치는 특산물을 쌀로 대체하는 법인데, 잡다한 공납을 쌀로 통일해 '대동(大同)'이라는 말을 사용했습니다. 대동법은 소유한 토지를 기준으로 누진세를 적용해서 백성에게는 이로웠지만 양반에게는 그렇지 않았어요.

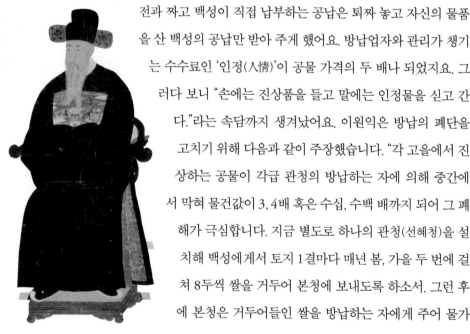

○ 이원익(1547~1634)
임진왜란, 인조반정, 정묘호란을 모두 겪은 조선 중기의 대표적인 명신이다. 뛰어난 능력을 바탕으로 주요 관직을 두루 거쳤으며, 인조로부터 궤장(几杖, 안석과 지팡이)을 하사받았다.

공납은 가짓수가 많고 시도 때도 없이 부과되었으며, 해당 지방에서 생산되지도 않는 특산물을 공납으로 부과하는 경우도 있었어요. 공납의 가장 큰 문제점은 많은 토지를 소유한 양반 전주(田主)의 납부액과 송곳 꽂을 땅도 없는 소작농의 납부액이 비슷했다는 점입니다. 공물을 대신 바치던 방납업자는 중앙의 아전과 짜고 백성이 직접 납부하는 공납은 퇴짜 놓고 자신의 물품을 산 백성의 공납만 받아 주게 했어요. 방납업자와 관리가 챙기는 수수료인 '인정(人情)'이 공물 가격의 두 배나 되었지요. 그러다 보니 "손에는 진상품을 들고 말에는 인정물을 싣고 간다."라는 속담까지 생겨났어요. 이원익은 방납의 폐단을 고치기 위해 다음과 같이 주장했습니다. "각 고을에서 진상하는 공물이 각급 관청의 방납하는 자에 의해 중간에서 막혀 물건값이 3, 4배 혹은 수십, 수백 배까지 되어 그 폐해가 극심합니다. 지금 별도로 하나의 관청(선혜청)을 설치해 백성에게서 토지 1결마다 매년 봄, 가을 두 번에 걸쳐 8두씩 쌀을 거두어 본청에 보내도록 하소서. 그런 후에 본청은 거두어들인 쌀을 방납하는 자에게 주어 물가

진상품 내역서(국립중앙박물관)

경상도 관찰사가 경상도 지역의 진상품 내역을 기록한 문서이다.

방납(16세기)

농민
↓쌀
서리·상인
↓토산물 구입·대납
국가

↓

대동법(17세기)

농민
↓쌀·삼베·무명·동전
국가
공가 지급 ↕토산물 납부
공인(시장에서 토산물 구입)

대동법 시행

「세곡 운반선」(국립중앙박물관)

세곡은 나라에 조세로 바치는 곡식을 말한다. 각 고을마다 거둬들인 세곡은 창고에 모았다가 선박에 실어 운송했다.

시세에 맞춰 특산물을 수시로 사들여 납부하게 하소서."

이원익은 경기도에서 처음 대동법을 시행한 후 전국으로 확대하려 했어요. 하지만 양반 지주의 강력한 저항으로 경기도에서 시행하는 것으로 그쳤지요. 대동법이 전국으로 확대 시행되기까지 100년이나 걸린 것을 보면 당시 기득권 세력의 저항이 얼마나 거셌는지를 알 수 있습니다.

이원익은 선조, 광해군, 인조 대에 걸쳐 벼슬을 지냈고, 영의정도 여섯 번이나 지냈으며, 청백리로서 백성의 신망을 한 몸에 받는 인물이었어요. 남인이면서도 당파에 휘둘리지 않고 신념과 원칙을 지켰지요. 임진왜란 때는 정탁과 함께 이순신을 변함없이 지켜 주었어요. 이순신이 모함받을 때에는 유성룡마저 비판했지만, 이원익은 "경상도의 많은 장수 중에서 이순신이 가장 뛰어나다." 라면서 이순신의 교체에 반대했지요.

광명 지역에는 이원익과 관련된 재미있는 이야기가 전해지고 있습니다. 소하리(경기도 광명시 소하동) 오리곡에 살았던 **오리 이원익**에게는 결혼 적령기에 이른 손녀 하나가 있었어요. 손녀사윗감을 찾던 이원익은 한 젊은이가 마음에 들어 손녀사윗감으

○ **관감당(경기 광명시)**
1630년(인조 8) 임금이 경기 감사에게 명하여 이원익에게 지어준 집이다. 관감당이라는 이름은 임금이 신하와 백성들에게 이원익의 청렴하고 간결한 생활 자세를 보고 느끼게 하고자 한다라는 뜻에서 붙여졌다. 충현박물관 제공

로 삼고자 했습니다. 그러자 이원익의 부인은 "그동안 좋은 집안의 청혼을 모두 거절하고 겨우 고른 사위가 고작 가난뱅이 시골 선비의 자식이란 말입니까?"라며 펄쩍 뛰었지요.

결국 우여곡절 끝에 그 젊은이는 이원익의 손녀와 혼례를 치렀습니다. 어느 날 하인이 밥상을 들고 신랑 방에 들어가자 신랑은 벌떡 일어나더니 밥상을 두 손으로 받아들었어요. 이상하게 생각한 하인이 이유를 묻자, 신랑은 "사람에게 가장 소중한 음식을 어찌 앉아서 받을 수 있겠는가?"라고 대답했지요. 이 신랑이 바로 현종 때 우의정을 지낸 허목입니다. 이원익의 탁월한 안목을 보여 주는 일화라 할 수 있지요.

○ **오리영우(경기 광명시)**
오리 이원익의 영정을 모신 사당이다. 일반적인 사당은 위패를 모시고 있기 때문에 'OO사'라고 불리지만, 이곳은 내부에 신주를 모시는 감실을 따로 두고 영정을 봉안하여 제사를 지내므로 '영우'라는 이름을 갖게 되었다.
충현박물관 제공

『동의보감』, "기존의 의학책을 보완한 천하의 보배"

허준은 양반 가문의 서자로 태어났습니다. 아버지는 용천 부사를 지낸 허윤으로 알려져 있어요. 허준이 왜 의학을 선택했고 어떤 과정을 밟으며 공부했는지는 거의 알려진 바가 없습니다. 선조 때 유학자인 유희춘이 지은 문집에 언급된 것이 유일한 자료라 할 수 있지요.

어느 날 허준은 유희춘의 얼굴에 생긴 종기를 말끔히 치료해 주었어요. 이를 계기로 유희춘의 신임을 얻은 허준은 유희춘의 천거로 종4품 내의원 첨정의 자리에 오르게 됩니다. 허준은 의과도 거치지 않았고 서자 출신이었지만, 뛰어난 실력을 인정받아

두창(痘瘡)
천연두를 말한다. 속칭 '마마'라고 하는 이 병은 발열, 수포, 농포성의 병적인 피부 변화를 특징으로 하는 급성 질환이다. 한 때 전 세계 사망 원인의 10퍼센트를 차지했을 만큼 사망률이 높았다.

파격적으로 승진했어요. 임진왜란 중 허준은 광해군의 두창을 고치면서 문반을 뜻하는 동반(東班)이라는 자리까지 오릅니다.

임진왜란이 일어난 7년 동안 농지는 대부분 파괴되었고 이상 기후로 말미암아 온갖 전염병이 퍼졌습니다. 백성이 질병으로 고통받자 선조는 백성도 쉽게 이해할 수 있는 의학 서적을 편찬하기로 마음먹었어요. 임진왜란 때 강화 회담이 진행되던 1596년 선조는 어의 허준을 불러 다음과 같이 명했습니다.

"요즘 중국의 방서를 보니 처방이 너무 많고 번잡하므로 참고하기에 부족함이 많다. 잡다한 처방을 덜고 요점을 추려 하나의 책으로 만들어라."

왕명을 받은 허준은 유의 정작, 태의 양예수 등 당대의 의관들과 함께 의서 편찬 작업에 들어갔습니다. 하지만 이듬해 정유재란이 일어나면서 작업이 일시 중단되었어요. 1601년 편찬 작업이 재개되었는데, 이때부터는 허준이 단독으로 작업했습니다.

임진왜란이 끝나자 선조는 끝까지 자신의 곁을 지키며 의주까지 동행한 허준을 공신에 책봉하고 종1품 숭록대부 벼슬을 내렸습니다. 하지만 1608년 선조가 세상을 떠나자, 허준은 약재를 잘못 써서 선조를 죽게 했다는 죄를 뒤집어쓰고 유배 길에 올랐어요. 허준의 치료로 목숨을 건진 적이 있었던 광해군은 "고의가 아니니 처벌해서는 안 된다."라며 허준을 옹호했습니다. 하지만 대신들의 견제가 만만치 않아 광해군으로서도 어쩔 도리가 없었지요.

1년 8개월의 귀양살이 기간에 허준은 의학서 편찬에 매진했어요. 1609년 광해군은 사간원의 반대를 무릅쓰고 71세 노인 허준을 내의원에 복귀시켰습니다. 허준은 평생의 역작 『동의보감』을 광해군에게 바쳤지요.

허준은 1601년 단독 집필 이후 14년이라는 긴 시간 동안 총

輔國崇祿大夫
陽平君 許浚 像

東醫寶鑑

○ 『동의보감』(보물 제1085호, 국립중앙도
서관 외)

동아시아에서 2,000년 동안 축적해 온 의학 지식
과 임상 경험을 하나로 통합한 백과사전적 의서이
다. 우리나라 최고의 한방의서로 평가되고 있다.
2009년에 세계 기록유산으로 등재됐다.

○ 허준(1546~1615)

조선 중기의 의관으로 선조와 광해군의 어의를 지내며 명성을 높였다. 선조의 명을 받아 의
학 이론을 집대성한 『동의보감』을 편찬했다. 이외에도 많은 의학서를 증보 개편하거나 한글
로 쉽게 풀어 출판하기도 했다. 허준박물관 제공

240여 종의 의서를 참고해 『동의보감』을 완성했습니다. 『동의
보감』 편찬은 17년간 이루어진 대규모 국책 사업이었어요. 25권
25책을 인쇄하는 데만도 3년이 걸렸다고 합니다.

『동의보감』에는 주변에서 쉽게 구할 수 있는 약재를 이용한
처방이 소개되어 있고, 임상 경험에 기초한 내용도 서술되어 있
어요. 실증적 가치가 돋보이는 『동의보감』은 오늘날에도 의학
분야에서 활용될 만큼 뛰어난 문화유산이랍니다.

『동의보감』은 우리나라뿐 아니라 중국과 일본의 의학 발전에
도 큰 영향을 끼쳤어요. 동양 의학의 산실이었던 중국에서도 "지
금까지 나온 의서들의 부족한 점을 보완한 천하의 보배"라며 극
찬을 아끼지 않았다고 합니다.

3 연이은 옥사, 중립 외교

소북파를 제거하기 위한 대북파의 조작극, 봉산옥사

광해군을 지지했던 대북파는 정적인 소북파를 제거해 자신들의
입지를 강화하려 했습니다. 이들은 어떻게 하면 정적을 제거할
수 있을까 늘 골몰하고 있었지요.

조선 시대에도 사람들은 군대에 가는 것을 싫어했습니다. 군
역을 피하고자 문서를 위조하는 일도 흔했지요. 1612년(광해군
4년) **황해도** 봉산 땅에 사는 김제세도 그런 사람 중 한 명이었어
요. 김제세는 병역을 피하고자 지방 훈도의 임명장을 위조했습
니다. 임명장에 자신의 이름을 적어 넣어 담당 지역의 수령인 봉
산 군수에게 제출했어요. 군수는 이 문서가 가짜라는 것을 곧바
로 알아차렸지요. 훈도의 임명장은 이조가 발부하게 되어 있는
데, 위조 임명장에는 예조가 발부한 것으로 되어 있었거든요.

봉산 군수 신율은 김제세를 문초했습니다. 김제세는 혹독한
고문을 이기지 못해 "나와 아우는 반역에 가담하고 있었다."라고

훈도(訓導)
한양의 4학과 지방의 향교
에서 교육을 맡아보던 직책
이다. 사학의 훈도는 성균
관의 관원들이 겸임했다.

○ 황해도 지도
(국립중앙박물관)
황해도에 소속된 각 군현의
지도를 수록한 군현지도첩이
다. 지도 중앙 부분에 '봉산(鳳
山)'이라는 지명이 보이는데,
봉산 탈춤은 이 지역에서 전
승되어 온 가면극이다.

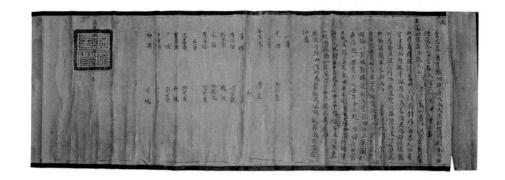

◎ 형난공신 녹권
(국립중앙박물관)
형난공신은 봉산 옥사를 다
스리는데 공이 있던 사람에
게 내린 칭호이다.

거짓으로 자백했고, 김제세의 동생 김익진은 "팔도 대장으로
내정된 사람이 김직재의 아들인 김백함이다."라고 무고했어요.
이들의 증언은 다소 황당하고 앞뒤가 맞지 않았지만, 출세욕에
눈먼 신율은 이 사건을 조정에 역모 사건으로 보고했습니다.

대북파는 김직재·김백함 부자는 물론 그 일족을 모두 체포
해 고문했습니다. 고문을 이기지 못한 김백함은 팔도 대장의
이름을 거론했어요. 김직재도 매에 못 이겨 "순화군(광해군의
이복동생)의 양자 진릉군을 받들어 난을 일으키고 이이첨, 이창
준 등 대북파를 제거하려 했다."라고 자백했어요.

광해군과 함께 **봉산 옥사**를 주도한 사람은 정인홍의 제자 이
이첨이었습니다. 이이첨은 임해군 옥사를 지켜보며 광해군이
세자 시절의 불안 때문인지 역모에 민감하다는 것을 알게 되었
어요. 시작부터 의혹투성이인 봉산 옥사에 대해 이이첨은 "누
가 누구를 옹립하려 했는지 낱낱이 밝혀야 한다."라며 강경론
을 폈지요.

광해군은 매일 친국(親鞠, 임금이 중죄인을 몸소 신문하던 일)에
나서 고문을 명하기도 했습니다. 이이첨의 예상대로 광해군은
고문으로 얻은 진술을 토씨 하나 그냥 넘기지 않았어요. 340여
명의 관련자가 끌려와 옥사를 가득 메웠고 연이어 고문으로 죽

어 나갔지요. 예전에는 관련자가 승복하면 처첩이나 자식은 보통 종으로 삼았지만, 이번에는 이들조차 고문해 죽였어요. 100여 명의 소북파가 대거 숙청된 봉산 옥사는 7개월이나 지나서야 마무리되었습니다.

'홍길동(7서)의 꿈'이 영창 대군과 함께 이슬로 사라지다

1613년 봄, 조령에서 은을 팔고 사는 상인이 살해당하고 은 700냥을 빼앗긴 사건이 발생했어요. 평범한 강도 살인 사건처럼 보였지만 수사 결과 역모로 밝혀졌습니다. 일곱 명의 서자 출신이 역모를 꾀했다 해서 '칠서의 옥'이라 불리는 사건이었지요. 칠서로 불린 이들은 모두 명문가에서 태어났지만 불행하게도 서자였어요.

칠서는 1608년 광해군이 왕위에 오르자 서얼의 차별을 없애 달라는 상소를 올렸어요. 서얼도 높은 관직에 오를 수 있도록 허락해 달라는 신분 상승 운동(서얼 허통 운동)을 펼친 것이지요. 하지만 광해군은 칠서의 상소문을 받아들이지 않았어요.

칠서는 1613년 초부터 경기도 여주 남한강 주변에 윤리가 필요 없는 집이라는 뜻의 '무륜당'을 지었습니다. 스스로 '죽림칠현' 혹은 '강변 칠우'라 부르며 개혁 성향의 허균, 이사호 등과 사귀었지요. 이곳을 근거지로 삼아 소금 장수나 나무꾼 등으로 행세하면서 화적질을 일삼기도 했어요.

이즈음에 조령 고개에서 은상 살인 사건이 일어났던 것입니다. 그런데 피살된 상인의 노비 하나가 간신히 살아남아 칠서의 근거지를 알아낸 후 포도청에 고발했어요. 대북파의 거두 이이첨은 평소 껄끄럽게 생각했던 영창 대군을 제거하기 위해 이 사건을 역모로 조작하기로 마음먹었지요.

칠서(七庶)의 옥(獄)
영의정을 지낸 박순의 서자 박응서, 심전의 서자 심우영, 목사를 지낸 서익의 서자 서양갑, 정여립의 난을 평정한 박충갑의 서자 박치의, 박유량의 서자 박치인, 북평사를 지낸 이제신의 서자 이경준, 서얼 허홍인 등 7명이 가담했다.

포도대장 한희길은 이이첨의 사주를 받아 먼저 체포된 박응서를 회유했습니다. 이에 박응서는 광해군에게 올리는 비밀 상소에서 다음과 같이 거짓으로 고변했어요.

"서얼 출신 일곱 명이 1608년 명 사신을 살해해 혼란을 일으키고, 무사를 모아 거사를 성사한 후 김제남과 몰래 내통해 영창 대군을 옹립하려 했습니다. 살인을 저지른 것은 거사 자금을 마련하기 위해서입니다."

호걸의 기개가 있어 칠서의 우두머리로 지목된 서양갑은 박응서의 상소 내용을 완강히 부인했어요. 하지만 서양갑은 어머니와 형제들이 모진 고문에 시달리는 것을 보자 결국 거짓으로 자복하고 말았지요. "반역도의 우두머리는 인목 대비의 아버지 김제남이고, 대비 또한 영창 대군이 장성하면 살아남기 어렵다고 판단해 모의에 가담했다."

❶ 홍길동 생가 터
(전남 장성)
실존 인물로 밝혀진 홍길동이 나고 자란 집의 터이다. 서자로 태어난 홍길동은 서얼이라는 신분적 한계에 부닥쳤다. 소설 「홍길동전」에서 홍길동은 율도국을 세워 적서 차별과 탐관오리의 횡포가 없는 이상 사회를 실현하고자 한다.

거짓 고변으로 조정에는 피바람이 불었습니다. 선조로부터 인목 대비와 영창 대군을 잘 보살펴 달라는 유명을 받은 일곱 명의 고명대신을 비롯해 서인 세력 수십 명이 옥에 갇혔어요. 고명대신 중 한 명인 박동량이 화를 피하고자 "인목 대비의 아버지 김제남과 인목 대비는 선조가 병환에 시달린 이유를 의인 왕후에게 돌렸습니다. 선조의 병환이 위독해지자 광해군을 아들로 삼았던 의인 왕후의 유릉에 무당을 보내 저주하게 했습니다."라고 새로운 이야기를 덧붙였지요. 사관은 "대군 집의 사람들이 유릉이 아닌 공빈 김씨의 무덤에 가서 저주를 하려다 실패한 것은 사실이다."라고 적었습니다. 결국 소북파인 김제남은 서소문 밖에서 사약을 받았어요.

여덟 살에 불과했던 영창 대군은 역모에 연루된 죄로 서인(庶人, 아무 벼슬이나 신분적 특권을 갖지 못한 일반 사람)으로 강등되고, 강화도에 위리안치되었어요. 이 사건은 1613년 계축년에 일어났다고 해 '계축옥사'라고 합니다.

칠서는 차별 없는 사회를 꿈꾸었지만, 세상은 그들의 진정한 모습을 외면하고 모반을 꾀한 역적으로 몰아붙였습니다. 1623년 인조반정 이후에야 '칠서의 옥'이 대북파가 권력을 장악하기 위해 단순 강도범인 박응서를 이용해 역모를 조작한 옥사로 규정되었지요. 시대의 이단아 칠서는 불한당으로 몰려 죽임을 당했으나 그들의 꿈은 홍길동의 활빈당에 닿아 있습니다.

위리안치(圍籬安置)
중죄인이 배소에서 달아나지 못하도록 집 둘레에 가시가 많은 탱자나무 울타리를 치고 그 안에 사람을 가두는 형벌이다.

영창 대군의 죽음과 인목 대비 유폐는 패륜 행위인가

○ 영창 대군 묘지명
(국립중앙박물관)

경기도 성남시에 있던 영창대
군의 무덤은 1971년 안성시로
이장됐다. 이 과정에서 묘지명
은 수습되지 못한 채 매몰돼
있다가 1993년 도시가스 공사
중 파손된 채 발견됐다.

○ 목릉(경기 구리시)
선조의 계비이자 영창 대군의
생모인 인목 왕후의 능이다.

1614년(광해군 6년) 2월 대북파는 강화 부사 정항에게 **영창 대군**을 죽이라고 명했습니다. 정항은 영창 대군을 방 안에 가둔 채 장작불을 지펴 열기로 죽도록 했어요. 영창 대군의 어머니인 **인목 대비**의 입장에서 광해군은 자식이면서도 제 자식을 죽인 원수였습니다. 그러다 보니 두 사람은 한 궁궐 안에 있을 수 없었지요. 1615년 4월 광해군은 인목 대비를 경운궁에 홀로 두고 혼자 창덕궁으로 돌아왔어요. 경운궁에는 군인들을 배치해 인목 대비를 감시하게 했지요.

1615년 인조(능양군)의 동생 능창군을 추대하는 사건이 벌어지자 능창군마저 사사하고 맙니다. 선조의 다섯째 서자인 정원군의 셋째 아들 능창군은 어릴 때부터 총명해 광해군과 대북파의 경계를 받아 왔어요. 능창군은 선조의 총애를 받아 세자로 책봉될 뻔했던 인빈 김씨의 아들 신성군의 양자로 입적한 인물입니다.

주변에서는 열일곱 살인 능창군이 한창 젊을 때라 역모를 감행할 가능성이 있다고 여겼는지 "능창군은 기상이 비범하다.",

"정원군의 집에 왕기가 있다.", "인빈의 무덤 자리가 좋다."라는 말들이 무성했어요.

이런 소문을 들은 광해군이 능창군을 경계하지 않을 수 없었겠지요. 이이첨의 측근인 수안 군수 신경희가 "능창군을 추대해 모반을 획책하려 한다."라는 역모 혐의를 받게 되자, 광해군은 능창군을 유배 보내 죽였어요. 신경희가 옥사할 때 이이첨은 다행히 신경희의 옥사에 연루되지는 않았지요. 능창군의 죽음은 1623년 친형인 능양군(인조)이 반정을 도모하는 직접적인 원인이 되었습니다.

광해군 초기에 대동법 시행을 주도한 영의정 이원익은 폐모에 반대하다 유배되었어요. 임진왜란 때 명의 파병을 이끈 이덕형은 영창 대군에게 은혜를 베풀어 줄 것을 청하다가 삭탈관직 되었고, 53세에 고향 집에서 죽음을 맞이하였습니다. **이항복**도 이이첨의 폐모론에 동조하지 않다가 결국 유배형에 처해져 생을 마감했어요.

1618년에 광해군은 인목 대비를 폐위해 서궁(경운궁, 지금의 덕수궁)에 유폐했습니다. 훗날 광해군의 죄상 중 가장 큰 부분을 차지했던 것이 인목 대비의 서궁 유폐였지요.

◐ 이항복(1556~1618)
임진왜란 당시 선조의 두터운 신임을 받았던 문신이자 학자이다. 특히 외교 분야에서 활약하였으며, 당파에 휩쓸리지 않은 채 공평히 처세했다.

◐ 이항복 신도비와 사당 (경기 포천시)
사진 왼쪽 끝에 있는 것이 효종 때 세워진 신도비이다. 중앙에 있는 건물은 영정을 모신 사당이고, 그 뒤쪽으로 이항복의 무덤이 있다.

오성과 한음, 난세에 빛난 해학과 우정

오성 이항복과 한음 이덕형은 절친한 친구였다. 어린 시절부터 기지가 뛰어나고 장난이 심했던 오성과 한음은 수많은 일화를 남겼는데, 그 중 하나가 시체와 관련된 이야기이다. 어느 날 이항복은 전염병으로 죽은 일가족의 염습을 해달라는 이덕형의 부탁을 받게 되었다. 친구가 알려준 집에 찾아간 이항복이 염습을 하려는 순간, 시체가 벌떡 일어나 볼을 꼬집었다. 혼비백산한 이항복이 도망치려하자 시체로 분장했던 이덕형이 깔깔거리기 시작했다. 그제야 이항복은 친구의 장난임을 알게 되었다고 한다.

✛ **이항복 묘(경기 포천시)**
부인 안동 권씨와의 합장묘로 두 개의 봉분이 야트막한 동산에 조성되어 있다.

✛ **이덕형 묘(경기 양평군)**
명의 원군 파병을 이끈 이덕형의 묘이다. 함께 묻힌 부인 한산 이씨는 임진왜란 당시 왜적을 피해 절벽에서 뛰어내려 자결했다.

◐ 화산 서원(경기 포천시)
이항복의 학문과 덕행을 추모하기 위해 건립했다. 이항복의 영정과 위패를 모신 사당, 유생들이 유숙하며 공부했던 동재와 서재 등이 있다.

◐ 용연 서원(경기 포천시)
이덕형의 학문과 덕행을 추모하기 위해 세운 서원이다. '용연'이라는 이름은 서원 부근에 있는 연못의 이름을 따서 지은 것이다.

허균, 인목 대비 폐모에 나서다 역모 죄로 죽다

이이첨의 측근인 신경희의 옥사가 벌어진 데 이어 윤선도의 이이첨 탄핵 상소가 올라왔습니다. "이이첨의 파당이 아닌 자가 없나이다. 구중궁궐에 계신 전하께서는 그가 권세를 부리는 것을 모르고 계시나이까? 전하께서는 이이첨과 측근들을 모두 제거해 종사를 지키셔야 하옵니다."

광해군의 복심대신(腹心大臣, 임금을 곁에서 모시는 대신)을 자처해 온 이이첨도 왕이 자신을 의심할지 모른다는 불안감에 빠졌습니다. 이이첨은 광해군의 신임을 군건히 하기 위해 폐모론을 꾸미기 시작했지요. 바로 이때 **허균**이 나타났습니다. 허균은 평소 친분이 있었던 서자 출신 서양갑, 심우영 등이 '칠서의 옥'에 연루되어 처형당하자 자신에게도 불똥이 튈까 염려해 당시 실세였던 이이첨을 찾아왔던 거예요.

허균은 이이첨의 후원에 힘입어 광해군의 신임을 얻습니다. 허균은 대북파의 대변인이 되어 인목 대비의 폐비를 주장하고 나섰어요. 먼저 폐모론을 퍼뜨리기 위해 "(광해군은) 서자로 왕위

❶ 허균과 허난설헌의 생가 (강원 강릉시)
최초의 한글 소설 「홍길동전」을 쓴 허균과 그의 누이이자 유명한 여류 시인 허난설헌이 태어난 곳이다.

에 올라 아비를 죽이고 형제들을 죽였다."라는 내용의 격문을 사람을 시켜 경운궁에 던져 놓게 했습니다. 그러고는 대비 측 소행으로 몰아붙이려 했어요. 조사 과정에서 허균의 소행이라는 진술이 나왔지만 광해군은 이 일을 없던 일로 해 버렸지요.

이이첨의 사주를 받은 유생들은 "대비의 지위와 권한을 폐하

○ 허난설헌의 글씨와 그림
허난설헌(1563~1589)은 해동 최고의 여류 시인으로 알려질 만큼 재주가 뛰어났고 용모도 아름다웠다. 하지만 김성립과 혼인한 후 규방에서 홀로 지내다가 자식들마저 잃게 되었다. 결국 허난설헌은 27세의 젊은 나이로 초당에 가득한 책들 속에서 향불을 피워 놓은 채 생을 마감했다.

라."는 상소를 잇달아 올렸습니다. 물러나 있던 이항복과 영의정 기자헌이 "부모가 부족해도 자식은 효도해야 한다."라며 반대했어요. 강경론자들은 폐모에 반대한 이항복과 기자헌을 탄핵했고 결국 이들은 유배되고 말지요. 기자헌의 아들 기준격은 아버지를 구하기 위해 "허균이 칠서의 옥에 연루된 심우영, 서양갑과 교류했다."라는 사실을 폭로했지만 광해군은 이번에도 조사를 명하지 않았어요.

이이첨과 허균을 비롯한 강경파는 "역모를 배후에서 조종한 대비를 신하 된 몸으로 모시고 살 수는 없다."라며 분위기를 주도해 나갔어요. 하지만 이이첨과 정인홍은 사대부 전체와 등을 질 수는 없다고 판단해 "아들이 어미를 죽일 수는 없다."라며 한 발 뒤로 물러섰지요.

상황 판단이 빠른 이이첨은 양다리 걸치기를 했지만 허균은 여전히 폐모론을 주장했어요. 허균은 기존의 유생들은 물론, 무사와 승려들까지 규합해 일부러 민심을 교란시키기도 했지요. 허균은 수하들에게 다음과 같이 헛소문을 퍼뜨리게 했어요. "북

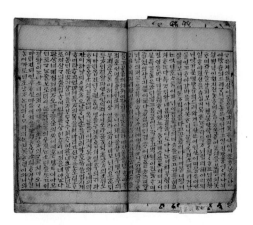

○ 「홍길동전」
(국립중앙박물관)
허균이 지은 최초의 한글 소
설이자 양반 가문의 모순을
척결하고 서얼 차별의 불합
리를 꼬집은 사회 소설이다.
사진의 판본은 19세기에 찍
은 것으로 추정된다.

방에서는 오랑캐가 쳐들어왔고, 남쪽
에서는 남쪽 섬을 점령한 왜구가 대군
을 상륙시킬 준비를 하고 있다." 허균
의 수하들이 남대문에 전란에 관한 방
을 붙이자 민심은 급격히 동요하기 시
작했습니다.

허균의 행보를 주시하고 있던 유희
분과 박승종은 "허균의 폐모 시도는
평계에 불과하고 실제로는 역모를 꾀하고 있다."라고 광해군에
게 넌지시 글을 올렸어요. 이이첨도 같은 의견을 올렸지요. 허균
은 서얼 차별 철폐, 신분 타파, 붕당 혁파 등 이상을 실현하기 위
해 그동안 형성한 세력과 재력을 바탕으로 혁명을 꿈꾸어 왔습
니다. 이이첨은 이를 불안하게 여기고 있었어요. 게다가 허균이
자신보다 광해군의 신임을 더 받고 있다는 사실이 달갑지 않았
지요.

한편, 허균의 부하 현응민이 도성을 출입하다가 검문에 걸려
"허균이 혼란을 틈타 한양을 점령할 계획을 세우고 있었다."라고
말해 버렸어요. 역모 혐의에서 벗어나지 못한 허균은 군사를 이
끌고 온 이이첨에게 체포되어 50세에 형장의 이슬로 사라져 버
렸습니다. 진술을 듣지 않은 채 허균을 죽여서 허균이 실제 역모
를 꾀했는지는 정확히 알 수 없답니다.

혁명을 꿈꾼 허균, "하늘이 내린 인재를 차별해서는 안 된다"

허균은 1569년(선조 2년) 3남 2녀 중 막내로 태어났습니다. 허균
의 아버지인 초당 허엽은 동인과 서인이 대립할 때 김효원과 함
께 동인의 영수로 활동했던 인물이에요. 경상도 관찰사를 지낸

허엽은 한때 강릉의 맑은 물로 초당 두부를 만들었습니다. 초당 두부의 명성은 한성부까지 전해졌으나 관료가 장사한다 해 탄핵을 받기도 했지요. 허균의 어머니는 예조 판서를 지낸 김광철의 딸이었는데, 허엽의 두 번째 부인이 되었습니다.

큰누나와 큰형 허성은 전처의 소생이었고, 둘째 형 허봉과 작은누나 **허난설헌**, 그리고 허균은 후처의 소생이었어요. 어머니가 후처였지만 첩이 아니었으므로 허균은 서자가 아니었지요. 하지만 허균은 이복형제들 사이에서 자라면서 서얼들이 겪는 아픔을 느꼈는데, 이 경험이「홍길동전」을 쓰게 된 동기가 되었습니다.

허균에게 큰 영향을 주었던 스승 이달은 자질이 뛰어났지만 서자 출신이라 벼슬길에 나아갈 수 없어 술로 세월을 보냈어요. 허균은 이런 스승의 모습을 보며 많은 것을 깨달았지요. 당시 첩의 자식인 서얼은 문과에 응시할 수 없었을 뿐 아니라 제사나 재산 상속에서도 차별을 받았습니다.

허균은 26세 때 정시 문과에 을과로 급제한 이후 여러 차례 관직에 등용되었다가 탄핵받아 파직되었어요. 그 이유는 대부분 기생과 가까이 지내거나 불교나 도교를 숭상했기 때문이었지요. 다양한 경험을 하며 개방적인 의식을 갖게 된 허균은 천민이나 기생, 서얼 출신들과도 교분을 맺었어요.

허균은 "남녀 사이의 사랑은 하늘이 준 것이고, 인륜과 기강의 분별은 성인의 가르침이다. 하늘이 성인보다 더 높으니, 내 차라리 성인의 가르침을 어길지언정 하늘이 내려 주신 본성은 어길 수 없다."라고 말했어요. 이 말은 인위적인 이성보다는 자연의 이치와 현실에 더 관심이 많았다는 것을 뜻하지요.

1610년(광해군 2년) 허균은 전시(殿試, 복시(覆試)에서 선발된 사람에게 임금이 친히 치르게 하던 과거)의 시관으로 있을 때 조카와 사위를 부정 합격시켰다는 이유로 전라북도 함열로 귀양을 갔어요. 유배 생활을 한 지 일 년여 만에 풀려나 한양으로 올라왔다가 다시 부안으로 내려가 『성소부부고』 일부와 「홍길동전」을 저술했습니다.

허균은 『성소부부고』 「유재론」에서 "하늘이 인재를 낼 적에 귀한 집안에서 태어났다고 재주를 풍부하게 주지 않았고, 천한 집안에서 태어났다고 인색하지 않았다. 하늘이 인재를 냈는데도 사람이 스스로 버리면 이것은 하늘을 거스르는 것이다."라고 해 신분 차별 없이 인재를 발탁해야 한다고 주장했어요. 또한 허균은 "군자가 아닌 권신 같은 소인배가 권력을 휘두르면 폐해가 크지만 패거리를 지어 나타난 붕당의 해악에 비하면 아무것도 아니다."라고 지적했습니다. 권신 같은 소인배는 한 사람이므로 그 사람이 물러가면 예전으로 쉽게 돌아갈 수 있지만, 붕당은 한 사람이 물러가더라도 바뀌지 않고 지속한다는 거예요.

허균의 입장은 무엇보다도 「호민론」에서 잘 드러납니다. 허균은 「호민론」에서 "왕은 백성을 위해서 존재하지, 백성의 위에 군림하지 않는다. 왕이 세상에서 가장 두려워할 자는 백성이다."라고 주장하면서 백성을 항민(恒民), 원민(怨民), 호민(豪民)으로 나누어 설명했어요. 항민은 어리석고 반항할 줄 몰라 항상 윗사람에게 부림을 당하는 존재이고, 원민은 한없이 요구하는 윗사람을 원망하며 못마땅하게 여기는 존재지요.

허균은 항민과 원민은 불평불만만 가질 뿐 스스로 행동으로 옮기지 않기 때문에 사회를 고칠 수 없다고 보았습니다. 하지만 호민은 사회의 부당한 대우와 부조리를 이해하고 잘못된 사회를 고치기 위해 적극적으로 나서는 인물이라고 보았어요.

「홍길동전」은 「호민론」에 대한 생각을 담은 소설이었습니다.

허균은 홍길동 같은 호민이 나서면 원민은 동조하고 항민도 살 길을 찾아 그를 따르게 된다고 보았어요. 서자 홍길동은 활빈당의 우두머리가 되어 토호라고 할 수 있는 합천 해인사와 가렴주구를 일삼는 탐관오리 등을 응징하고, 그들로부터 빼앗은 재산을 백성에게 나누어 주었습니다. 이는 호민의 역할을 잘 보여 주는 대목이지요.

「홍길동전」은 연산군 때 충청도 일대를 중심으로 활약한 도적 떼의 우두머리가 모델이었어요. **홍길동**은 명종 때 임꺽정, 숙종 때 장길산과 더불어 '조선 시대 3대 도적'으로 꼽힙니다. 홍길동이 율도국에 이상 사회를 건설한 것은 백성을 위한 정치이기는 하지만, 또 다른 왕도 정치를 대안으로 내세웠으므로 '백성의, 백성에 의한' 정치는 아니에요.

⊙ 홍길동 생가
(전남 장성군)
홍길동이 나고 자란 곳에 복원한 집이다. 『조선왕조실록』에 홍길동의 행적이 기록되어 있는데, 허균은 이 홍길동을 바탕으로 「홍길동전」을 쓴 것으로 보인다.

강홍립, 광해군의 밀명을 받들어 후금에 투항하다

광해군이 즉위할 당시 동북아시아의 정세는 크게 변하고 있었어요. 명은 쇠퇴하고 있었지만, 1616년 **누르하치**가 여진족을 복속한 후 나라를 세워 국호를 후금이라 칭하고 왕위에 올랐지요. 누르하치는 1618년 푸순을 점령하고 명에 선전 포고를 했습니다. 그러자 명은 요동 정벌을 위해 조선에 원군을 요청했어요. 조선 조정에서는 이를 두고 논란이 벌어졌어요.

조선은 임진왜란 때 명의 지원을 받은 적이 있으므로 요청을 그냥 받아들일 수도 있었을 텐데 왜 논란이 벌어졌을까요? 그 이유는 당시 동북아의 국제 정세 때문입니다. 명에 지원병을 보냈다가 강성해진 후금과의 관계가 악화하면 다시 후금과 일전을 치러야 할 수도 있었거든요. 임진왜란 이후 조선은 정국을 정비하는 것이 급선무여서 또다시 전쟁을 벌일 상황은 아니었지요.

게다가 조선은 명의 지원을 받았지만 명군이 저지른 토색질(돈

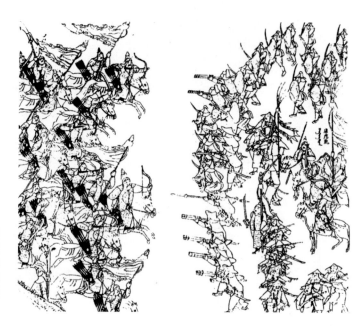

⊙ 살이호 전투
1619년 명의 푸순 근처 살이호에서 명과 후금 사이에 벌어진 전투 장면을 묘사한 그림이다. 이 전투에서 명이 크게 패하고 후금은 만주 지역을 차지했다.

이나 물건 따위를 억지로 달라고 하는 짓)이 조선 땅을 너무 피폐하게 만들었습니다. 전쟁 중에는 물론이고 1600년 11월 이후 군대를 철수한 다음에도 명은 조선 정치에 심하게 간섭했지요.

1602년 명의 황태자 책봉 사실을 반포하려고 조선에 왔던 고천준의 탐욕에 대해 실록에는 "의주에서 한양에 이르는 수천 리에 은과 인삼이 한 줌도 남지 않았고, 조선 전체가 전쟁을 치르는 것 같았다."라고 기록되어 있을 정도였습니다. 고천준의 탐욕에 질린 조선 조정은 광해군의 왕세자 책봉까지도 연기해 달라고 요청했습니다. 책봉한다는 명목으로 명의 사신이 와서 또 얼마나 토색질을 할지 우려했기 때문이었지요. 하지만 조선 조정의 어떤 무리는 황제의 나라가 제후국인 조선을 구원하고 재건해 준 은혜를 강조했습니다. 이들은 임진왜란 때 조선을 지킨 주체가 명의 지원병이 아닌 조선의 백성이었다는 사실을 인정하고 싶지 않았던 거예요. 명의 원병 요청에 대한 광해군의 생각은 『광해군일기』에 잘 드러나 있습니다.

"당초에 강홍립 등이 압록강을 건너게 된 것은 명 조정의 징병 독촉을 거부하기 어려워 억지로 출병한 것이다. 우리나라는 애초부터 후금을 원수로 적대하지 않아 실로 상대해 싸울 뜻이 없었다."

광해군은 평계를 대며 군사를 움직이지 않다가 1618년 7월 마지못해 출정군을 구성하기로 했습니다. 1619년 2월 도원수 강홍립, 부원수 김경서, 좌영장 김응하가 1만 3,000명의 대군을 이끌고 압록강을 건너 양호가 이끄는 9만여 명의 명군과 합류했어요. 양호는 임진왜란 때 울산 전투에 참전한 인물이지요.

1619년 3월 조·명 연합군과 후금이 동북아시아의 주도권을

◐ 누르하치(1559~1626)
여진의 대부분을 통일하고 국호를 '후금(後金)'이라 칭했다. 후금의 초대 황제로서 훗날 청 태조가 되었다.

놓고 다투는 **살이호 전투**(부차 전투)가 시작되었습니다. 산하이관 총병 두송이 전공을 욕심내 휘하 3만 군사를 이끌고 누르하치가 머물고 있던 계번성으로 진격했어요. 하지만 누르하치의 아들 홍타이지가 이끄는 4만 5,000명의 팔기군에게 대패했지요. 산하이관군이 전멸했다는 소식을 들은 양호는 전군에 총공격 명령을 내렸으나 명의 선봉군과 본군이 모두 무너지고 양호는 요동으로 도주했습니다.

이제 후군에 있던 조선군만 전장에 남게 되었어요. 조선 병사들은 용감히 싸웠으나 좌영장 김응하가 전사하고 부원수 김경서는 상처를 입고 말았지요. 양군이 잠시 소강상태에 들어갔을 때 강홍립은 후금군과 가능하면 전투를 피하라는 광해군의 밀명을 받들어 후금군에 투항했습니다. 포로가 된 강홍립은 광해군에게 받은 비자금을 후금의 궁중에 뿌리면서 조선군의 출병은 부득이하게 이루어졌다는 사실을 통고했어요. 이는 "후금을 적대하지 말고 형세를 보아 향배를 정하라."는 광해군의 밀명에 따른 것이지요.

광해군의 의도를 알게 된 후금은 조선의 상황을 이해한다는 뜻을 전해 왔고, 광해군은 호의 표시로 많은 물자를 보냈습니다. 강홍립이 투항한 이듬해인 1620년 후금에 억류된 조선 포로들은 석방되어 귀국했으나, 강홍립은 부원수 김경서 등 10여 명과 함께 계속 억류되었어요.

강홍립이 후금에 억류된 사이 조선에서는 1623년 인조반정이 일어나 인조가 등극했고 서인이 정권을 장악했습니다. 강홍립은 1627년(인조 5년) 정묘호란 때 후금군과 함께 입국해 강화도에서 후금과 조선의 화의를 주선하기도 했지요.

광해군의 중립 외교는 명에 대한 의리를 저버리는 행위였을까요?

인조반정을 일으킨 세력이 내세운 명분은 크게 두 가지였습니다. 하나는 광해군이 명에 대한 사대를 저버렸으니 그것을 바로잡는다는 '친명 배금'이었고, 다른 하나는 광해군이 선조의 정비인 인목 대비를 유폐하고 그의 소생인 영창 대군을 살해해 인륜을 어겼다는 것이었어요. 친명 배금은 명분도, 실리도 없는 주장입니다. 명이든 후금이든 다른 나라를 맹목적으로 숭상하는 것은 모두 사대주의에 불과하지요. 광해군이 후금과 가까이했다고 해서 후금을 사대했다고 볼 수는 없습니다. 앞서 살펴보았듯이 광해군은 명과 후금 사이에서 중립을 지키기 위해 부단히 노력했으니까요. 후금과 싸우던 명의 요청으로 파병할 수밖에 없는 상황이 되자, 광해군은 강홍립에게 비밀 교지를 내려 후금과 대적하지 말고 시세를 보아 판단하라고 명했습니다. 이후에도 광해군은 계속 중립 노선을 유지하였어요. 광해군의 중립 외교는 근본적으로 백성의 생활을 안정하기 위한 정책이었어요. 당시 명이 기울고 청이 새롭게 떠오르는 국제 정세 속에서 광해군은 외부와의 충돌을 최대한 피하고 나라의 내실을 다질 수 있는 기반 마련에 노력한 것입니다. 광해군은 위협 세력을 무참하게 제거해 폭군으로 평가받기도 하지만, 전란 복구와 민생 안정에서는 누구보다도 최선을 다한 애민 군주였어요.

『광해군일기』

14 인조실록 |
인조반정, 정묘·병자호란

서인 세력을 등에 업은 인조는 광해군이 명을 배신하고 동생을 죽였다는 이유로 반정을 일으켰어요. 왕위에 오른 인조는 중립 외교를 펼친 광해군과는 달리 친명 배금 정책을 표방했습니다. 국제 정세를 제대로 읽지 못한 인조는 정묘호란과 병자호란을 초래해 애꿎은 백성만 전란에 휘말리게 했지요. 병자호란 때 청은 싸움 한 번 없이 닷새 만에 한양에 육박했습니다. 인조는 전쟁에 대비하지 않은 채 허세만 부린 나쁜 결과를 톡톡히 치르게 되었지요. 왕과 대신들은 남한산성으로 피란해 45일 동안 항전했으나, 결국 삼전도에서 청과 굴욕적인 군신 관계를 맺었습니다. 지배층은 전란 후에도 정신을 못 차렸어요. 나라가 지켜 주지 못했던 환향녀를 유교 이데올로기에만 빠진 선비들이 냉정하게 내쳤기 때문이었지요.

- **1623년** 서인 일파가 광해군을 몰아내고 인조를 즉위시킨 인조반정이 일어나다.
- **1627년** 후금이 인조반정의 부당성을 내세우며 3만 명의 군대를 이끌고 조선에 침입한 정묘호란이 발발하다.
- **1635년** 전세를 그해의 풍흉과 관계없이 정액화하는 영정법을 처음으로 시행하다.
- **1636년** 청이 군신 관계를 요구하며 10만 명의 군대를 이끌고 조선에 다시 침입한 병자호란이 발발하다.

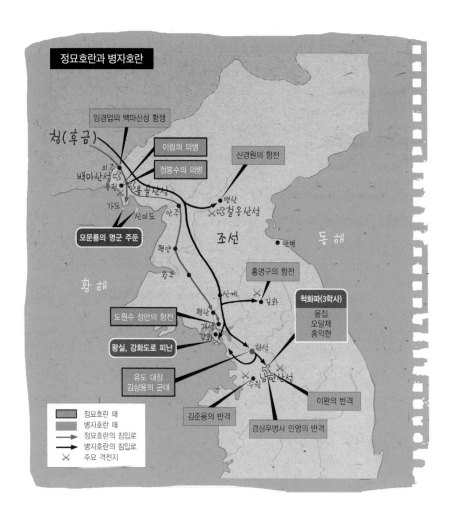

1 인조반정

서인 세력, 반정의 꿈을 키우다

조선 제16대 왕 인조는 반정을 통해 왕위에 올랐습니다. 조선 역사상 두 번째 반정이었지요.

인조는 선조의 다섯 번째 아들인 정원군의 장남으로, 황해도 해주에서 태어났습니다. 인조가 해주에서 출생한 이유는 당시 왜구의 침입으로 왕족들이 해주에 피신 중이었기 때문이에요. 인조의 할아버지인 선조는 14명의 아들을 두었으나, 늘그막에 얻은 영창 대군 외에는 모두 후궁의 소생이었지요.

선조는 인빈 김씨와 그녀의 소생을 좋아했습니다. 정철이 세자 책봉 문제를 제기했을 때, 선조는 사실 광해군이 아닌 인빈 소생의 신성군을 염두에 두고 있었어요. 하지만 대신들은 인품과 학식이 뛰어난 광해군이 적임자라고 주장해 선조와 갈등을 빚기도 했지요. 신성군을 총애해 세자 책봉을 미루던 선조는 임진왜란으로 말미암아 어쩔 수 없이 광해군을 세자로 세웠습니다.

인빈 김씨의 소생들은 세자 자리를 빼앗겼다고 생각해 광해군의 등극에 불만을 가질 수밖에 없었어요. 신성군은 이미 죽고 없었지만 어머니 인빈 김씨에게는 아직 아들이 셋이나 있었습니다. 또한 신성군의 동생 정원군에게는 인조(능양군) 외에도 능원군, 능창군, 능풍군 등 네 명의 아들이 있었어요. 특히 능창군은 신성군의 양자로 입적되

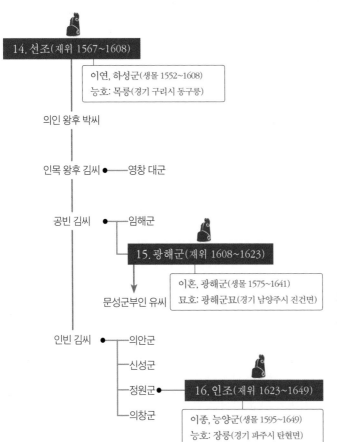

14. 선조(재위 1567~1608)

이연, 하성군(생몰 1552~1608)
능호: 목릉(경기 구리시 동구릉)

의인 왕후 박씨

인목 왕후 김씨 ● ── 영창 대군

공빈 김씨 ● ── 임해군

15. 광해군(재위 1608~1623)

이혼, 광해군(생몰 1575~1641)
묘호: 광해군묘(경기 남양주시 진건면)

문성군부인 유씨

인빈 김씨 ● ── 의안군
            ── 신성군
            ── 정원군 ●
            ── 의창군

16. 인조(재위 1623~1649)

이종, 능양군(생몰 1595~1649)
능호: 장릉(경기 파주시 탄현면)

○ **목릉**(선조와 의인 왕후 박씨, 인목
왕후 김씨의 능)

○ **광해군 묘**
(광해군과 문성군부인 유씨의 묘)

○ **장릉**(인조와 인열 왕후 한씨의 능)
사진작가 서헌강 제공

었기 때문에 광해군에게 가장 위협적인 존재였지요. 하지만 능
창군은 모반죄로 모함을 받아 17세의 나이로 죽임을 당하고 말
았습니다.

　평소 무예에 능하고 인망도 높았던 능창군과는 달리 능양군은
어려서부터 말이 별로 없고 감정을 잘 표현하지 않았어요. 능양
군이 선조의 총애를 받았다고 하지만, 조용한 성품 탓에 크게 눈
에 띄는 인물은 아니었지요. 인조는 즉위한 후에도 말이 별로 없
어 가까이서 모시던 궁녀들도 인조의 목소리를 잘 듣지 못할 정
도였다고 합니다.

선조의 유명을 받들어 영창 대군을 지지했던 일곱 명의 고명 대신 등 서인 세력 상당수가 계축옥사와 인목 대비 유폐 사건 때 사형당하거나 유배되었어요. 정계에서 밀려난 서인 세력은 일찌감치 반정의 꿈을 키우고 있었지요. 이귀, 김자점, 김류, 최명길, 이괄 등 이이와 성혼의 문하들은 능양군과 함께 마침내 무력 정변을 기도하였습니다.

인조반정이 사전에 발각되었는데도 방치하다

이귀, 김류, 이괄 세 사람은 군대를 동원하기로 했습니다. 이귀는 평산 부사로 있었고, 김류는 정계에서 쫓겨난 상태였으며, 이괄은 함경도 병마사에 제수되어 임지로 떠나야 할 처지였어요.

반정을 일으키기 일 년 전인 1622년 이귀는 "평산에 호랑이가 자주 출몰하므로 호랑이를 사냥하는 병사들이 도의 경계에 구애받지 않고 무장한 채 활동할 수 있도록 해 달라."는 상소를 올렸습니다. 이귀가 큰 호랑이를 잡아 바치자 광해군은 크게 기뻐하며 "호랑이를 사냥할 때 경계에 국한되지 않도록 하라."고 허락했어요. 이제 반정군은 군부대가 경비하는 위수 지역을 벗어나 도성까지도 군사를 동원할 수 있게 되었지요.

○ 이귀(1557~1633)
이이와 성혼에게 학문을 배운 조선 중기의 문신이다. 인조반정에서 주도적인 역할을 함으로써 일등 공신으로 책봉됐다.

이 때문에 서인 세력이 정변을 일으키려 한다는 소문이 퍼졌습니다. 대간이 이귀를 잡아다 문초할 것을 주청했지요. 이귀는 "누가 무슨 말을 했는지 신과 대질시켜 주십시오."라며 정면으로 돌파했어요. 평소 이귀와 친분이 있던 김자점은 광해군이 총애하는 상궁 김개시에게 뇌물을 써서 일을 해결했답니다. 김개시는 왕에게 "이귀와 김자점이 역모를 꾀한다는 소문은 누가 지어낸 듯합니다."라고 말했어요.

이전 같았으면 바로 옥사가 시작되었겠지만 광해군은 "어떻게 풍문으로 옥사를 일으키겠는가?"라고 역모 고발을 무시했어요. 폐모론이 제기되면서 이이첨에게 권력이 집중되자 광해군은 대신들이 옥사를 권력 강화 수단으로 이용하고 있다고 생각했지요. 광해군이 긴장의 끈을 놓자마자 그 틈을 반란군이 파고들었습니다.

1623년 3월 13일 밤에 이귀, 심기원, 최명길, 김자점 등이 병력을 이끌고 홍제원에 집결하기로 했어요. 하지만 광평 대군의 후손 이이반이 이 사실을 왕에게 알렸어요. 대장을 맡기로 했던 김류가 거사 계획이 탄로 났다는 말을 듣고 주저하는 바람에 출병 당시 반정군은 예상 인원의 절반에도 못 미치는 700명 정도에 불과했습니다.

● 세검정(서울시 종로구)
인조반정을 도모했던 사람들이 이곳에 모여 칼을 갈아 씻었다는 이야기가 전해진다.

洗劒亭

● 「세검정도」(26.1×58.2cm, 종이에 채색, 국립중앙박물관)
조선 후기에 활동했던 화가인 유숙의 대표작 가운데 하나이다. 세검정의 수려한 경관을 유려한 필지로 그려냈다. 도화서 화원이었던 유숙은 산수화와 인물화에 모두 능했고 어진 제작에도 참여했다.

하지만 이미 내친걸음이었어요. 가만 앉아 있어도 당하는 것은 마찬가지였지요. 이귀는 김류 대신 이괄에게 대장직을 권유했어요. 반정군은 **세검정**에서 칼을 씻으며 결의를 다졌어요. 능양군은 친병을 거느리고 고양 연서역에 나아가 장단 부사 이서의 병력 700여 명과 합류했습니다.

조정에서는 훈련도감 이확에게 역모 가담자들을 체포하라는 명령을 내렸습니다. 음력 3월 12일 저녁, 박승종 등은 추국청을 설치해 고발된 사람들을 모두 체포하려 했어요. 광해군이 후궁들과 술을 마시느라 이이반의 상소에 대수롭지 않게 반응하자, 박승종과 유희분이 번갈아 가며 속히 조사할 것을 비밀리에 청했지요. 그제야 광해군은 금부 당상들과 포도대장 등에게 입직(入直, 관아에 들어가 차례로 숙직함)하라는 명을 내렸어요.

이이반의 고발로 상황이 급박해지자 반정의 책사 격인 이귀는

○ 창의문(서울시 종로구)
1396년(태조 5) 서울 성곽을 쌓을 때 세운 사소문(四小門) 중 하나이다. '북문' 또는 '자하문'으로도 불린다.

출병을 서둘렀습니다. 주저하고 있던 김류는 집까지 찾아온 심기원과 원두표의 재촉을 받고 뒤늦게 합류했지요. 하지만 이괄은 김류를 받아들이려 하지 않았어요. 이귀가 나서서 중재해 김류에게 원래대로 지휘를 맡길 수 있었지요.

반정군은 **창의문**(북소문)에 이르러 빗장을 부수고 성안으로 들어갔습니다. 창의문 안에서는 이미 능양군이 군사를 거느리고 이들을 기다리고 있었지요. 광해군의 지시를 받은 이확은 군사를 이끌고 창의문 주변에 매복하고 있었지만 상황이 여의치 않아 반정군을 공격하지 않았어요. 반정군에 내응하기로 한 훈련대장 이흥립은 대궐 밖에 진을 치고 반정군의 진입을 도왔습니다. 이흥립이 창덕궁의 **돈화문**을 열자 능양군을 필두로 한 반정군은 궁궐로 무혈입성했어요. 반정군은 순식간에 **금호문**에 이르렀지요. 금호문에서도 내응하기로 한 박효립이 있었기에 반정군은 쉽게 금호문을 통과할 수 있었어요.

◐ **돈화문(서울시 종로구)**
1412년(태종 12)에 지어진 창덕궁의 정문이다. 임진왜란 때 소실되었다가 1608년(광해군 1)에 복구되었다. 이 때 세워진 것이 지금 건물이다.

○ 금호문(서울시 종로구)
창덕궁 서쪽에 있는 문이다.
대신들은 주로 이 문을 통해
궁에 출입했다고 한다.

군사들이 횃불을 들고 궁궐 안을 수색하는 과정에서 실수로 전각에 불이 붙어 인정전을 제외한 건물 대부분이 불타고 말았습니다. 궁궐에 불이 나기 전에 광해군은 반정의 고변을 보고받았으나 심각성을 인식하지 못했어요. 위급한 상황임을 깨달았을 때는 이미 늦었지요. 광해군은 사다리를 이용해 후원 쪽 담을 넘어 도망쳤습니다.

광해군 때는 400여 차례나 역모 고변이 있었다고 합니다. 광해군은 인조반정이 일어나기 직전에도 위험하다는 보고를 받았지만 그렇고 그런 고변이라고 생각한 것이지요.

광해군은 모친 공빈 김씨의 경쟁자였던 인빈 김씨 소생의 정원군이 주변에서 신망을 잃었기 때문에 정원군의 아들 능양군이 반정의 주역이 될 줄은 생각지도 못했을 것입니다. 『선조실록』에는 정원군의 패륜 행위에 대한 내용이 수도 없이 실려 있으나, 인조반정 후 서인이 쓴 『광해군일기』에는 "정원군이 어려서부터 외모가 우뚝했고 우애가 있었다."라고 기록되어 있어요. 『광해군

280   조선왕조실록을 보다 2

일기』를 쓴 주체가 서인이라는 사실을 고려하면 그 기록을 있는 그대로 받아들이기는 쉽지 않을 것입니다.

인목 대비, 즉조당에서 인조의 즉위식을 치르게 하다

인조의 측근들은 경운궁(덕수궁) 석어당으로 향했습니다. 인목 대비를 창덕궁으로 모셔 오기 위해서였지요. 이들은 반정의 명분으로 제시했던 폐모살제의 당사자인 인목 대비에게 반정을 공식적으로 승인받고자 했습니다.

처음에 인목 대비는 자신을 옭아매려는 계략이라 의심해 문을 열어 주지 않았어요. 이긍익의 『연려실기술』에는 당시의 상황이 다음과 같이 기록되어 있습니다.

"승지 홍서봉이 문안드리러 왔다고 아뢰니, 대비가 크게 노해 '이미 스스로 임금이 되었는데 나를 부르는 것은 무슨 이유냐?' 라고 했다. 인목 대비가 또 이르기를 '죄인(광해군) 부자와 이이첨 부자 및 원흉들의 목을 잘라 모두 달아맨 후에야 나가겠다.' 라고 했다."

폐모살제(廢母殺弟)
광해군이 인목 대비를 폐하고 영창 대군을 죽인 것을 말한다.

○ 덕수궁 즉조당
(서울시 중구)
선조가 임진왜란이 수습된 후 돌아와 승하할 때까지 16년 동안 거처했던 곳이다. 1623년 반정에 성공한 인조는 이곳에서 즉위했다. '즉조당'이라는 명칭은 이때부터 사용되었다.

✤ 중화전
덕수궁의 정전이다. 신하들의 조하
(朝賀)를 받거나 국가적인 행사와 의
식이 거행되었던 건물이다.

✤ 석조전
덕수궁에 지어진 최초의 서양식 석조
건물이다. 1909년에 완공한 후 10년
동안 고종의 정궁으로 사용되었다.

✤ 준명당
고종이 정무를 맡아 보던 편전이었다.
어린 덕혜 옹주의 교육을 위해 유치원
으로 사용하기도 했다. 우측의 즉조당
과 회랑으로 연결되어 있다.

⊙ 즉조당
인조가 즉위한 후부터 즉조당이라
불리게 되었다. 중화전이 건립되기
전에 정전으로 사용되기도 했다.

⊙ 석어당
덕수궁에 있는 유일한 이층 건물이
다. 피란 갔던 선조가 한양으로 돌아
와 머문 곳이다. 인목 대비가 석어당
앞뜰에 광해군을 꿇어앉히고 죄를 책
했다.

○『광해군일기』
(국보 제151호)

광해군 재위 15년 동안의 역사를 기록한 책이다. 『조선왕조실록』 가운데 유일하게 활자로 간행되지 못하고 필사본으로 남아 있다. 광해군이 폐위되었기 때문에 실록이 아닌 '일기'로 불린다.

인목 대비가 강경하게 나오자 능양군이 직접 석어당으로 갔습니다. 능양군은 엎드린 채 "혼란 중에 겨를이 없어 이제야 왔나이다."라고 말했어요. 신하들은 속히 어보(옥새)를 전해 줄 것을 청했습니다. 하지만 인목 대비는 어보를 전하는 큰일을 이렇게 늦은 밤에 초라한 예로 급히 행할 수 없다는 이유로 거절했지요. 하지만 신하들의 계속된 주청에 못 이겨 인목 대비는 결국 석어당 앞마당에서 인조에게 어보를 전했어요.

인조에게 어보를 전달한 인목 대비는 광해군에게 당한 원한을 갚아 달라고 간절히 부탁했어요. "광해군은 한 하늘 아래 같이 살 수 없는 원수이다. 10여 년 동안 유폐되어 살면서 지금까지 죽지 않은 것은 오직 이 날을 위해서다."라며 한 맺힌 절규를 토해 냈지요.

신하들은 뜻밖의 변란을 염려해 어보를 전달한 다음 즉위식도 바로 진행하고자 했습니다. 인목 대비는 즉조당에서 인조의 즉위식을 치르게 했어요. 다음 날 인목 대비는 인조에게 즉위 교서를 내려 반정의 정당성을 공표했습니다.

김자점에게 협력했던 김개시는 즉위식 당일에 목이 잘렸어요. 영의정 박승종은 양주로 달아나 군사를 일으키려 했으나, 궐 안이 평정되었다는 소식을 듣고는 아들 박자흥과 함께 스스로 목숨을 끊고 말았지요.

거사 이틀 후 광해군은 의관 안국신의 집에서 붙잡혔어요. 인목 대비는 광해군을 처형하려 했으나, 인조의 간청으로 서인으로 강등해 강화로 귀양 보냈지요. 이이첨, 정인홍 등 수십 명의 대북파는 참형에 처해졌습니다.

반정에 성공해 왕위에 오른 인조는 1610년(광해군 2년) 한준겸의 딸(인열 왕후)과 결혼해 소현 세자와 봉림 대군(효종)을 비롯한 네 명의 아들을 낳았어요.

인열 왕후가 죽은 지 3년 후인 1638년(인조 16년) 인조는 세자보다 12살이나 어린 장렬 왕후를 계비로 맞았으나 장렬 왕후에게는 소생이 없었습니다.

광해군, 강화도에서 18년이나 와신상담하다

서인이 인조반정을 일으켜 광해군과 대북파를 몰아내자 인목 대비는 대왕대비가 되었어요. 광해군은 인목 대비를 살려 놓은 대가를 톡톡히 치르게 됩니다. 인목 대비의 철저한 복수로 광해군과 그의 가족은 비참한 생활을 하다 생을 마감했기 때문이지요.

폐위된 광해군과 폐비 유씨는 강화부의 동문 쪽에, 폐세자 이지, 폐세자빈 박씨는 서문 쪽에 위리안치되었습니다. 폐세자 부부는 죽으려고 보름이나 식음을 전폐하기도 하고 목을 매기도 했지만 주변 사람들에게 발견되어 목숨은 구했지요.

○ 교동읍성
(인천시 강화군)
광해군은 교동에서 15년간 유배 생활을 했다. 교동읍성은 1629년에 축조되었다. 읍성은 군사적·행정적 기능을 함께 하는 성을 말한다.

○ 광해군 묘
(경기 남양주시)

광해군과 왕비 문성군부인
유씨의 묘다. 폐위된 후 강화
도를 거쳐 제주도에서 유배
생활을 하던 광해군은 1641
년 사망했고, 그곳에 묻혔다
가 1643년 현재의 묘소로 옮
겨졌다. 양주군에 있던 문성
군부인 유씨의 무덤도 이곳
으로 이장되었다.

폐세자 이지와 폐세자빈 박씨는 두 달쯤 지났을 때 강화도 외
부 세력과 내통을 시도합니다. 이지는 담 밑에 70척(약 21m)이나
되는 땅굴을 뚫어 울타리 밖으로 빠져나갔지만 섬 밖으로 탈출
하는 것은 실패했지요. 이지의 손에는 은 덩어리와 황해도 감사
에게 보내는 편지가 들려 있었어요. 편지의 내용은 알 수 없으나,
자신을 옹호하던 평양 감사와 모의해 반정 세력을 다시 축출하
려 한 것으로 보입니다.

결국 인목 대비와 반정 세력은 이지에게 사약을 내렸습니다.
폐세자 이지가 울타리를 빠져나갈 때 나무 위에 올라가 망을 보
고 있던 폐세자빈 박씨는 이지가 붙들리자 놀라서 나무에서 떨
어졌어요. 결국 박씨도 스스로 목숨을 끊고 말았지요. 유배 생활
을 하면서 화병을 얻은 폐비 유씨는 1년 7개월의 유배 생활 끝에
생을 마감합니다.

아들과 며느리, 아내를 모두 잃은 광해군은 유배 생활을 18년

이나 이어 나갑니다. 인목 대비와 반정 세력은 후환을 없애기 위해 몇 번이나 광해군을 죽이려고 시도했어요. 하지만 반정 이후 다시 영의정에 제수된 남인 이원익과 광해군을 동정하는 세력의 반대로 성공하지는 못했습니다.

1624년 '이괄의 난'이 일어나자, 광해군의 재등극을 우려한 인조는 광해군을 배에 실어 태안으로 옮겼다가 난이 평정되자 다시 강화도로 데려왔어요. 그해 겨울, 광해군 시절에 정승을 지낸 박홍구와 그의 아들이 경기도 인근의 군사를 동원하려다 발각되었습니다. 이들은 대궐에 쳐들어가 인조를 폐하고 광해군을 태상왕으로 삼아 인성군을 왕위에 올릴 계획을 세웠어요. 이 사건에 이름이 오른 임진왜란의 유일한 생존 영웅 정문부가 형장의 이슬로 사라졌습니다.

1628년 유배 중이던 북인 유효립이 "광해군을 복위시키거나 선조의 일곱째 서자 인성군을 추대하기로 했다."라고 진술했습니다. 유효립 일당은 광해군의 친필 서류까지 가지고 있었어요.

1636년 청이 광해군의 원수를 갚겠다며 쳐들어오자 조정에서는 광해군을 **교동**으로 옮겼습니다. 1637년 인조가 청 태종 앞에서 무릎을 꿇은 후 광해군의 복위에 두려움을 느낀 인조는 광해군을 다시 제주도로 보냈어요. 광해군은 이미 유배 생활에 이력이 났는지 자신을 데리고 다니는 별장이 윗방을 차지하고 자신을 아랫방에 내몰아도 묵묵히 참았고, 심지어 심부름하는 나인이 영감이라고 불러도 내색하지 않았어요. 광해군은 기회를 엿보며 와신상담(臥薪嘗膽, 원수를 갚거나 마음먹은 일을 이루기 위해 온갖 어려움과 괴로움을 참고 견디다)했지만 1641년(인종 19년) 67세를 일기로 생을 마감했습니다. **광해군 묘**는 경기도 남양주시에 있어요.

2 이괄의 난, 가도 사건
반정공신들의 권력 다툼이 '이괄의 난'을 부르다

1623년 **인조반정**을 계기로 정권은 북인에서 서인으로 교체되었고, 친명 배금의 사대주의가 뿌리내렸습니다. 친명 배금 정책은 결국 정묘호란과 병자호란을 불러와 임진왜란 이후 막 수습되던 국가의 기반과 경제가 다시 무너졌어요.

인조는 인목 대비 유폐를 반대하다 여주에 유배 중이었던 이원익을 영의정에 앉혔고, 광해군 때 호조 판서를 지낸 북인 김신국에게는 그대로 호조 판서를 맡겼습니다. 김류, 이귀, 신경진, 이서는 4대장으로 불렸고, 이들은 나라에서 지원한 군관 400명을 각각 거느렸어요. 반정에 공을 세운 이귀, 김류 등 33명은 세 등급으로 나누어 각각 공신으로 봉했습니다. 하지만 논공행상이 공평하지 못해 서인들이 서로 반목했지요.

반정 세력에게는 애초부터 나라와 백성을 위한 새로운 기치가 없었습니다. 그래서 반정에 성공한 뒤에도 '이괄의 난'이라는 자중지란(自中之亂, 같은 편끼리 하는 싸움)이 일어났지요. 이괄은 함북 병마절도사가 되어 부임하기 직전인 1622년(광해군 14년) 인조반정에 가담해 거사의 작전 지휘를 맡아 반정을 성공으로 이끌었습니다. 이괄은 반정군 대장의 임무를 맡았지만 김류가 뒤늦게 나타나서 어쩔 수 없이 대장 자리를 내줄 수밖에 없었습니다. 게다가 반정에 처음부터 참여하지 않았다 해 2등 공신으로 책봉되었고, 한성 판윤에 임명되었다가 평안 병사 겸 부원수가 되어 영변으로 가게 되었지요. 목숨을 걸고 반정에 앞장선 이괄로서는 2등 공신에 책봉된 것에 내심 불만이 많았을 거예요.

이괄이 평안 병사로 부임하던 당시는 후금의 누르하치가 명의 요동 지방을 함락하고 조선을 언제 침략할지 모를 긴박한 시기였어요. 따라서 친명 배금 정책을 쓰고 있던 조선으로서는 북방 경비가 가장 중대한 국가적 과제였지요.

당시 변방 수비를 책임진 사람은 도원수 장만이었습니다. 장만은 광해군 때 함경도 관찰사, 형조 판서, 병조 판서 등의 요직을 두루 거쳤어요. 장만은 반정 공신은 아니었지만 국경 지역에서 근무한 점과 사위 최명길을 비롯한 인조반정 주체 세력과의 인연 등이 고려되어 도원수에 임명되었지요.

부원수의 후보로는 이서와 이괄이 올랐는데, 인조는 누구를 지명해야 할지 몰랐어요. 인조가 도원수 장만에게 부원수 지명을 요청하자, 장만은 전투 경험이 많은 이괄을 부원수로 지명했지요.

최전방의 군대를 직접 지휘하는 부원수는 도원수 못지않게 중요한 직책이었습니다. 북방 수비대의 병력 약 1만 5,000명 가운데 주력 부대 만 명은 이괄의 지휘하에 있는 평안도 영변에 주둔하고 있었어요. 지원 부대 5,000명은 장만의 지휘하에 있는 평양에 주둔하고 있었지요.

이괄 역시 긴박한 시기에 중요한 직책을 맡았다는 책임감을 느끼고 있었습니다. 그래서 영변에 출진한 후 군사 조련, 성책 보수, 진영의 경비 강화 등 여진족의 침략에 대비하고 있었어요. 변방

○ 정사공신 교서
(국립중앙박물관)
정사공신은 인조반정에 공을 세운 사람에게 내린 칭호 또는 그 칭호를 받은 사람을 말한다.

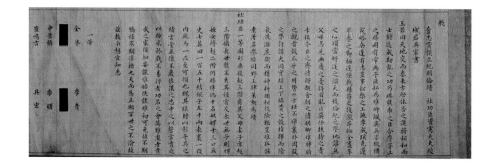

수비의 중요성을 고려할 때 인조가 이서를 제치고 이괄을 변방으로 보낸 것은 이괄의 풍부한 전투 경험과 통솔력을 높이 샀기 때문이었어요.

인조반정 이후 정권을 안정하기 위해 고변을 장려하는 분위기여서 인조 초기에는 반정에 대한

고변이 줄을 이었습니다. 인조반정 후 반대 세력을 경계하던 공신들은 이괄을 이용해 남아 있는 한명련, 정충신, 기자헌 등 광해군과 친분이 있던 북인 세력을 제거하기 위해 음모를 꾸몄어요.

1624년 1월 문회, 허통 등은 이전(이괄의 아들), 한명련, 정충신 등이 변란을 꾀하고 있다고 인조에게 고변했습니다. 이괄을 신임하던 인조는 고변을 쉽게 믿지 않았지요.

엄중한 조사 끝에 무고임이 밝혀지자 조사 담당관들은 문회, 허통 등 고변자들을 사형시켜야 한다고 주장했습니다. 인조는 조사 담당관의 의견에 동의했지만 서인 집권 세력의 반대로 실행에 옮기지는 못했어요. 당시 집권 세력인 김류, 김자점 등은 자기 세력인 문회, 허통 등이 허위 고변을 한 사실이 밝혀졌는데도 인조에게 후환을 없애기 위해 이괄을 국문하고 부원수직에서 해임해야 한다고 주장했지요.

인조는 이괄의 외아들 이전을 모반 여부를 조사한다는 명목으로 한양으로 압송하기 위해 금부도사와 선전관을 영변으로 보냈습니다. 이것이 화근이었어요. 변방 수비에 전력을 다하고 있던 이괄은 자신과 외아들을 역모로 몰고 있는 서인 세력에 분개했지요.

인조, 이괄의 반란군을 피해 공주로 도망가다

이괄은 아들이 모반죄로 죽게 되면 자신도 온전할 수 없다고 판단했습니다. 마침내 조정의 금부도사와 선전관의 목을 베고 반란을 일으켰어요. 반정 주체 세력 간의 권력 다툼이 결국 이괄의 난을 불러일으킨 것입니다. 어처구니없게도 이괄의 난은 사전 계획에 의한 반란이라기보다 집권층의 의구심에 의한 우발적인 반란이었어요. 당시 조선 조정은 그토록 허술했답니다.

반란을 일으킨 이괄은 모반 혐의로 한양으로 압송 중이던 구성 부사 한명련을 구출해 내 반란에 가담하도록 했어요. 병력 운용에 능했던 한명련은 이괄과 서로 긴밀한 관계를 맺고 반란군을 지휘하였습니다. 이괄은 근처에 있던 정충신, 남이흥에게 거사에 동참해 달라는 서신을 띄웠어요. 안주 목사 정충신은 도원수 장만에게 합류했고, 남이흥은 이괄의 편지를 조정에 바쳐 반란의 증거물로 삼았습니다.

1624년(인조 2년) 1월 22일 이괄은 항복한 왜병 130여 명을 선봉으로 삼고, 만여 명의 군사를 이끌며 영변을 출발했어요. 도원수 장만이 주둔하고 있는 평양을 피해 샛길로 곧장 한양을 향해 진군했지요. 장만은 이괄이 반란을 일으켰다는 첩보를 입수했으나, 휘하의 군사가 수천 명에 불과해 이괄의 정예군과 정면으로 맞서 싸울 상황은 아니었어요.

1월 28일 이괄의 군대가 평양 근처에 진군해 왔을 때, 도원수 장만 휘하의 중군 남이흥은 이괄의 부하들에게 투항을 권유하는 유인물을 뿌렸습니다. 마지못해 이괄의 반란군에 참여한 이괄의 부하들과 병사 4,000여 명이 유인물을 보고 마음이 동요해 도주하는 사태가 벌어졌지요.

이괄의 군대는 황주에서 장만이 보낸 관군과 마주쳤어요. 이번에는 이괄이 한명련의 계책에 따라 허전과 송립을 거짓으로 항복하게 해 관군을 방심하게 했지요. 이 틈을 타 이괄은 관군을 대파하고 선봉장 박영서 등을 사로잡아 죽였습니다.

이괄은 한양으로 쉬지 않고 진격했어요. 이괄의 행군 속도가 어찌나 빨랐던지 관군 측에서 소재조차 제대로 확인하지 못하는 경우가 많았다고 합니다. 2월 6일 이괄의 군대는 평산 부근의 저탄에 머물고 있던 풍천 부사 박영신과 평산 부사 이확의 관군을 급습해 전멸했어요. 2월 7일에는 항복한 왜인을 잠입시켜 개성에 주둔하던 경기 감사 이서의 부대 3,000명을 혼란에 빠뜨렸습니다. 그사이 임진강 주변에 진을 치고 있던 수원 부사 이흥립과 파주 목사 박효립의 군대를 물리쳤지요.

예성강 상류 지역에서 또 한차례 관군을 대파한 이괄은 개성을 지나 임진강 나루터를 지키고 있던 관군을 기습 공격해 무너뜨렸습니다. 임진강 전투에서 관군이 대패했다는 소식을 들은

○ 공산성(충남 공주시)
백제 때 축성된 산성이다. 원래 웅진성으로 불렸으나 고려 시대 이후 공산성으로 불렸다. 지금은 인조가 머물렀던 쌍수정과 사적비, 진남루, 공북루 등이 남아 있다.

인조는 기자헌 등 옥에 갇혀 있던 수십 명의 대북 세력들이 이괄의 군대와 몰래 내통할 가능성이 있다고 판단해 그들을 모두 처형했습니다.

2월 8일 인조는 명에 파병을 요청하고 한양을 떠나 공주로 향했습니다. 수원에서 한숨 돌린 인조는 "이괄의 군대가 어째서 저렇게 강하냐?"라고 물었어요. 신하들은 "항복한 왜인을 우리 관군이 상대하기 어렵다 하옵니다. 왜관에 머물고 있는 왜인 1,000여 명을 보내 달라고 하는 게 어떠신지요?"라고 청했지요. 난리가 났을 때 무능한 조정은 스스로 해결할 힘이 없었고, 임진왜란을 잊어버리기라도 한 듯이 왜인의 힘을 빌리고자 했어요. 인조가 사신을 보내려 하자, 이원익이 "뜻밖의 환란이 일어날 수 있습니다."라며 반대해 왜인 요청은 무산되었습니다.

2월 11일 이괄군은 출병 19일 만에 한양에 입성해 경복궁의 옛터에 주둔했습니다. 조선 건국 이래 지방에서 반란을 일으켜 한양을 점령한 것은 이괄의 군대가 처음이었어요.

바람의 방향이 바뀌면서 이괄의 군대가 무너지다

이괄은 선조의 아들 흥안군을 왕으로 추대하고, 각처에 방을 붙여 백성이 각자 생업에 충실하도록 했으며, 새로운 행정 체제를 갖추기도 했습니다.

이 무렵 도원수 장만의 군사와 각지에서 합류한 관군 연합은 이괄 군대의 뒤를 쫓아 한양 근교에 이르렀어요. 장만과 정충신 연합군은 지형상 유리한 인왕산 **길마재**(무악재)에 올라가 진을 쳤시요. 이튿날 이괄은 아침밥을 먹기 전에 관군을 격퇴하겠다고 자신 있게 말했습니다. 한명련의 선봉대가 항복한 왜병을 이끌고 길마재에 진을 치고 있는 정충신의 군대를 향해 올라갔고 이괄은 중앙에서 군을 총지휘했어요.

관군과 반란군이 결전을 벌인다는 소문이 퍼지자 한양의 백성은 싸움을 구경하기 위해 도성의 높은 곳에 몰려 혼잡을 빚기도 했다고 합니다.

처음에 정충신의 군대는 한명련의 군대에 밀렸습니다. 그런데 갑자기 바람의 방향이 바뀌어서 정충신의 군 쪽에서 쏘는 총알과 화살이 위력을 발휘하였어요. 이괄의 군대에서 한 장수가 관군의 화살에 맞아 쓰러지자 이를 본 남이홍이 "이괄이 화살에 맞았다."라고 소리쳤지요. 이괄의 군대는 상황이 여의치 않음을 깨닫고 후퇴하기 시작했어요.

이날 밤에 이괄, 한명련 등은 수백 명의 패잔병을 이끌고 수구문(지금의 광희문)을 지나 도성을 빠져나갔습니다. 이들은 삼전도를 거쳐 광주로 달아나서 광주 목사를 죽이고 이천에 이르렀어요.

○ **무악산에서 내려다 본 도성과 경복궁**
이괄의 난이 일어났을 때 백성들은 도성 위에서 전투가 진행되는 상황을 지켜보았다고 한다.

다음 날 이괄이 부하 장수에게 피살됨으로써 이괄의 '삼일천하'는 막을 내렸습니다. 2월 22일 한양으로 돌아온 인조는 이괄의 반란 평정에 공을 세운 장만, 정충신, 남이흥 등 32인을 진무공신으로 포상하고, 난의 수습책을 마련했어요.

뛰어난 장수였던 이괄이 나라를 지키는 장수가 되지 못하고, 역모에 휘말려 집권 세력 간에 싸움이 일어난 것은 안타까운 일입니다. 시대를 잘못 만난 이괄은 광해군에게 칼을 들이대고, 이어 인조에게도 칼을 들이댄 '반역도'로 역사에 남게 되었지요.

이괄의 난은 정묘호란과 병자호란의 발단이 되기도 했습니다. 한명련의 아들 한윤은 반란군에 가담한 아버지가 살해당하자 후금으로 도망쳐 강홍립의 부하가 되었어요. 정묘호란 때는 후금군의 길잡이가 되어 조선을 침략하는 데 앞장섰지요.

길마재 (서울시 서대문구)

서대문구 현저동에서 홍제동으로 넘어가는 고개를 말한다. 인왕산과 무악산 사이에 있다. '길마재'라는 이름은 고개가 소의 등에 얹는 안장인 길마처럼 생겼다는 데서 유래되었다. 이괄의 난이 일어나자 장만과 장충신 연합군은 지형상으로 유리한 길마재에 올라가 진을 쳤다. 이괄은 관군을 쉽게 격퇴할 것으로 예상했지만, 바람의 방향이 바뀌는 바람에 후퇴하고 말았다.

✪ 길마재의 옛 모습

가도에 주둔한 모문룡, 군량만 축내다

광해군은 실리에 입각한 중립 외교를 추구했습니다. 당시 대륙에서는 누르하치가 여진족을 통일하고 후금을 세워 명과 패권을 다투고 있었어요. 광해군은 명과 후금 사이에서 벌어지는 전쟁의 소용돌이에 휘말리지 않으면서, 임진왜란으로 혼란에 빠진 국가 체제를 복구하려고 했지요. 반면, 인조는 친명 배금 정책을 표방했습니다. 사대주의는 반정으로 획득한 정권을 유지하기 위한 명분에 불과했지요. 국제 정세를 냉철하게 판단하기보다는 조정의 기득권만 유지하려 했던 인조와 서인 세력은 정묘호란과 병자호란을 불러일으켰습니다.

1621년(광해군 13년) 후금의 공격으로 명은 요동 지역을 빼앗겼습니다. 이에 명의 장수 **모문룡**은 수많은 피란민을 데리고 조선 땅인 평안도로 근거지를 옮겼어요. 명과 후금 양쪽의 눈치를 보던 조선의 입장에서는 그리 달갑지 않은 일이었지요.

모문룡은 의주 일대의 한족 세력을 모아 후금 병사 수십 명을 죽이는 전과를 올렸습니다. 후금이 보복에 나서자 모문룡은 평민의 옷으로 갈아입고 도주했어요. 나중에 후금이 철수하자 다시 한인들을 모아 요동 수복을 외쳤지요. 문제가 된 것은 패잔병이었던 모문룡이 조선에서 토색질을 했다는 사실입니다. 광해군은 1622년 11월 모문룡의 군사를 평안북

○ 모문룡 비각
모문룡(1576~1629)은 중국 명 말기의 무장이다. 평안도 가도에 진을 치고 조선을 이용해 후금을 공격하려 했다. 전횡을 일삼다가 원숭환에게 살해당했다.

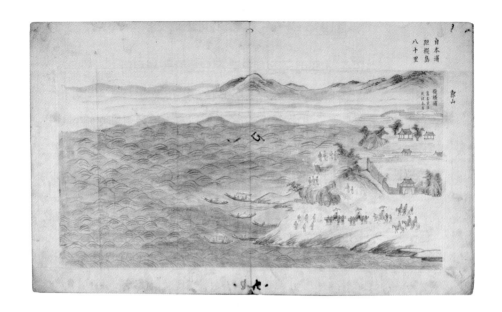

도 철산 앞바다에 있는 가도로 옮기게 했어요. 이는 명과 후금의
관계를 고려하면서 조선 땅에서 전쟁이 일어나는 것을 예방하는
한편, 명의 군사들이 조선 백성을 수탈하지 못하게 하려는 조치
였지요.

인조반정 세력은 권력을 잡고 난 후 백성을 못살게 굴었던 모문
룽에게 온갖 편의를 제공했습니다. 친명 배금 정책의 일환이었지
요. 모문룽에게 지원한 군량만 해도 한 해에 10만 석이 넘었다고
합니다. 이는 당시 한 해 조선 전체 경비의 3분의 1에 해당할 정도
로 엄청난 양이었어요.

인조반정 세력은 모문룽에게 잘 보여 명의 인정을 받으려 했
습니다. 하지만 명은 인조가 등극한 지 2년이 지나도록 책봉에
성의를 보이지 않았어요. 3년째 되어서야 조선은 명의 책봉을 받
을 수 있었지요. 당시 조선에 들어왔던 명의 사신은 만 냥의 은을
요구했습니다. 심지어 행차할 때 강에 다리가 없으면 '무교가(無
橋價)'라는 명목으로 돈을 받아 냈다고 해요.

○「항해조천도」
(국립중앙박물관)

조선 인조의 책봉을 요청하
기 위해 명에 파견된 사신 이
덕형 일행의 모습을 담은 그
림이다. 그림은 스물 다섯 장
면 중 하나이다.

3 정묘호란, 병자호란

인조, 친명배금 정책으로 정묘호란을 부르다

후금에서는 태조 누르하치에 이어 1626년 태종 **홍타이지**가 새 칸으로 즉위했어요. 홍타이지는 누르하치의 여덟 번째 아들입니다. 후금의 태종은 1627년 1월 군사 3만 명을 이끌고 조선을 침략했어요. 중국 본토에서 명과 일전을 벌이기 전에 후방을 안정하기 위해서였지요.

1627년 1월 13일 홍타이지의 사촌인 대**패륵** 아민은 군사를 이끌고 압록강을 넘어 평안도 의주로 들이닥쳤습니다. 조선의 관문이자 국방의 요새인 의주성은 이순신의 조카 이완이 3,000명의 병력으로 철통같이 지키고 있었어요. 성을 직접 공격하는 것은 생각보다 쉽지 않았지요. 아민은 의주성의 탈주병으로부터 성의 내부 정보를 받았습니다. 다음 날 새벽, 아민의 군대는 의주성으로 들어가는 수로로 몰래 침입해 결국 성을 함락했어요.

의주성을 함락한 아민의 군대가 다시 용천으로 밀려오자, 용천 부사 이희건은 용천 군민을 용골산성으로 이동시켰습니다. 이희건은 군대를 이끌고 적진으로 돌진했으나 전멸당하고 말았지요. 하지만 산성 안의 군민들은 의병장 정봉수를 중심으로 끝까지 대항했습니다. 이때 주변 지역에서 성안으로 모여든 의병이 무려 만여 명에 달했어요. 1월 15일 후금의 주력 부대 약 2만 명이 용골산성을 공격했으나 의기투합한 의병을 쉽게 이길 수 없었습니다. 이에 후금군은 작전을 바꾸었어요. 성의 동문, 서문, 남문에 공격을 집중하는 척하면서 수비가 허술해진 북문을 집중적으로 공략했습니다. 결국 용골산성도 함락되고 말았습니다.

패륵(貝勒)
중국 청 시대에 만주인 종친들과 몽골의 외번(外藩)들에게 봉해진 작위 가운데 하나다. 만주어로 부장(部長)이라는 뜻의 패륵은 친왕, 군왕에 이어 세 번째로 지위가 높다.

○ 홍타이지(1592~1643)
청의 제2대 황제이다. 국호를 후금에서 '청'으로 고쳤다. 연호를 숭덕이라 했으므로 '숭덕제'라 불린다.

같은 날 후금의 일부 병력은 평안도 앞바다의 가도로 향했습니다. 가도에 주둔하던 명의 모문룡이 후금군의 배후를 자주 습격했기 때문이었지요. 후금의 태종은 명과 조선 사이의 유대 관계를 끊을 목적으로 가도를 공격하고 모문룡을 선천 신미도로 몰아냈어요.

1월 17일 조선 조정은 후금의 군대가 선천, 곽산까지 침입했다는 보고를 받았습니다. 인조가 영중추부사(領中樞府事, 조선 시대에 둔 중추부의 으뜸 벼슬로 정1품의 무관 벼슬) 이원익에게 적의 진격 속도를 묻자, 이원익은 "철기(鐵騎)로 거침없이 쳐들어온다면 하루에 8~9식(息, 1식은 30리이고, 30리는 약 11.78km)의 길을 달릴 수 있습니다. 그러니 시급히 대비해야 합니다."라고 답했어요. 하루에 94~106km를 진군할 수 있는 속도이므로, 닷새면 한양까지 도달할 수 있었습니다.

1월 21일 정주의 능한산성 함락 소식을 접한 조정은 분조를 준비했습니다. 같은 날 후금의 약 2만 병력은 청천강을 건너 **안주성**을 공격하기 시작했어요. 후금 군사들이 안주성 성벽을 넘자 남이흥과 장수들은 준비해 둔 화약을 터뜨려 자폭했습니다. 후금군은 비록 성을 점령했지만 기가 질릴 수밖에 없었지요.

❂ 안주의 백상루

평안남도 안주시 안주 읍성에 있는 조선 시대의 누각이다. 100가지 경치를 볼 수 있다는 백상루는 관서 8경의 하나로 꼽혀 '관서 제일루'라 불리기도 했다.

⊙ 원숭환(1584~1630)
중국 명 말기의 장군이다. 후
금의 침략에 맞서 요동 방어
에 큰 공을 세웠지만 모반죄
로 처형당했다.

안주성이 함락되었다는 소식에 겁을 먹은 평양성의
조선군은 모두 도주해 버리고 말았습니다. 2,000여 명
의 평양 군민이 성에 남아 후금군을 막아 보려 했지만
역부족이었어요. 1월 24일 마침내 평양은 후금군의 손
에 넘어갔고, 이튿날에는 황주까지 함락되었지요.

후금군은 파죽지세로 한양을 향해 밀고 내려왔습니
다. 평산에서 방어진을 치고 있던 도체찰사 장만은 예
성강 남쪽인 개성으로 물러나 진을 치고 적과 대치했
어요. 한편, 조정은 분조를 단행했고 소현 세자가 이원익 등과 함
께 전주로 향했습니다. 26일에는 인조마저 강화도로 파천(播遷,
임금이 도성을 떠나 다른 곳으로 피란하던 일)했어요.

아민의 후금군은 한양으로 곧장 진격하지 않고 사신인 유해를
강화도로 보냈습니다. 1627년 2월 2일 강화도에 도착한 서신에
는 "귀국은 명과의 왕래를 끊고, 후금은 형의 나라가 되고 조선
은 아우의 나라가 되어야 한다."라는 내용이 적혀 있었지요.

조선은 "우리가 하루아침에 황조(皇朝, 황제의 조정)를 저버린
다면 귀국이 장차 우리를 어떻게 여기겠소."라는 내용의 국서를
보내 명과 국교를 단절하는 사태를 막았어요.

후금의 제안에 따라 인조는 유해와 함께 화친을 약속하는 맹
세를 올렸습니다. 화친이 이루어짐에 따라 후금군은 청천강 이
북으로 물러났어요. 이로써 1627년 1월 중순부터 3월 초까지 약
2개월간 벌어진 정묘호란이 막을 내렸습니다. 선왕 광해군은 후
금과 화친했다 해 반정으로 쫓겨났지만, 후금을 적대시하던 인
조는 백성을 전란의 소용돌이에 빠뜨리고 굴욕적인 화친을 맺었
지요. 역사의 아이러니입니다.

한편, 요동 수복을 부르짖던 모문룡은 후금과 무모한 전투를

일삼아 패배를 거듭했고, 후금에 화친까지 청했습니다. 1629년 6월 요동 경략 **원숭환**은 자신의 안위만 도모하던 모문룡을 영원성으로 불러들여 참수했어요. 이로써 쇠퇴하는 명, 떠오르는 후금, 관망하는 조선 사이에 뜨거운 감자였던 가도 사건은 일단락되었습니다.

명분만 앞세운 척화론, 후금을 자극하다

후금과 형제 관계를 맺은 조선은 정기적으로 사신을 교환했고 후금의 요구에 따라 예물도 보냈습니다. 하지만 중강과 회령에 개시를 열어 후금 상인에게 숙식까지 제공하는 불평등 무역이었어요. 또한 후금은 식량 공급을 강요하고 병선을 요구하는 등 온갖 압박을 가해 왔으며, 압록강을 건너 민가에 침입해 약탈하기도 했지요. 후금의 만행이 날로 심해지자 조정에서는 '척화 배금(斥和排金, 후금에 대해 화의를 반대함)' 여론이 들끓으면서 군사를 일으켜 후금을 치자는 주장까지 나왔어요.

한편, 후금은 후금대로 조선에 대해 불만이 많았습니다. 조선이 명에는 조공을 꼬박꼬박 바치고 사절단도 보냈지만 후금에는 약속했던 조공을 바치지 않았기 때문이었지요.

1636년(인조 14년) 2월 어느 날, 후금의 사신 용골대는 인조 비 한씨의 문상을 위해 조선에 사신으로 왔습니다. 이때 용골대는 "후금의 칸 홍타이지가 황제에 오르려 한다. 형제의 나라인 조선과 의논하고자 한다."라는 문서를 전했어요. 하지만 조선 조정은 오랑캐의 나라가 황제를 칭하는 것은 **분수**에 넘친다고 여겨 분노했지요.

당시 후금은 만주 대부분을 석권하고 만리장성을 넘어 북경 부근까지 공격할 정도로 위세를 떨치고 있었습니다. 조선의 배후인 만주를 손에 넣은 후금은 조선에 정묘호란 때 맺은 '형제의 맹약'을 '군신의 의'로 바꿀 것을 강요했어요. 게다가 황금 만 냥과 백금 만 냥, 전마 3,000필 등의 예물과 병사 3만 명을 요구했습니다. 종전보다 훨씬 무리한 요구였지요.

조선 조정에서 척화 배금을 주장하는 신하들이 많아지자 인조도 이에 동조해 후금 사신의 접견을 거절하고 국서를 받지 않았어요. 우의정 이성구, 이조 판서 최명길 등은 후금을 대하는 데 좀 더 신중해야 한다고 주장했으나 홍익한, 윤집, 오달제를 비롯한 유생들은 후금 사신을 처벌해야 한다고 시위했어요.

조선의 분위기가 심상치 않음을 눈치챈 사신은 민가에 있던 말을 훔쳐 타고 도주했습니다. 사신은 도망치던 도중 조선 조정에서 평안도 관찰사에게 내린 공문을 빼앗아 본국으로 가져갔어요. 공문에는 전시를 대비해 병사들의 군기를 다잡고 군비를 손질하라는 내용이 있었지요. 이를 본 후금의 태종은 조선이 침략 준비를 하고 있다고 여겨 조선을 다시 공격하기로 마음먹습니다.

1636년 4월 후금의 홍타이지는 국호를 '청'으로 고치고 연호를 '숭덕'이라 해 황제 즉위식을 거행했습니다. 이는 명을 칠 준비가 갖추어졌다는 사실을 대대적으로 공언하는 것이나 다름없었어요. '황제'라는 칭호를 사용한다는 사실 자체가 바로 그런 의미를 담고 있었지요. 청 태종은 황제 즉위식에 참석한 조선 사신에게 "왕자를 볼모로 보내서 사죄하지 않으면 대군을 일으켜 조선을 공략하겠다."라고 경고했습니다. 청의 요구는 척화 의지

○ 대명여지도 중 산동 여도2
명의 학자이자 관리인 이묵이 제작한 지도이다. 지도에는 요녕성 남부 지역이 나타나 있다. 윗부분에 굵은 선으로 그려진 부분이 만리장성이다.

가 고조되고 있는 조선 조정에서 받아들일 리 없었습니다.

청이 터무니없는 요구를 계속하자 조선에서는 정묘약조를 무시하고 청에 선전 포고를 하려는 움직임까지 일어났습니다. 조선 조정은 국제 정세에 어두운 것을 넘어서 소중화 의식에 사로잡힌 눈뜬장님이었지요.

보다 못한 도원수 김시양과 부원수 정충신이 나서서 왕에게 상소를 올렸습니다. "청과 국교를 끊는 것이 나라와 함께 죽겠다는 뜻이라면 신들이 감히 이의를 제기할 수 없을 것이옵니다. 국교를 끊는 것이 저들을 결코 두렵게 하지 못할 것이니 이처럼 위험한 계책이 어디 있겠나이까?" 현장의 장수로서 현실을 정확히 내다본 상소였지요. 구중궁궐에 앉아 있는 인조와 대신들이 직접 승산 없는 싸움터에 나서야 한다면 전쟁도 불사하겠다는 말을 쉽게 할 수는 없었을 거예요.

하지만 인조는 무신이 조정을 지휘하려 들었다는 이유를 들어 도원수와 부원수를 김시양과 정충신에서 김자점과 윤숙으로 교체했어요. 그런 후에 인조는 "오랑캐가 침략하면 과인이 앞에 나가 장수를 격려하고 군민을 위로하겠다."라며 결전의 의지를 다졌습니다.

1636년 9월 최명길은 "강물이 얼면 재앙이 목전에 닥칠 것"이라고 경고했어요. 그러자 척화론자들은 "최명길의 목을 베야 한다."라고 주장했지요. 하지만 최명길은 척화론자들의 명분론에 굽히지 않고 "청은 원래 다른 뜻이 없는데, 우리가 먼저 도리를 잃은 것이 많습니다. 우리가 신의를 지키지 않으면 오랑캐보다 못한 나라가 됩니다."라고 상소를 올렸어요. 척화론자들은 자신들의 목줄과 같은 성리학이나 소중화론을 유지하는 것이 백성의 안위보다 먼저였지요.

소중화(小中華) 의식
중국이 세계의 중심이라는 중화사상에 빗대어, 조선이 중화 문명과 비슷하거나 명 멸망 이후 중화 문명을 계승하였다는 인식이다.

청, 싸움 한 번 없이 닷새 만에 한양에 오다

1636년(인조 14년) 12월 1일 청 태종은 청군 약 7만 8,000명과 몽골군 약 3만 명, 한족 군사 약 2만 명 등 총 12만 8,000여 명의 연합군을 이끌고 몸소 조선 정벌에 나섰습니다. 이렇게 해서 '병자호란'이 일어났어요. 이 와중에도 조선 조정은 전쟁 대비는 하지 않고 '척화냐 화친이냐'를 놓고 논쟁을 벌이고 있었지요.

청 태종은 속도전을 내세웠어요. 선봉 마부태는 접전을 피하며 강화도로 가는 길을 막았고, 좌익군 다탁은 선봉을 따라간 후 한양의 남쪽을 차단했으며, 우익군 다이곤은 벽동, 창성, 영변으로 진군해 강화도를 점령하게 했지요.

용골산 **봉수대**에서 봉화 두 개가 피어올랐어요. 적이 국경 근처에 출몰했다는 신호였지요. 사리원 부근 정방산성에 있던 김자점은 "겁먹은 놈들이 봉화를 피운다."라고 화냈어요. 다음 날에도 봉화 두 개가 올라오자 부하 한 명을 의주로 보냈습니다. 의주에 다녀온 부하는 "압록강 주변에 청군이 새까맣게 몰려 있

○ 무악산 동봉수대
(서울시 서대문구)
조선에서는 봉수대에 봉화나 연기를 피워서 위급한 소식을 전달했다. 한양에는 다섯 군데의 봉수대가 있었는데, 평안도와 황해도에서 오는 봉수가 전달되는 곳이 무악산 동봉수대였다.

다."라는 보고를 올렸어요. 김자점은 "압록강이 얼지도 않았는데 적이 내려온다고 입을 나불대느냐."라고 화내며 부하의 목을 치려고 했습니다. 김자점은 정방산성에서 한양까지 봉수대를 연결조차 하지 않았어요.

12월 9일 청의 선봉 마부태는 좌익군을 이끄는 다탁의 명령에 따라 의주 부윤 임경업이 굳게 지키고 있던 백마산성을 피해 밤낮을 달려 남하했어요. 13일 도원수 김자점은 그제야 적이 안주에 도달했다는 장계를 보냈지요. 하지만 이미 정방산 일대까지 도달한 적은 교전을 피한 채 한양을 향해 내달렸어요. 적의 침략을 알리는 전령이 적의 뒤를 따라가는 기막힌 상황까지 벌어졌지요. 문제는 의주를 지키던 임경업도, 황해도를 지키던 김자점도 청군의 뒤를 추격하지 않았다는 거예요.

황해도 황주 주변에서 반격하려는 계획을 세웠던 조정은 극도의 혼란에 휩싸였습니다. 12월 14일에는 청군이 개성을 통과했다는 급보가 날아들었어요. 하루 만에 청군이 천 리를 내달았다는 것은 김자점이 늑장 보고를 하지 않고서는 어려운 일이었습니다. 청군이 그렇게 빨리 내려올 줄 몰랐던 조정은 당황한 나머지 14일 아침에 세자빈 강씨, 원손(왕세자의 맏아들), 인조의 둘째 아들 봉림 대군, 셋째 아들 인평 대군을 모두 강화도로 피신시켰어요.

청군은 싸움 한 번 하지 않고 거센 파도처럼 한양으로 들이닥쳤습니다. 심양에서 출발한 청군이 압록강까지 진군하는 데 열흘 정도 걸렸는데, 압록강에서 한양까지 오는 데는 닷새밖에 걸리지 않았어요. 이런 어처구니없는 결과가 임진왜란과 정묘호란을 치른 나라에서 어떻게 또다시 되풀이될 수 있는지 여전히 의문입니다. 문제는 지금부터예요.

인조, 강화도 길이 막혀 남한산성에 들어가다

인조는 남대문을 통해 한양을 빠져나와 강화도로 향했습니다. 그
때 적군의 동태를 살피던 군졸이 달려와 "청군이 벌써 양철평(지
금의 불광동 부근)을 통과했고, 강화도로 가는 길을 막고 있습니
다."라고 보고했어요.

인조는 다시 성안으로 들어와 남대문 누각에 앉아 사후 대책
을 논의했습니다. 열띤 논의 끝에 최명길이 청군의 진격을 지연
하는 동안 인조 일행은 남한산성으로 가기로 했어요.

인조 일행이 **남한산성**으로 들어간 후, 영의정 김류는 "남한산
성이 천혜의 요새이기는 하나 지리적으로 고립될 우려가 있으
므로 밤의 어둠을 틈타 강화도로 옮겨가야 합니다."라고 주장했
습니다. 이에 동의한 인조는 15일 새벽 강화도로 떠나려 했어요.
마침 눈이 내린 뒤라 산길이 미끄러워 왕은 말에서 내려 걸어서
갔습니다. 하지만 여러 번 미끄러져 결국 강화도로 가는 것을 포
기하고 다시 산성으로 돌아왔지요.

인조가 남한산성에 머무르자 한양 주변의 관리들이 각각 수백

○ 남한산성 행궁
(경기 광주시)
행궁은 임금이 궁 밖으로 행
차할 때 임시로 머물던 별궁
을 말한다. 1626년(인조 4)에
완공된 남한산성 행궁은 백
제 때의 토성을 석성으로 개
축한 것이다. 병자호란 당시
임시 궁궐로 사용되었다.
경기문화재단 제공

명의 군사를 이끌고 남한산성으로 집결해 성안에 병사가 약 1만 3,000명에 이르렀습니다. 사실은 대부분이 훈련을 제대로 받지 못한 노비들이었지요. 성안에는 양곡 1만 4,300여 석, 잡곡 3,700여 석, 장 220여 항아리가 있었는데, 겨우 50일 정도 견딜 수 있는 식량에 불과했답니다.

12월 16일 청군의 선봉 부대는 이미 남한산성에 도달했고, 담태의 군사도 한양에 입성해 그길로 한강을 건너 남한산성을 포위했어요. 12월 18일 포위당한 조선군 진영에서는 장사를 뽑아 성 밖으로 나가게 해 적군 여섯 명을 죽였습니다. 20일에는 훈련대장 신경진의 군사가 출전해 적군 30명을 죽였고, 자원군이 출전해 적군 50여 명을 죽였어요. 하지만 이렇다 할 큰 싸움은 없었습니다. 그사이 12월의 혹한과 기아가 성안 사람들을 괴롭혔어요.

한양의 방어를 맡았던 유도대장 심기원은 있는 힘을 다해 싸웠지만 청군의 매복에 걸려 전멸하고 말았습니다. 황주의 정방산성에 은거해 있던 도원수 김자점도 청군을 기습했으나 적의 반격으로 대패했어요.

◉ 남한산성(경기 광주시)
신라 시대에 쌓은 주장성 터를 활용해 축성한 조선의 산성이다. 후금의 위협을 받고 이괄의 난을 겪은 인조가 1624년 다시 고쳐 쌓았다. 우리나라 산성 가운데 시설이 가장 잘 완비된 산성으로 꼽힌다. 2014년에 유네스코 세계 문화유산에 등재되었다.
경기문화재단 제공

조선의 4만 대군, 쌍령에서 청의 300여 기병에 대패하다

12월 19일 조선 조정은 도원수와 부원수 및 각 도의 감사와 병사에게 근왕병을 모집할 것을 명했습니다. 경상 감사 심연은 왕을 구하기 위해 경상 좌병사 허완과 경상 우병사 민영을 선봉으로 삼아 4만여 명의 병사를 이끌고 남한산성으로 진격했어요. 구원병은 남한산성이 포위된 지 약 2주 후인 12월 30일에 **雙嶺**에 도착했지요. 쌍령은 지금의 경기도 광주시 초월읍에 있는 크고 작은 두 고개를 가리킵니다. 허완과 민영이 이끄는 조선군은 고개 양쪽에 각각 진을 치고 목책을 세운 후 전국 각지에서 집결할 조선군을 기다렸어요.

1637년 1월 3일 남한산성 인근에 주둔하던 청군 6,000여 명이 지금의 곤지암인 현산을 점령하고 쌍령으로 척후병 300여 기를 보냈습니다. 청군과 마주친 허완은 제대로 맞붙어 보지도 못하고 적의 척후병에 의해 전사하고 말았지요. 『연려실기술』에는 "허완이 나이가 많고 겁에 질려서 출병할 때 눈물을 흘리니 사람들은 허완이 반드시 패할 것을 알았다."라는 구절이 나옵니다.

조선군은 조총으로 청군을 저지했지만 무분별한 사격으로 화

○ **쌍령(경기 광주시)**
병자호란 당시 남한산성이 포위되자 병마절도사 허완 등이 청군과 맞서 싸운 곳이다. 쌍령 전투는 임진왜란 때의 칠천량 해전, 6·25 전쟁 때의 현리 전투와 함께 3대 패전으로 꼽힌다.

약이 바닥나 버렸어요. 제대로 된 훈련을 받지 못하고 강제로 끌려온 농민과 노비 출신 군대가 조총을 제대로 쏠 리 없었지요.

한번은 진영 한가운데에서 화약을 분배하다 그만 화약에 불꽃이 닿아 큰 폭발이 일어났습니다. 폭발로 죽은 사람이 많지는 않았지만 조선군 진영은 순식간에 아수라장이 되었어

○ **정충묘(경기 광주시)**
쌍령 전투에서 전사한 허완, 민영, 이의배, 선세강의 위패를 모신 사당이다.

요. 이 기회를 놓치지 않고 청군 기병 300여 기가 일제히 돌격해 조선군을 쓰러뜨렸고 군사를 지휘하던 민영도 죽었어요. 이때 청군 기병의 칼에 죽은 조선군보다 우왕좌왕 도망치다가 깔려 죽은 조선군이 훨씬 더 많았다고 합니다.

남급이 쓴 『병자록』에는 "목책 밑까지 달아난 병사들이 목책을 넘지 못하고 넘어지면 그 뒤로 계속 시체가 쌓였다. 목책을 넘은 병사도 목책 밖이 험준해 추락해서 죽었다."라고 기록되어 있어요. 남한산성에 있는 인조를 구출할 유일한 희망이었던 조선의 4만 대군은 그렇게 허무하게 무너졌습니다. 여기서도 싸움은 숫자로 하는 게 아니라는 사실을 알 수 있어요. 300여 기의 청군에 의해 압도적인 수의 조선 조총 부대가 와해된 사실은 임진왜란 때 용인 전투에서 1,600여 기의 왜군에게 5만여 조선군이 대패했던 장면을 떠올리게 합니다.

청 태종은 남한산성 아래의 탄천에 군사를 포진하고 성 동쪽의 망월봉에 올라 성안을 굽어보며 조선군의 동태를 살폈어요. 그 수는 약 30만 명에 달했다고 합니다.

주화파 최명길 vs 척화파 김상헌

이렇다 할 큰 싸움 없이 40여 일이 지났습니다. 성안의 식량은 떨어져 가고 군사들은 피로에 지쳐 대부분 싸울 의욕을 잃었어요. 각 도에서 몰려온 구원병들은 남한산성에 접근하기도 전에 무너져 버려 결국 산성은 절망적인 상태에 빠지고 말았지요.

더는 어찌할 수 없는 상황이 되자 남한산성에서는 다시 척화파와 주화파가 팽팽하게 맞섰습니다. 척화파의 대표인 김상헌은 주화파의 대표인 최명길을 "오랑캐에 빌붙어 목숨만 건지려는 간신"이라고 헐뜯었고, 최명길은 김상헌을 "현실을 무시하고 명분만 좇다가 나라를 망치는 사람"이라고 비난했어요. 척화파는 주화파와 여러 차례 논쟁을 벌였지만, 척화파 역시 난국을 타개할 뾰족한 방도가 있었던 것은 아니었습니다. 예조 판서 김상헌, 이조 참판 정온 등의 반대에도 대세는 청과 강화하자는 쪽으로 기울었지요.

1637년 1월 3일 최명길이 국서를 작성하고 좌의정 홍서봉, 호조 판서 김신국 등을 청군 진영에 보내 화의를 청했습니다. 하지만 청 태종은 "조선 국왕이 친히 성안에서 나와 항복하고 척화 주모자를 결박해 보내라."는 내용의 답서를 보냈어요. 남한산성에서는 사리에 맞지 않는다는 반응을 보이며 청의 제의를 받아들이지 않았습니다. 또다시 성안의 조정은 주화파와 척화파로 나뉘어 여러 날을 보냈지요.

척화파인 김상헌은 인조에게 "반드시 먼저 싸워 본 후에 화친해야 합니다. 만약 비굴하게 강화해 주기만을 요청한다면, 강화 역시 우리 뜻대로 이룰 가능성이 없습니다."라며 척화와 항전을 주장했습니다.

반면, 최명길은 강화를 청하는 국서를 지었어요. 이에 김상헌이 국서를 찢고 대성통곡하니 그 울음소리가 임금의 거처까지 들렸다고 합니다.

김상헌은 최명길을 향해 "그대의 아버지는 명성이 자자했는데, 공은 어찌 이런 일을 할 수 있는가."라며 꾸짖었어요. 최명길은 빙그레 웃으며 "어찌 대감을 옳지 않다고 하겠소. 하지만 현실을 고려하면 부득이한 일입니다. 조정에 이 문서를 찢어 버리는 사람이 반드시 있어야 하겠지만, 나와 같은 자도 없어서는 안 됩니다."라면서 청에 보내는 답서를 다시 주워 모았어요.

그렇다면 과연 최명길은 나라를 내준 사람일까요? 최명길은 "만고의 죄인이 될지라도 임금을 망할 땅에 둘 수는 없다."라는 논리를 내세우며 강화의 의지를 분명히 했습니다. 청군에 대항해 봐야 나라가 망할 것이 뻔하니, 비록 허리를 굽히더라도 나라만은 지켜야 한다고 본 것이지요.

1640년(인조 18년) 11월 청은 "김상헌이 남한산성에서 왕을 따르지 않고 시골로 내려가 소장을 함부로 올리게 했다."라며 김상

۞ 수어장대(경기 광주시)
남한산성 수어청의 장관들이 군사를 지휘하던 곳이다. 1624년(인조 2) 남한산성을 축조할 때 지은 4개의 수어장대 가운데 유일하게 남아 있는 건물이다.

헌을 명과 통교한 주모자로 몰아 심양으로 압송했어요. 김상헌은 청으로 끌려가면서 "가노라 삼각산아"로 시작하는 유명한 시를 남깁니다.

> 가노라 삼각산아 다시 보자 한강수야
> 고국산천을 떠나고자 하랴마는
> 시절이 하 수상하니 올동말동 하여라

⚬ 삼각산

백운대(왼쪽), 인수봉(가운데), 만경대(오른쪽)가 세 개의 뿔처럼 높이 솟아 삼각산(三角山)이라 불린다. 궁궐의 터를 정하기 위해 삼각산에 오른 무학 대사가 '무학이 길을 잘못 들어 여기에 이른다.'라는 글이 새겨진 비석을 발견하고는 지금의 경복궁 자리에 터를 정했다는 이야기가 전해 온다.

강화가 이루어진 후 최명길은 명에 "조선이 청과 강화한 것은 종묘사직을 보존하기 위한 것일 뿐"이라는 내용의 외교 문서를 독보라는 승려를 통해 전달했어요. 이 일로 최명길도 1642년 명과 내통했다는 죄목으로 청에 소환되었지요. 용골대의 심문을 받은 최명길은 "왕은 모르는 일이고 자신이 전적으로 한 일"이라 우겼어요.

이듬해 4월 최명길은 김상헌이 갇혀 있는 감옥으로 이감되었습니다. 감옥에서 김상헌을 만난 최명길은 평소 김상헌을 명예나 좇는 자로 보았는데, 죽음을 눈앞에 두고도 흔들리지 않는 모습을 보고 감동했다고 해요. 김상헌도 최명길을 청과의 화친만을 주장한 인물로 보았는데, 죽음을 무릅쓰고 제 뜻을 지키는 것을 보고 최명길의 진심을 이해하게 되었다고 합니다. 두 사람은 감옥에서 서로 시를 지으며 깊은 우정을 나누었지요.

김상헌이 "양대의 우정을 찾고, 100년의 의심을 푼다."라고 시를 짓자, 최명길이 이를 받아 "그대 마음 돌과 같아 끝내 돌리기 어렵고, 나의 도는 둥근 꼬리 같아 경우에 따라 돈다네."라고 답했어요. 이렇게 두 사람은 서로의 응어리진 마음을 풀었답니다.

1644년 2월 김상헌은 소현 세자와 함께 귀국했어요. **김상헌**은 1652년(효종 3년) 향년 82세의 나이에 세상을 떠났습니다. 최명길은 1645년(인조 23년) 3월 청에서 풀려나 60세에 다시 한양으로 돌아왔습니다. 전쟁 후 인조는 최명길을 우의정으로, 후에 다시 영의정으로 기용했어요. 최명길은 62세를 일기로 눈을 감았습니다.

❍ 김상헌 묘
(경기 남양주시)
서인 청서파(清西派)의 영수였던 김상헌의 묘이다. 병자호란 당시 척화를 주장하다 파직된 김상헌은 청의 출병 요구에 반대하는 상소를 올렸다가 청에 압송되기도 했다.

강화도 전투, 수전에서도 청군에게 밀리다

조선군은 청의 주력군이 남한산성 주위를 포위하고 있으므로 강화도에 직접 침공할 가능성은 상대적으로 낮다고 판단했어요. 게다가 청군은 수전(水戰)에 약하므로 쉽게 강을 건너오기 힘들 것으로 보고 광성진 일대에만 약간의 수군을 집결해 놓았지요.

청군의 대다수인 여진족은 수전에 능하지 않았으나, 청에 항복한 명의 병사 중 수전에 익숙한 병사가 상당수 있었습니다. 또한 청군은 장거리포인 **홍이포**도 갖추고 있었지요. 이들은 주위에 있던 선박들을 끌어모으고, 민가를 헐어 배나 뗏목을 만들었어요.

청군이 도하 작전을 준비하고 있다는 첩보를 접한 강화 유수 장신은 광성진 부근에 병력을 배치했어요. 또한 충청 수사 강진흔이 이끄는 충청 수군이 **연미정** 일대에 포진했고, 강화 해안에는 3,000여 병력이 집결했지요.

1637년 1월 22일 밤이 되자 청군이 나루터에서 홍이포를 쏘아 댔습니다. 포탄이 물을 건너 육지 위에 떨어졌어요. 포격 후 청군은 본격적인 상륙 작전을 전개했습니다. **갑곶** 부근의 충청 수군이 출동해 청군 선박 10여 척을 격침하는 등 분전했으나 많은 수를 대적하지 못해 수세에 몰렸어요. 이때 광성진에 있던 강화 수군이 합세해 전투는 혼전 양상을 띠었습니다. 하지만 강화 수군을 이끌던 장신은 청군의 기세에 눌려 광성진으로 후퇴하고 말았어요. 그러자 고립된 채 힘써 싸우던 충청 수군은 궤멸했고, 강화도는 위기에 처했습니다.

청군은 복병을 의심해 배 한 척을 미리 보내 척후병

⊙ 홍이포
명이 네덜란드의 대포를 모방해 만든 무기이다. 중국인들이 네덜란드인을 '홍모이(紅毛夷, 붉은 머리를 한 오랑캐)'라고 불러서 '홍이포'라는 이름을 갖게 되었다. 병자호란 때 청군이 사용하면서 우리나라에 들어왔다.

◑ 연미정(인천시 강화군)

한강과 임진강이 합류하는 지점인 월곶리에 세워진 정자이다. 물길 중 하나는 서해로, 다른 하나는 강화해협으로 흐르는데, 모양이 마치 제비꼬리 같다고 해 '연미정'이라는 이름이 붙었다.

◑ 갑곶(인천시 강화군)

강화도 북부 강화해협 서안에 있다. 고려 고종이 원의 침입을 받아 강화도로 피란할 때, 갑옷만 벗어 쌓아 놓아도 건널 수 있을 만큼 얕다고 해 '갑곶'이라는 지명이 생겼다. 이곳에 자리 잡은 갑곶돈대는 강화의 관문이자 고려 시대부터 강화해협을 지키던 중요한 요새역다.

○「호병도」(30.6×28.2cm, 종이에 채색, 국립중앙박물관)
청군 병사의 모습을 사실적으로 묘사한 김윤겸의 그림이다. 인물의 얼굴이나 옷 주름 등에 명암 기법을 사용하고 있어 김윤겸이 당시 중국을 통해 유입된 서양화법을 수용했음을 짐작할 수 있다.

일곱 명을 상륙시켰습니다. 이것을 본 관군이 조총을 쏘았으나 화약에 습기가 차서 불발되었지요. 적병 일곱 명은 주위에 복병이 보이지 않자 흰 깃발을 흔들어 청군을 불렀어요. 일시에 대군이 밀어닥쳤습니다. 해안에 남아 있던 소수의 조선군은 청군의 공격을 받아 전멸당하고 말았지요.

성의 수비를 맡던 김경징과 이민구는 나룻배를 타고 도망갔고, 성안에는 한 번도 싸워 본 적이 없는 빈궁과 왕자 및 대신들만 남게 되었습니다.

오전 8시경 갑곶 일대의 해안을 장악한 청군은 오전 10시경 **강화성**에 도착했습니다. 강화성에서는 원임 대신 김상용이 해안에 3,000여 명의 병사를 배치해 전투태세를 갖추고 있었어요. 청군은 먼저 홍이포로 집중 사격을 가한 후 운제(雲梯, 성을 공격할 때 썼던 높은 사다리)와 당차 등을 동원해 성을 공격했습니다. 조선군도 총포와 화살로 대항해 오후 내내 공방전이 계속되었어요. 하지만 청군의 집중 포격에 성벽이 무너지고 문루가 파손되었지요. 북문 방어망이 붕괴되고 이어서 동문, 서문, 남문의 수비도 무너지자 청군은 일제히 성안으로 들이닥쳤어요.

◑ 강화성 남문
(인천시 강화군)
내성에 연결되어 있던 4대문 중 하나이다. 2층 누각 앞쪽에는 강도남문(江都南門), 뒤쪽에는 안파루(晏波樓)라고 쓰인 현판이 걸려 있다.

● 김상용 묘
(경기 남양주시)

김상헌의 형인 김상용의 묘
이다. 전란 속에서 왕족을 시
종하고 강화로 피란 갔던 김
상용은 성이 함락되자 화약
에 불을 질러 자결했다.

남문을 방어하던 **김상용**은 형세가 기울자 부근의 화약 궤에 불을 던져 자폭했습니다. 나중에 인조는 "담배를 피우려 했다던데."라고 말했어요. 실수로 화약이 터졌을 거라며 김상용의 자결을 인정하지 않으려 했지요. 김상용의 두 아들은 "자폭하려는 줄 알고 주변에서 불을 가져오지 않자 담배를 피우려는 척했다."라고 상소를 올렸어요. 강화에서 종묘사직의 신주를 책임졌던 윤방 등 많은 사람이 증언에 나서자 그제야 인조는 김상용의 자폭을 인정했습니다. 구차하게 살아남은 인조는 알량한 자존심 때문에 의롭게 죽은 자를 높이고 싶지 않았던 거예요.

강화도를 함락한 청군은 성안에 들어와 숙의와 빈궁, 봉림 대군과 인평 대군 및 대군의 부인을 협박해 나오게 하고, 군사를 풀어 살육과 약탈을 자행했습니다. 봉림 대군으로부터 항복을 받아 낸 후에야 청군은 약탈과 살육 행위를 중지했어요. 청군은 비빈, 봉림 대군, 인평 대군, 종실, 대신과 그 가족들을 포로로 잡고 청 태종이 있는 본진에 합류했습니다.

인조, 세 번 절하고 아홉 번 조아리다

강화도 함락 사실이 확인되자 인조는 성 밖으로 나가 항복하기로 합니다. 조선 측에서는 홍서봉, 최명길, 김신국 등이 적진을 왕래하며 항복 조건을 제시했어요. 청군 진영에서는 용골대, 마부태 등이 남한산성으로 들어와 조건을 제시한 끝에 11가지 조항의 조약에 합의했습니다.

주요 내용은 '청에 대해 신하의 예를 갖출 것, 명과의 우호 관계를 끊을 것, 조선 왕의 장자와 차자, 그리고 대신의 아들을 볼모로 청에 보낼 것, 청에 물자 및 군사를 지원할 것, 청에 기묘년(1639년)부터 예물을 보낼 것' 등이었어요.

1637년 1월 30일 인조는 세자와 함께 항복 의례를 거행하기 위해 **남한산성의 서문**으로 나왔습니다. 인조는 죄인으로 취급되어 성의 정문인 남문으로는 나올 수 없었던 것이지요.

곤룡포 대신 남색 평민복을 입은 인조는 세자를 비롯한 대신들과 함께 청 태종의 수항단(受降壇, 항복 의식을 행하는 단)이 마련되어 있는 잠실나루 부근의 **삼전도**에 도착했습니다. 인조는 어가에서 내려 2만 명의 적병이 늘어서 있는 사이를 걸어 청 태종 앞으로 나아갔고, 청 태종을 향해 삼배구고두례(三拜九敲頭禮)를 시행했어요.

삼배구고두례는 '세 번 절하는데, 한 번 절할 때마다 세 번 머리를 땅바닥에 부딪치는 것'을 말합니다. 모두 아홉 번에 걸쳐 머리를 조아리는 셈이지요. 다만, 구고두례를 할 때 반드시 머리 부딪치는 소리가 크게 나야 했어요. 청 태종은 머리 부딪치는 소리가 들리지 않는다고 다시 하라고 해 사실상 인조는 수십 번 머리를 땅에 부딪쳤고, 인조의 이마는 피투성이가 되었다고 합니다.

⟳ 남한산성 서문(경기도 광주시)
인조와 세자가 청군 진영으로 들어가 항복할 때 통과한 문이다. 광나루와 송파나루에서 가장 가까웠지만, 경사가 급해 물자를 수송하기는
어려웠다. '우익문'이라고도 부른다. 사진작가 서헌강 제공

◆ 삼전도비(서울시 송파구)

삼전도비는 "1636년 12월 청 태종이 대군을 이끌고 조선을 침공하였을 때 남한산성에서의 항전도 보람 없이 인조가 삼전도에 나아가 항복하는 욕을 당하여 백성이 생선이나 짐승의 고기처럼 결단이 나는 사태를 면하였다."라는 내용을 담아 세운 대청황제 공덕비다. 현재 비신을 받치고 있는 거북 받침은 근래 비를 다시 세울 때 새로 만든 것이다. 앞에 보이는 거북 받침이 원래의 것이다.

4 호란 그 이후

병자호란에 대비하지 못해 겪은 쓰라린 아픔들

청은 조선의 왕자를 비롯한 강화도의 포로를 일부 돌려보낸 다음, 세자, 빈궁, 봉림 대군(효종)을 볼모로 삼았습니다. 또한 3학사로 불리는 홍익한, 윤집, 오달제를 심양으로 끌고 갔어요. 이들은 모진 고문과 회유에도 척화의 뜻을 굽히지 않아 참형에 처해졌지요. 청이 위험인물로 지목한 김상헌은 1641년 심양으로 끌려가 4년여 동안 청에 묶여 있었어요.

병자호란은 한 달 남짓 짧은 기간에 벌어진 전쟁이었지만, 전쟁의 피해는 임진왜란에 버금갔습니다. 조선과 청의 군신 관계는 1895년 청 · 일 전쟁에서 청이 일본에 패할 때까지 계속되었지요.

청군은 철수하는 도중 가도의 동강진을 공격했습니다. 청 태종은 패륵 악탁과 항복한 명의 장수 공유덕 등에게 명령을 내려 용산에서 병선을 만들게 했어요. 조선에서는 황해도의 병선을 확보했고, 평안 병사 유림을 수장, 의주 부윤 임경업을 부장으로 삼아 청군을 도와 싸우게 했지요.

임경업은 명령에 따라 전장에는 나갔지만, 갖가지 평계를 대며 접전을 회피했습니다. 청의 첫 번째 목표는 가도에 주둔하던 명군을 공격하는 것이었어요. 수군장으로 임명된 임경업은 척후장 김여기를 몰래 보내 명의 도독 심세괴에게 피하도록 미리 정보를 주었습니다. 하지만 심세괴는 만여 명의 군사와 함께 굴하지 않고 싸우다가 전사했어요.

전쟁이 끝나자 조선에서는 전후 처리 문제가 거론되었습니다. 강화도가 적의 수중에 들어간 것이 인조가 항복하게 된 직접적인 계기였으므로 우선 강화도 수비를 맡았던 장수들의 책임을 묻지 않을 수 없었어요. 해상의 방어를 맡았던 강화 유수 장신은 바다를 지키지 않고 도주한 죄로 왕명에 의해 스스로 자진하도록 했습니다. 강화 수비의 총책임을 맡았던 검찰사 김경징은 사약을 받았지요.

청은 조선에 청의 승전을 기념하는 비를 세우게 했어요. 그것도 인조가 치욕적인 항복의 예를 치렀던 삼전도에 말이지요. 가문의 수치가 될 것을 우려한 대신들은 비문의 초안 잡기를 꺼렸다고 합니다. 결국 인조의 명을 받은 이경석이 비문을 지었고, 이경석의 글과 만주어, 몽골어로 각각 번역한 글을 거대한 비석에 새겼어요.

명과 청을 오간 임경업, 심기원 역모 연루로 옥사하다

1642년 청은 **임경업**이 참전 중에 청에 협력하지 않았고, 명 측에 정보를 제공한 사실을 문제 삼았습니다. 이에 조선 조정은 임경업을 체포해 청으로 압송할 수밖에 없었지요.

1642년 11월 임경업은 압송 중에 반정 공신 심기원이 가져온 승려 옷을 입고 황해도 금천군 금교역 부근에서 몰래 탈출했습

○ **임경업(1594~1646, 국립중앙박물관)**

친명 배금을 주장한 조선의 무장이다. 이괄의 난을 진압하면서 두각을 나타냈다. 자신이 관할하는 지역의 군사적·경제적 상황을 개선해 백성의 신망을 얻었으나 명에 망명하여 청군과 싸우다 생포됐다.

○ **임충민공 충렬사 (충북 충주시)**

모함을 받아 옥중에서 피살된 임경업의 절의를 기리기 위해 세워졌다. 사당 앞에는 임경업의 충렬비와 부인 완산 이씨의 정렬비가 함께 있다.

❂ 도르곤(1612~1650)
누르하치의 14번째 아들이
다. 청 태종(홍타이지)에게 중
용되어 예친왕에 봉해졌다.
중국 전역을 무력으로 평정
했으며 수도를 북경으로 옮
겼다.

니다. 다음 해 5월 임경업은 김자점
의 종이었던 상인 무금의 주선으로
상선을 타고 명으로 망명했지요. 그
사이에 청은 임경업의 부인과 형제
를 압송했고, 부인 이씨는 감옥에서
자살했어요.

임경업은 명에서 총병인 마등고
휘하의 평로 장군(일설에는 부총병)
에 임명되었습니다. 하지만 형세는
이미 기울어 1644년 청은 명의 수도
인 북경을 함락했어요. 명은 남경으
로 천도했으나 곧 함락되었고, 마등
고도 청에 항복하고 말았지요.

한편, 조선에서는 좌의정 심기원의 역모 사건이 발생했습니다.
심기원은 인조를 상왕으로 삼고 소현 세자를 왕위에 올린 다음
명과 손잡고 요동을 칠 계획이었지요. 하지만 청에 볼모로 있던
소현 세자의 모습을 본 후 너무 실망한 심기원은 무사를 모아 따
로 거사를 준비했어요. 하지만 거사 직전에 역모를 고발당해 심
기원은 역적죄로 처형되었습니다. 이후 심기원이 임경업의 망명
을 도왔기에 임경업도 역모에 가담했다는 혐의가 제기되었어요.

임경업이 청으로 귀순해 오자, 청의 통역관으로 있던 정명수
는 임경업 때문에 청에서 자신의 입지가 줄어들 것을 염려했어
요. 관노 출신인 정명수는 강홍립 부대에 있다가 후금의 포로가
되었는데, 영민한 처신으로 청 태종의 신임까지 얻게 된 인물입
니다. 정명수는 사은사(謝恩使, 황제에게 사은의 뜻을 전하기 위해
보내던 사절)로 청에 온 김자점을 만나 "심기원 역모 사건 연루자

인 임경업을 송환하지 않습니까?"라고 캐물었어요. 김자점으로부터 정명수의 말을 전해 들은 인조는 청의 섭정왕 **도르곤**에게 "임경업을 보내 주시오."라고 청했고, 도르곤은 인조의 청에 선뜻 응했습니다.

인조는 임경업을 직접 신문해 심기원과의 연루 여부를 밝히려고 했어요. 임경업은 망명할 때 심기원의 도움을 받은 것은 인정했으나, 역모에 가담한 사실은 강력히 부인했지요. 하지만 당시 실권을 쥐고 있던 김자점은 임경업의 처형을 강하게 주장했습니다. 김자점은 임경업의 상관이자 후원자였지만, 자신의 종 무금이 임경업의 망명을 도운 사실이 드러나면 자신도 역모에 연루될까 우려했기 때문이었지요.

임경업은 모진 고문을 받아, 결국 6월 20일 향년 53세의 나이로 옥사하고 말았습니다. 명과의 의리를 지키다 비참하게 옥사한 임경업의 생애는 「임경업전」이라는 소설로 재구성되어 널리 알려졌어요. 송시열, 이재와 같은 조선 후기의 유학자들도 임경업의 전기를 지어 그의 업적을 기렸다고 합니다.

나라가 지켜주지 못한 환향녀, 나라가 내치다

병자호란 이후 처리해야 할 심각한 과제 중 하나는 청군에 강제 납치된 약 50만 명의 조선 여인을 속환하는 문제였습니다. 양 난 당시 청군은 포로의 몸값을 많이 받을 수 있는 종실과 양반의 부녀자를 되도록 많이 잡아가려 했어요. 하지만 잡혀간 사람 대다수는 몸값을 치를 수 없는 가난한 사람들이었지요.

임진왜란과 병자호란 이후 청으로 끌려갔다 돌아온 여인을 '환향녀'라고 부릅니다. 정조를 잃은 대다수 환향녀는 바로 귀향하지 못하고 청의 사신들이 묵던 홍제원이 있는 서대문 밖에 머물렀어요. 그러자 조정에서는 환향녀들에게 냇물에 몸을 씻도록 하고 그들의 정절을 회복해 주었지요. 그 냇가를 환향녀를 널리 구제했다는 뜻으로 '홍제천'이라고 부르게 되었어요. 그 후 몸을 씻는 회절강(回節江)을 전국에 지정했다고 합니다.

하지만 가족과 친지들은 환향녀들을 받아들이기를 꺼렸어요. 결국 의지할 곳이 없어진 환향녀들은 다시 청으로 가거나 창부가 되어 연명했다고 합니다. 게다가 순절하지 못하고 살아서 돌아온 것은 조상에게 죄를 짓는 것이라는 이유로 이혼이 빈번해 사회 문제가 되기도 했어요. 인조는 환향녀 남편들의 이혼 요구를 받아들이지 않았지만 따로 첩을 두는 것은 허용했지요.

수많은 조선 여인네가 환향녀가 된 것은 개인의 잘못이라기보다 그녀들을 제대로 지켜 주지 못한 국가의 책임이라 할 수 있습니다. 하지만 나라가 지켜 주지 못한 여인네들을 조선 사회는 또다시 내치고 말았지요. 유교적 가족 질서에 매인 양반들은 국가

◐ **홍지문과 탕춘대성**
(서울시 서대문구)
탕춘대성 오간수대문으로
흐르는 홍제천은 몸을 씻으
면 정절이 회복된다는 전설
을 간직하고 있다.

의 명을 따르지 않고 환향녀를 가문에서 쫓아내는 경우가 많았
어요. 양반 체면에 주위의 이목이 두렵기도 하고, 또 그렇게 해야
만 자신의 가문이 살아남을 수 있다고 생각했기 때문이었지요.

인조, 영정법으로 전세를 정액화하다

임진왜란과 병자호란으로 농촌 사회는 심각하게 파괴되었습니
다. 양 난 이후 조선 사회의 가장 큰 어려움은 농경지의 황폐와
전세 제도의 문란이었어요. 임진왜란 직전에 전국의 토지 결수
는 약 150만 결이었는데, 임진왜란 이후에는 약 30만 결로 크게
줄었지요.

　인구는 줄고 농경지도 황폐해졌으며, 기아와 질병까지 널리
퍼져 농민들의 삶은 매우 힘들었습니다. 하지만 조선 정부는 이
러한 농촌 현실에 적극적으로 대처하지 못해 농민들의 불만은
나날이 커졌어요. 토지와 집을 잃고 떠돌던 농민들은 도적이 되

○ 사세충렬문
(경기 안산시)
임진왜란 때 탄금대 전투에
서 순국한 김여물과 병자호
란 때 절개를 지키기 위해 스
스로 목숨을 버린 이 집안 여
자들(평산 신씨, 진주 류씨, 고
령 박씨, 진주 정씨)을 기리기
위해 조정에서 하사한 정문
이다.

○「논갈이」
(국립중앙박물관)
한 쌍의 소가 쟁기를 끌고 두 명의 농군이 쇠스랑으로 흙을 고르는 모습을 그린 김홍도의 작품이다. 솟구치고 있는 소의 뿔, 쟁기를 잡은 농부의 몸짓 등을 통해 힘든 농사일을 보여 준다.

어 사회를 불안하게 했지요.

이에 조선 정부는 수취 체제를 개편해 농촌 사회를 안정하고 재정 기반을 확보하고자 했습니다. 개간을 장려하면서 경작지 확충에 힘썼고, 은결(隱結, 토지 대장에서 빠진 토지)을 찾아내 경작지에는 빠짐없이 전세를 부과하고자 했어요. 이러한 노력의 결과 광해군 때는 토지가 50만 결로 늘었고, 정조 때는 145만 결로 대폭 증가했지요.

세종 때는 풍흉의 정도에 따라 9등법으로 나누어 조세 액수를 1결당 최고 20두에서 최하 4두로 정했습니다. 하지만 이 연분9등법은 시간이 지나면서 유명무실해져 16세기에 들어와서는 거의 최저율의 세액이 적용되고 있었어요.

1635년(인조 13년) 조정에서는 농민들의 고통을 줄이기 위해 연분9등법을 따르지 않고 풍흉에 상관없이 전세를 토지 1결당 미곡 4~6두로 고정했습니다. 이를 '영정법(永定法)'이라고 해요. 영정법은 '영원히 정한 법'이라는 뜻이지요.

이로 말미암아 전세의 비율이 낮아지기는 했지만 대다수 농민에게는 크게 도움이 되지 못했습니다. 전세를 낼 때 여러 명목의 수수료와 운송비 등이 함께 부과되었기 때문이지요. 이러한 부가 비용이 전세보다 몇 배나 많을 때도 있었다고 해요.

'삼전도의 굴욕' 이후 인조가 청에 지원군을 파병하면서 뒤에서 명군을 도운 것을 어떻게 봐야 할까요?

인조반정 이후 조선은 명에 대한 사대주의를 내세웠고, 청에는 적대적인 태도를 보였습니다. 이로 말미암아 두 차례에 걸쳐 호란을 겪었고, 왕이 청 태종에게 무릎 꿇고 군신 관계를 맺는 지경에 이르렀지요. '삼전도의 굴욕'에도 청에 대한 조선의 태도는 크게 변하지 않았어요. 청의 일방적인 강압에 못 이겨 인조는 여러 차례 원군을 파병했지만, 조선군이 전투에 임하는 자세는 지극히 소극적이었습니다. 조선군이 청과 명의 전쟁에 소극적으로 나선 것은 친명 배금에 따른 것이고, 광해군 때 후금과 명의 전쟁에서 강홍립이 후금에 투항한 것은 광해군의 중립 정책에 따른 거예요. 실리 외교를 헌신짝처럼 버리고 서인과 인조가 알량한 대명 사대주의를 신줏단지처럼 받드는 바람에 사실상 죽어난 쪽은 백성이었어요. 변화하는 국제 정세를 이용해 명이나 청과 대등한 관계를 맺으며 실리적인 노력을 할 수는 없었을까요? 광해군의 중립 정책에 근거한 실리 외교를 잘 살려 나갔다면, 정묘호란과 병자호란은 없었을지도 모릅니다. 알량한 명분이 결국 조선을 참혹한 전쟁으로 몰고 갔지요.

청군 병사의 모습을 묘사한 「호병도」

15 효종실록, 현종실록 |
북벌 정책과 예송 논쟁

$\quad$병자호란이 끝난 후 소현 세자와 봉림 대군이 청에 볼모로 끌려갔어요. 8년 만에 귀국한 소현 세자는 서양 문물을 받아들이려다 청에 반감을 품은 인조의 미움을 받았지요. 소현 세자가 갑자기 병을 앓다 의문의 죽음을 맞자, 봉림 대군(효종)이 인조의 뒤를 이어 왕위에 올랐습니다. 청에 우호적이었던 소현 세자와는 달리 효종은 청을 정벌하기 위해 북벌 정책을 추진했어요. 하지만 북벌은커녕 청의 요청으로 조총 부대를 파견해 러시아군을 격퇴했지요. 효종의 아들인 현종 때 서인과 남인은 민생을 돌보지 않고 예송에 매달렸어요. 당시 백성은 자식을 삶아 먹을 정도로 극심한 대기근을 겪는데도 지배층은 한낱 상복 문제에 매달려 기득권 챙기기에 바빴지요.

- **1645년** 병자호란 때 청에 인질로 끌려갔던 소현 세자가 조선에 돌아온 후 급사하다.
- **1653년** 하멜 일행이 제주도에 표착하고, 이듬해 훈련도감에 배속되다.
- **1654년** 조선의 조총 부대가 청의 요청으로 1654년과 1658년 두 차례에 걸쳐 러시아군을 정벌하다.
- **1659년** 효종이 세상을 떠나고 1차 예송 논쟁이 벌어지다(2차 예송 논쟁은 1674년).

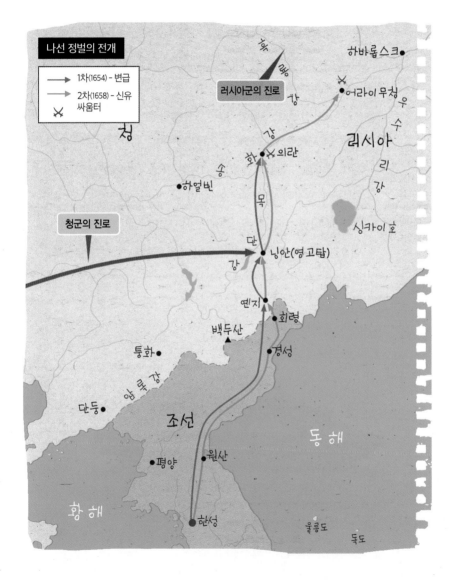

나선 정벌의 전개

1차(1654) - 변급
2차(1658) - 신유
싸움터

러시아군의 진로

청군의 진로

1 소현 세자, 봉림 대군

청에 볼모로 간 소현 세자, 서양 문물에 눈 뜨다

인조가 청 태종에게 항복하고 9일이 지난 후 소현 세자는 부인, 동생인 봉림 대군 부부와 함께 인질이 되어 청으로 끌려갔습니다. 청에 간 소현 세자는 조선이 믿어 왔던 명이 맥없이 무너지는 것을 보았어요. 오랑캐라고 멸시하던 청이 수준 높은 문화를 갖춘 강대국이라는 사실도 알게 되었지요. 조선이 목숨처럼 지키려 했던 친명 배금 사상이 헌신짝이나 다름없다는 사실을 깨달은 거예요.

청의 다이곤은 투항한 명의 오삼계와 함께 북경으로 진군하면서 소현 세자를 대동했어요. 명이 멸망하는 모습을 보여 주기 위해서였지요. 1644년(인조 22년) 4월 산하이관을 떠난 청군은 한 달 만에 북경에 입성했어요. 농민 반란군을 이끌었던 이자성은 도주해 버렸지요. 소현 세자는 일단 **심양**으로 돌아갔다가 1644년 9월 북경에 와서 70여 일 동안 머물렀어요.

○ 심양 고궁 대정전
(중국 랴오닝성)
심양은 청이 북경으로 천도하기 전에 수도로 삼았던 곳이다. 삼전도의 굴욕 이후 소현 세자와 봉림 대군이 볼모로 심양에 끌려와 9년 동안 지냈다.

○ 아담 샬(1591~1666)

독일 쾰른 출신의 선교사이다. 중국 왕조의 정식 관리가 된 최초의 서양인이기도 하다. 청에 볼모로 가 있던 소현 세자에게 천주교 교리와 서양 문물에 대한 지식을 전해 주었다.

○ 마테오 리치(1552~1610)

명 말기에 활약한 이탈리아 출신 선교사이다. 서양의 과학 기술 서적들을 중국어로 번역하고 여러 저서를 남겼다. 그중 『천주실의』는 우리나라의 천주교 성립에 결정적인 영향을 끼쳤다.

　북경에서 소현 세자는 **아담 샬**이라는 독일인 신부를 알게 되었습니다. 천문과 역법에 밝은 아담 샬은 당시 중국에서 외국인으로서는 가장 고위직에 올라간 인물이었어요. 이탈리아인 선교사 **마테오 리치**의 뒤를 이어 1622년 중국으로 건너가 가톨릭 포교 활동에 힘쓰며 세 차례 일식을 예보해 명성을 얻었지요. 예수회 선교사인 아담 샬은 중국 명 때 역서와 대포를 제작하는 일을 맡다가 청이 들어선 후에는 흠천감(欽天監, 중국 명·청 때 천문, 역법, 시각 측정 등에 관한 일을 맡아보던 관청)의 책임자가 되어 서양의 역법인 시헌력을 만들었어요.

시헌력(時憲曆)
태음력에 태양력의 원리를 부합해 24절기의 시각과 하루의 시각을 정확하게 계산하여 만든 역법이다.

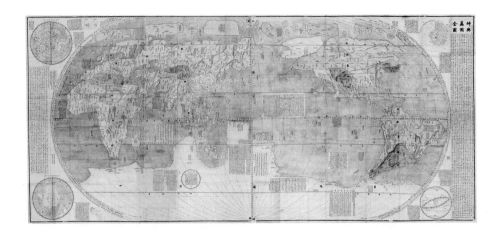

❍ 곤여만국전도
1602년에 이탈리아인 선교
사 마테오 리치가 명의 학자
이지조와 함께 만들어 목판
으로 펴낸 세계 지도이다.

소현 세자는 북경 남문 안에 마테오 리치가 세웠던 남천주당에서 아담 샬과 많은 이야기를 나누며 서양의 과학 문명에 눈떴습니다. 아담 샬은 소현 세자에게 천주교와 서양의 과학을 소개해 주고 서양의 천문학 서적과 지구의, 천주상(天主像) 등을 선물로 주었어요.

난생처음 서양 문물을 접한 소현 세자는 큰 충격을 받았습니다. 서양의 역법에 심취한 소현 세자는 태음력에 기반을 둔 동양의 역법과 태양력의 원리를 적용한 시헌력에는 큰 차이가 있다는 것을 깨닫고 초보적인 조선의 천문학을 발전시켜야 한다는 생각을 품었어요.

한편, 봉림 대군 역시 청에서 서양 문물을 접했지만 소현 세자만큼 관심을 기울이지는 않았습니다. 봉림 대군은 청의 내부 사정을 파악해 조선에 몰래 전해 주었고, 대명 전쟁에 직접 참여해 명이 멸망하는 과정을 지켜보았지요. 청 관리로부터 볼모로 멸시를 당하면서 반청 사상을 강하게 품었어요..

선각자 소현 세자, 의문의 죽음을 맞다

1640년(인조 18년) 소현 세자는 볼모 생활 3년 만에 잠시 조선에 다녀올 것을 허락받았습니다. 인조의 의심을 받고 있어 세자를 위한 공식 환영 행사는 없었지만, 백성은 타국에서 고생한 세자를 눈물로 맞아 주었어요.

1644년 2월 소현 세자가 장인 강석기의 사망으로 조선에 잠시 들렀을 때 인조는 세자가 청의 도움으로 조선 국왕의 자리를 빼앗으리라 의심했기 때문에 냉담하게 대했습니다.

1645년 2월 소현 세자는 청에서 인질 생활을 한 지 8년 만에 영구 귀국했어요. 그때 소현 세자의 나이는 34세였지요. 소현 세자는 청에서 가져온 천문학 서적과 **지구의** 등을 인조에게 보여 주었어요. 하지만 이를 본 인조는 화를 내며 벼루로 세자를 내리쳤다고 합니다.

그러던 어느 날, 소현 세자가 갑자기 병을 앓게 되었어요. 의관은 소현 세자가 학질에 걸렸다고 진단하고 침을 놓았지만, 결국 소현 세자는 사흘 만에 세상을 떠나고 말았습니다. 당시만 해도 학질은 충분히 치료가 가능한 병이었는데 말이지요. 『인조실록』에는 그때의 상황이 다음과 같이 기록되어 있습니다.

"환국한 지 얼마 안 돼 병을 얻은 소현 세자는 며칠 만에 죽었다. 세자의 온몸이 검은빛을 띠었고, 이목구비의 일곱 구멍에서 선혈이 흘러나와 얼굴의 반을 덮고 있었다. 곁에 있는 사람도 얼굴색을 분별할 수 없어 마치 약물에 중독된 사람 같았다. 이 사실을 아는 사람은 아무도 없었다. 심

○ 지구의
우리나라 최초의 지구의는 소현 세자가 청에서 가져온 여지구(輿地球)이나 전하지는 않는다. 사진은 현존하는 가장 오래된 지구의인데, 15세기 말 독일의 항해가이자 지리학자인 마르틴 베하임이 제작했다.

지어 왕조차도 몰랐다."

인조는 소현 세자의 의문사를 조사할 생각조차 하지 않았습니다. 대사헌 김광현이 침을 잘못 놓은 의관을 처벌해야 한다고 여러 번 간청했으나 인조는 그런 일은 다반사이므로 굳이 처벌할 필요가 없다며 오히려 화를 냈어요. 장례마저 세자의 지위에 맞지 않게 간소하게 치르고 끝냈지요.

소현 세자가 병을 앓다 **환경전**에서 의문의 죽음을 맞자, 1645년 5월 심양에 남아 있던 봉림 대군이 급히 조선으로 돌아왔습니다. 인조는 소현 세자가 죽은 지 3개월 후 대신들을 불러 자신은 병이 깊으니 새로운 세자를 책봉하겠다는 의사를 내비쳤어요. 대신들은 세자가 죽으면 세손에게 왕위를 전하는 법도에 따라 소현 세자의 맏아들 석철이 왕위를 이어야 한다고 주장했지

요. 하지만 인조는 세손이 열 살밖에 되지 않아 곤란하다며 봉림대군을 세자로 삼아 버렸습니다.

인조는 강씨 집안이 불만을 품을 것을 우려해 세자빈 강빈의 형제 네 명을 귀양 보냈어요. 그때 인조는 폐출되어 사사된 연산군의 생모 윤씨를 떠올리며 화근을 없애야겠다는 생각을 했을지도 모릅니다.

죽음의 그림자는 강빈에게도 다가왔습니다. 1646년 1월 3일 인조에게 올린 전복구이 안에 독약이 들어 있는 것으로 확인되었어요. 인조는 강빈을 주모자로 지목했습니다. 하지만 전복구이 사건은 강빈을 죽이려는 모함에 불과했어요. 사건의 진상이 밝혀지지는 않았지만 인조는 강빈이 독을 넣었다고 고집을 부렸지요.

○ 창경궁 환경전과 함인정
(서울시 종로구)
청에서 귀국한 소현 세자가 환경전에서 병을 앓다 사망했다. 환경전 앞에 있는 건물은 편전으로 사용된 함인정이다. 제21대 임금이었던 영조는 과거에 급제한 사람들을 이곳에서 접견했다고 한다.

한 달 후 인조는 김류, 최명길, 김육, 김자점 등을 불러 "강빈은 평소 무례한 여자인데 무슨 짓인들 못 하겠느냐."라며 처벌할 뜻을 비쳤습니다. 대신들은 어찌할 바를 몰라 했지요. 하지만 김자점은 인조의 주장에 호응했고, 결국 세자빈 강씨는 시아버지인 인조의 수라상에 독을 넣었다는 죄목으로 사약을 받았어요.

광해군을 인조반정으로 몰아낸 서인은 소현 세자를 몹시 못마땅하게 생각하고 있었어요. 인조도 청 태종이 자신을 퇴위시키고 소현 세자를 즉위시키는 것 아닌가 하는 의심을 품고 있었지요. 청 황실은 물론 청의 실력자들과 교분을 맺었던 소현 세자가 심양에서 일정한 정치적 역할을 부여받고 왕의 권한을 미리 행사하기도 했으니 청과 맞섰던 인조가 두려움을 느꼈을 수도 있습니다.

결국 대명 사대주의에 젖은 인조는 실리 외교를 내세우는 소현 세자보다는 반청 감정을 가진 봉림 대군을 세자로 택했습니다. 인조는 자신의 자리를 지키기 위해 명을 섬겨야 한다는 사대주의를 명분 삼아 수많은 백성을 전쟁과 굶주림 속으로 몰아넣었을 뿐만 아니라 자기 아들, 손자, 며느리까지도 죽음에 이르게 했어요.

역사에서 '만약'은 없다고 하지만, 서양 문물에 눈뜬 소현 세자가 왕위를 이어받아 일본에 앞서 서양 문물을 도입했다면 조선의 근대화가 100년은 더 빨라졌을 거예요. 또한 구한말에 외세에 휘둘려 나라를 빼앗기는 일도 없었을지 모릅니다. 이러한 인물을 잃은 것은 우리로서는 큰 손실이었지요.

2 무산된 북벌의 꿈

효종, 볼모의 한을 씻기 위해 북벌의 꿈을 키우다

봉림 대군(효종)은 청에 볼모로 머무르는 동안 형인 소현 세자를 옆에서 적극적으로 보호했습니다. 청이 산하이관을 공격할 때 소현 세자의 동행을 강요하자 봉림 대군은 자신을 대신 보내 달라고 주장했어요. 또한 서역 일대를 공격할 때도 소현 세자의 보호자로 동행했지요.

1645년 2월에 소현 세자가 먼저 조선에 돌아왔고, 같은 해 4월 소현 세자가 갑자기 죽자 봉림 대군이 돌아와 세자로 책봉되었어요. 1649년 인조가 54세의 나이로 승하한 후 봉림 대군은 창덕궁에서 조선 제17대 왕으로 즉위했습니다.

효종은 8년간 청에 머무르면서 서쪽으로는 몽골, 남쪽으로는 산하이관까지 나아가 명이 패망하는 것을 직접 경험하면서 온갖 고생을 했어요.

효종은 즉위 후 표면적으로는 청과 사대 관계를 취했지만 안

○ 장릉(경기 파주시)
인조와 인열 왕후의 능이다. 창덕궁에서 숨을 거둔 인조는 생전에 능지로 지목했던 곳에 예장되었다. 하지만 뱀과 전갈이 많아 현재 위치인 경기도 파주로 자리를 옮겼다. 사진작가 서헌강 제공

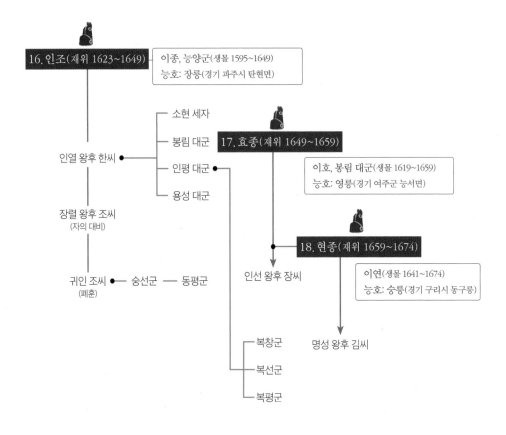

16. 인조(재위 1623~1649)

이종, 능양군(생몰 1595~1649)
능호: 장릉(경기 파주시 탄현면)

인열 왕후 한씨

소현 세자

봉림 대군

인평 대군

용성 대군

17. 효종(재위 1649~1659)

이호, 봉림 대군(생몰 1619~1659)
능호: 영릉(경기 여주군 능서면)

장렬 왕후 조씨
(자의 대비)

18. 현종(재위 1659~1674)

이연(생몰 1641~1674)
능호: 숭릉(경기 구리시 동구릉)

인선 왕후 장씨

귀인 조씨 ● 숭선군 ── 동평군
(폐훈)

복창군

복선군

복평군

명성 왕후 김씨

○ 영릉(효종과 인선 왕후 장씨의 능)

○ 숭릉(현종과 명성 왕후 김씨의 능)

으로는 청을 공격하는 북벌을 준비했습니다. 1652년(효종 3년) 북벌의 선봉대인 어영청을 대폭 강화하였고, 임금의 친위병인 금군을 기병화했으며, 5군영의 하나인 수어청을 강화해 서울 외곽의 방비를 튼튼히 했어요. 또한 수도를 방비하는 어영청을 2만 명으로, 훈련도감의 군사를 만 명으로 늘리려 했으나 재정난으로 실행하지는 못했습니다. 1656년에는 남방 지역의 속오군에 경제적으로 보조하는 보인을 붙여 훈련에 전념하도록 했어요.

'북벌론'은 소중화주의에 입각해 오랑캐에게 당한 병자호란과 삼전도 굴욕의 수치를 씻고, 임진왜란 때 조선을 도와준 명에 대해 의리를 지키자는 주장입니다. 북벌론은 3학사인 홍익한, 윤집, 오달제로부터 시작되었는데, 효종의 북벌 계획에 큰 영향을 미쳤어요.

○ 현절사(경기 광주시)
홍익한, 윤집, 오달제의 넋을 위로하고 충절을 기리기 위해 세운 사당이다. 3학사와 함께 청에 항복하기를 반대했던 김상헌과 정온의 위패도 함께 봉안하고 있다.

김자점, 소현 세자에 이어 효종에게도 칼을 겨누다

김자점은 김질의 후손입니다. 김질은 성삼문과 함께 단종 복위를 도모하다 동지를 배반하고 세조에게 고해바친 인물이었지요. 김자점은 인목 대비 폐모론이 나온 이후 벼슬길을 단념하고 이귀, 최명길 등과 함께 반정을 기도했습니다. 마침내 1623년 3월 군대를 모아 이귀, 김류, 이괄 등과 함께 홍제원에서 궁궐로 진격해 들어가 반정에 성공했지요.

인조는 정묘호란이 일어났을 때 김자점에게 병권을 맡겼습니다. 김자점은 정묘호란 때 왕실을 호위한 공로로 도원수가 되었고 서북쪽을 방어하는 책임자가 되었어요. 하지만 병자호란이 일어나자 전투를 회피해 적군이 급속히 남하하도록 허용하기도 했지요.

인조를 반청주의자로 여긴 청은 심양의 조선관에서 소현 세자와 조선에 관한 문제를 의논한 적이 있습니다. 이를 두고 김자점은 인조의 후궁 귀인 조씨(조소용)와 함께 "소현 세자가 심양에서 왕처럼 외교 문서를 결재하고 있다."라고 이간질했어요. 인조의 총애를 받고 있던 후궁 조씨는 "소현 세자가 조선으로 돌아오면 청에서는 세자를 왕으로 세우려고 한다."라고 음해하기도 했지요.

소현 세자가 의문의 죽임을 당했을 때 김자점은 인조의 뜻을 알아채고는 강빈을 처형할 것을 주장했습니다. 한편, 김자점은 인조의 총애를 받던 귀인 조씨가 낳은 효명 옹주와 자신의 손자 세룡을 결혼시킴으로써 인조와 더욱 가까워졌어요.

하지만 인조가 죽고 효종이 즉위하면서 북벌론이 대두하자 김자점은 신변의 위험을 느꼈습니다. 김자점은 여러 차례 사은사로 청을 내왕하면서 청과 우호적인 관계를 형성하고 있었거든요. 김자점은 청의 앞잡이인 역관 이형장을 시켜 "새 왕(효종)이

옛 신하들을 몰아내고 청을 치려 한다."라는 북벌 계획을 청에
누설하기도 했어요.

　김자점은 대간들의 극렬한 탄핵을 받아 인조가 죽은 지 6일 만
에 광양으로 유배되었습니다. 김자점은 유배된 후에도 1651년
(효종 2년) 귀인 조씨에게 "이대로 가면 귀인마마나 저는 목숨을
잃을 수도 있습니다. 승선군(귀인 조씨의 아들)을 새 왕으로 추대
해야 합니다."라는 내용의 편지를 보냈어요. 한편, 김자점은 아
들 김익에게 "군사를 일으켜 원두표, 송시열, 송준길 등을 제거
하라."고 지시했습니다. 하지만 이 역모 계획은 사전에 누설되어
김자점을 비롯한 주모자들이 거열형에 처해졌어요.

　인조반정 이후 출세 가도를 달린 김자점은 소현 세자를 제거
하는 데 앞장섰고, 북벌론을 청에 누설했으며, 아들 김익의 역모
사건을 배후에서 조종했어요. 시대에 따라 권력에 빌붙어 아슬
아슬하게 줄타기했던 김자점은 결국 사지가 줄에 매인 채 참담
한 최후를 맞았습니다.

**⊙ 동춘당(보물 제209호,
대전시 대덕구)**
송준길이 별당을 세우고 자
신의 호를 따서 이름을 지었
다. 동춘당에는 송시열이 쓴
현판이 걸려 있다.

북벌을 위해 키운 군대로 청을 도와 나선 정벌에 나서다

효종은 송시열, 송준길, 이완 등을 등용해 군대를 양성하고 성곽을 수리하는 등 북벌에 의욕을 보였으나, 북벌을 실행하기에는 당시 상황이 여의치 않았습니다. 조선은 두 차례의 전란이 남긴 후유증에서 아직 벗어나지 못했지만 청은 명의 잔여 세력을 소탕하고 이미 안정기에 접어들었기 때문이었지요. 효종 말년에는 송시열도 군비 확충에 반대하는 입장으로 돌아섰어요. 결국 1659년 효종이 죽자 북벌론은 무산되고 말았지요.

숙종 때에도 청의 내부에서 혼란이 일어난 것을 틈타 남인인 **윤휴**를 중심으로 북벌론이 제기되기도 했어요. 하지만 청이 곧 안정을 되찾고 윤휴가 실각함에 따라 실천으로 옮기지는 못했지요.

청을 정벌하기 위해 양성된 조선의 군대는 오히려 청을 돕는 데 쓰였습니다. 바로 '나선 정벌' 때의 일이었지요. '나선'은 러시

❍ 옥류각(대전시 동구)
송준길과 문인들이 강학을 위해 세운 건물이다. 옥류는 '골짜기에 옥 같이 맑은 물이 흘러내리고 있다.'라는 의미를 지니고 있다. 옥류각 앞쪽에 있는 바위에는 송준길이 쓴 '超然物外(초연물외, 세속의 바깥에 있고, 인위적인 것을 벗어나 있다)'가 새겨져 있다.

아 사람들, 즉 '러시안(Russian)'을 한자음으로 옮긴 말이에요. 청은 17세기 표트르 1세 때부터 남하하던 러시아와 충돌하게 되자 조선에 원병을 요청했습니다. 이에 조선은 북벌론에 대한 의심을 피하려고 어쩔 수 없이 출병하게 되었어요.

흑룡강 일대의 풍부한 자원을 탐냈던 러시아는 1651년(효종 2년) 흑룡강 오른쪽 기슭의 알바진 하구에 성을 쌓고 모피를 수집했습니다. 러시아와 청의 수렵민들은 모피를 차지하기 위해 충돌했고, 마침내 청의 군사까지 개입하게 되었지요.

❂ 윤휴(1617~1680)
어려서부터 학문이 출중했던 윤휴는 사상적으로 자유롭고 개혁적인 성향을 지니고 있었다. 위 그림은 윤휴의 초상화로 알려져 있지만, 부친인 윤효전의 초상화라는 주장도 제기되고 있다.

1652년 러시아인들은 다시 우수리강 어귀로 내려가 성을 쌓고 송화강 방면으로 활동 범위를 넓혔습니다. 청은 영고탑에 있던 군사를 보내 러시아군을 쫓아내려 했으나, 총을 지닌 러시아 군사를 당해 내지 못했어요. 결국 청은 1654년 2월 조선에 사신을 보내 조총 군사 100명을 지원해 달라고 요청했어요.

효종은 함경도 병마우후 변급에게 조총군 100명, 취사병 20명 등 150여 명을 거느리고 출정하도록 지시했습니다. 1654년 4월 28일 모란강 상류 지역의 영고탑에 도착한 조선 조총군은 청군과 합류해 흑룡강으로 거슬러 올라오는 러시아군과 마주쳤어요.

변급의 보고에 따르면 러시아군은 대선 13척, 소선 26척에 병력은 400명 미만이었어요. 병력은 조·청 연합군이 우세했지만 함선의 성능과 화력은 열세였지요. 변급은 수상전을 피하고 육지에서 통 버드나무를 목책으로 삼은 후 러시아 함선에 집중 사격을 가했습니다. 러시아군은 변급의 기습에 휘말려 많은 부상자를 내고 흑룡강을 거슬러 후퇴했어요.

조선군은 단 한 명의 사상자도 없이 84일간의 원정을 마치고 6월 20일 두만강을 건너 조선으로 돌아왔어요. 이것이 제1차 나선 정벌입니다.

그 후에도 러시아군과 청군 사이에 계속 마찰이 일어났지만 청군은 번번이 패했습니다. 1658년 3월 청이 다시 조선 조총군의 파견을 요청하자, 조선 조정은 혜산진 첨사 신류에게 조총군 200명과 일반 병사 60여 명을 맡겨 정벌에 나서도록 했어요.

조선군은 영고탑에서 청군과 합류해 흑룡강으로 나아갔고, 송화강과 흑룡강이 합류하는 지점에서 러시아군과 마주쳤습니다. 스테파노프가 이끄는 러시아군이 강에서 큰 배 10여 척을 앞세워 공격하고 육상에서도 협공해 오자 청군은 감히 나아가지 못했어요. 하지만 조선군이 불화살을 쏘아 적선을 불태우자 러시아군은 흩어져 도망가기 시작했지요.

신류는 적선을 모두 불태우려 했으나, 청 장수 사이호달이 전리품에 욕심을 내 적선을 불태우지 말라는 명령을 내렸습니다. 이에 신류는 "여세를 몰아 적선을 불태웠으면 적은 한 명도 살아남지 못했을 것이다."라며 아쉬워했어요. 이 때문에 조선 병사 여덟 명이 사망하고 25명이 다쳤지요. 러시아의 배 11척 가운데 10척이 불타고, 스테파노프를 포함한 270여 명의 군인이 전사했습니다. 이것이 제2차 나선 정벌이에요.

적은 수의 군사로 큰 전과를 올렸다는 사실은 효종 즉위 초부터 북벌 계획이 나름대로 잘 준비되었다는 것을 말해 줍니다. 나선 정벌의 승리는 조선군이 청군과도 싸워 이길 수 있다는 자신감을 드높여 주었어요. 20여 년 전 삼전도의 치욕을 기억하고 있던 조선군은 청군도 연패한 러시아군을 꺾었다는 데서 큰 자부심을 느꼈을 것입니다. 만약 효종이 일찍 세상을 떠나지 않고 조총수들에게 북벌을 맡겼다면 조선군은 상당한 전과를 올릴 수도 있었을 거예요.

나선 정벌의 승리로 조선군의 사기는 높아졌고, 이후에도 조선은 산성을 정비하고 군비를 확충하는 등 북벌 계획을 계속 추진했습니다. 또한 제주도에 표류한 하멜을 훈련도감에 보내 조총, 화포 등의 신무기를 개량하게 했어요. 하지만 지나치게 군비 확충에만 주력하는 바람에 조정은 재정적 어려움을 겪었고, 백성은 생활고에 시달려야 했지요.

송시열의 비협조로 북벌 정책이 물거품 되다

김육을 중심으로 결집한 한당은 대동법 시행을 주장했고, 이를 반대한 산당과 정치적으로 대립하였습니다. 당 간의 갈등 끝에 김육은 산당을 물리치고 정국의 주도권을 잡았지요. 그러자 산당의 영수 김집이 관직에서 물러나 낙향했고, 그 뒤를 따라 산당

○ 러시아의 요새를 공격하는 청군
1686년 청군이 흑룡강 북안에 있는 알바진 요새를 공격하는 장면을 묘사한 그림이다. 이후 청과 러시아는 국경 확정을 위해 네르친스크 조약을 맺었다..

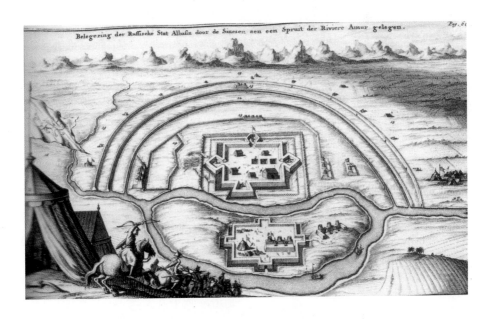

Belegering der Ruſſiſche Stat Albaſin door de Sineſen aen een Spruit der Riviere Amur gelegen.

🔴 나선 정벌의 전개 과정

⊙ 나선 정벌 1차 전투가 벌어진 목단강과 송화강 합류 지점
영고탑으로부터 목단강을 따라 내려오던 조·청 연합군과 흑룡강에서부터 상류로 거슬러 올라오던 러시아군은 두 강이 합류하는 지점에서
마주쳤다. 유유히 흐르던 강은 격렬한 총격전이 벌어지는 전쟁터로 바뀌었다. 거대한 러시아 배를 상대로 싸우던 연합군은 상황이 불리하
다는 것을 인식하고는 사진 중앙에 보이는 언덕에 올라 진을 쳤다. 연합군을 따라 상륙한 러시아군은 이들을 향해 돌진했으나 변급이 지휘
한 조선군의 총격으로 부상자가 많이 발생했다. 상황이 여의치 않다고 판단한 러시아군은 다시 배 위로 올라 흑룡강 쪽으로 후퇴했다. 전열
을 가다듬은 연합군이 러시아군을 추격했으나 송화강과 흑룡강이 합류하는 지점에서 후퇴했다. 이것이 1654년(효종 5)에 일어난 1차 전투
의 전말이다. 서강대 계승범 교수 사진 제공

한당, 산당(漢黨, 山黨)
서인은 대동법을 주장한 '한
당'과 이를 반대한 '산당'으
로 갈라졌다. 한당이란 명칭
은 한강 이북에 거주했던 사
람들이 모인 데서 유래했다.
산당은 충청도 연산과 회덕
지방 출신 중심으로 결집되
었다.

인 송시열, 송준길 등도 모두 낙향했어요. 한당은 대동법이 전국
적으로 시행되도록 힘썼지만, 김육이 사망하자 세력이 약해졌습
니다. 이 틈을 타 송준길, 송시열 등이 산당을 주도하며 점차 영
향력을 확대했어요.

1658년(효종 9년) 김육이 죽은 후 효종은 반청론을 주장한 송
시열, 송준길, 김집 등과 함께 북벌 계획을 추진했어요. 효종이
실제로 북벌을 구상했다면 송시열은 북벌론을 통해 자신의 정치
적 입지를 강화하고자 했지요. 송시열은 구체적인 북벌 계획은
내놓지 않고 유교적 명분론에 따라 수신(修身)을 먼저 해야 한다
는 주장만 내세웠습니다. 더군다나 "전하의 재위 기간 8년 동안
한 치의 실효도 없었습니다. 위로는 명 황제에게 보답하지 못했
고 아래로는 신하와 백성의 바람에 답하지 못했습니다."라는 밀
봉 상소를 올려 효종의 통치 행위를 전면적으로 부정하기까지
했어요.

효종은 "모두 내게 수신만 권하고 있는데 치욕을 씻지 않고 수
신만 하면 무슨 이익이 있는가?"라고 힐난했으나, 산당의 협조
없이 북벌을 추진하는 것은 사실상 불가능한 상황이었어요.

북벌 추진을 위해 산당을 끌어들이기로 한 효종은 송시열을
이조 판서로, 송준길을 대사헌으로 삼았습니다. 송시열에게는
인사권을, 송준길에게는 탄핵권을 준 셈이지요.

결국 효종은 1659년 송시열과의 독대에서 자신의 북벌 계획
을 구체적으로 밝혔어요. 이는 송시열의 『송자대전』에 기록되어
있습니다. "저 오랑캐들은 곧 망할 것이다. 10년 동안 군사를 훈
련하고 군 장비를 준비하며 군량을 비축해야 한다. 백성이 일치
단결해 10만 명의 정예 군사를 양성한 다음 명과 내통해 기습하
고자 한다."

○ 송시열(1607~1689)
주자학의 대가 송시열은 재
야에 은거하는 동안에도 막
강한 정치적 영향력을 행사
했다. 그러나 주자학 외의 다
른 사상이나 경전의 해석은
경계했다.

효종은 "예전에는 마음을 같이하는 신하 한둘만 있어도 도움
이 된다고 했는데, 지금은 모두 눈앞의 이익만 추구하고 있으니,
누가 나와 함께 일할까."라며 탄식했어요. 하지만 송시열은 "제
왕은 먼저 자신의 몸을 닦고 집안을 다스린 후에야 법도를 세웠
습니다. 신하가 제 집안을 키우는 데만 힘쓰는 것도 전하를 보고
배운 것이 아니라고 어찌 말할 수 있나이까."라고 대놓고 비판했
지요. 효종의 의지와는 반대로 송시열은 북벌 이전에 수신이 선
행되어야 한다는 주장을 굽히지 않았어요.

그래도 효종은 송시열을 내치지 않고 북벌 추진을 단서로 더 큰 임무를 맡기겠다고 약속했습니다. 효종의 말대로 왕과 신하들이 일치단결했다면 북벌은 그리 불가능한 꿈도 아니었을 거예요. 나선 정벌 때 조총 부대의 놀라운 전투력을 이미 시험해 보기도 했으니까요. 하지만 안타깝게도 사대부들에게는 북벌의 꿈보다 기득권 유지가 훨씬 더 중요한 일이었습니다.

1659년 5월 4일 효종은 꿈에도 그리던 북벌을 이루지 못한 채 갑작스레 눈을 감았습니다. 의원이 효종의 귀밑에 난 종기를 치료하다가 침을 잘못 놓아 피를 두어 말이나 쏟고 그만 숨을 거두었다고 하지요.

김육, 대동법을 충청도와 전라도에서 시행하다

김육은 임진왜란과 병자호란을 겪으면서 백성의 참상을 목격했기에 누구보다 전후 복구 문제가 시급하다는 사실을 잘 알고 있었습니다. 사사로운 이익과 욕심만 좇는 위정자와는 달리 김육

○ 영릉(경기 여주시)
효종과 비 인선 왕후 장씨의 무덤이다. 효종은 인선 왕후 장씨와 안빈 이씨 등 4명의 부인으로부터 1남 7녀를 얻었는데, 인선 왕후 장씨 소생이 현종이다.

읍궁암(충북 괴산군)

효종이 승하했다는 소식을 들은 송시열이 매일 새벽마다 이 바위에서 통곡했다고 한다.

화양 계곡 첨성대(충북 괴산군)

수십 미터 높이로 우뚝 치솟은 바위이다. 이곳에서 별을 관측했다고 해 '첨성대'라는 이름이 붙었다. 근처에는 '大明天地 崇禎日月(대명천지 숭정일월)'이라는 송시열의 글씨가 새겨진 바위가 있다.

은 국가 재정뿐 아니라 백성을 구제하는 일에도 온 힘을 기울였
어요.

이미 이원익의 건의로 1608년(광해군 원년) 경기도에서 대동
법을 시행한 적이 있었지만, 전국적으로 확대되지는 못했어요.
1638년(인조 16년) 충청도 감사가 된 **김육**은 대동법 시행을 강
력하게 건의했습니다. 김육은 대동법이 백성을 구제하는 방편
이면서 동시에 국가 재정 확보에도 도움이 되는 시책이라 생각
했어요.

하지만 반대로 대동법이 국가 재정을 부족하게 만드는 세법
이라 생각하는 관리들도 많아 한계에 부딪혔지요. 우의정에 제
수된 김육은 효종에게 충청도와 전라도에도 대동법을 시행할
것을 건의해 1651년 8월 충청도에서도 대동법을 시행했어요.
김육은 이에 만족하지 않고 1658년 전라도 연해안 27개 군현에
서도 대동법을 추진했지요.

대동법에 따라 납부 기준이 호에서 토지로 바뀌면서 대지주인
수령과 관료의 반발이 극심했어요. 김육은 이런 반발을 잠재
우기 위해 효종을 확실히 자기편으로 끌어들여야 했습니다.

한편, 김육은 대동법 시행에 반대한 호서(충청도) 사림인
김집, 송시열 등과 정치적 갈등을 겪기도 했어요. 1658년 7월 효
종이 충청도 회덕 출신의 송시열에게 "충청도에서 시행된 대동
법에 대해 백성은 어떻게 생각하는가?"라고 물었어요. 대동법을
반대했던 송시열도 "편하게 여기는 자가 많으니 좋은 법입니
다."라고 대답했지요.

1658년 9월 김육은 죽기 직전 왕에게 올린
상소에서도 호남의 대동법 시행을 강조했어
요. 김육이 살아 있을 때에는 충청도와 전라도

대동법(大同法)
토산물 대신 토지의 결수
에 따라 쌀(1결당 12두), 삼
베, 무명, 동전 등을 내는 제
도이다. 토지가 없는 농민은
부담이 줄어 크게 환영했다.

◎ 김육비(충남 아산시)
1660년(현종 1) 대동법을 주장
해 시행토록 한 김육의 공을
기리기 위해 세운 비석이다.

연해안 각 고을에서 대동법이 시행되었고, 죽은 후에는 김육의 유지를 받든 전남도 감사 서필원의 노력으로 1662년(현종 3년) 산골 마을에서도 시행되었지요.

김육은 대동법 외에도 1651년 상평통보 주조를 건의해 한양과 서북 지방에 화폐가 유통되도록 적극적으로 밀어붙였습니다. 이런 노력에 힘입어 상평통보는 숙종 때 법정 화폐로 상용화되었어요. 또한 1653년에는 김육의 주장에 따라 선진화된 역법인 시헌력이 조선 실정에 맞게 도입되기도 했지요.

김육은 79세를 일기로 생을 마감했습니다. 주위의 극심한 반대에도 꿋꿋이 대동법을 추진한 김육에 대해 효종은 "어떻게 하면 김육처럼 흔들리지 않으면서 확고하게 국사를 담당하는 사람을 얻을 수 있겠는가."라며 애석해 했어요.

◐ 대동법 기념비
(경기 평택시)
1659년(효종 10) 김육이 충청 감사로 있을 때 대동법 시행의 성과를 기리기 위해 건립한 기념비이다.

3 예송 논쟁

서인과 남인, 예송 논쟁으로 주도권 경쟁을 하다

효종이 세상을 떠나고 현종이 뒤를 이어 왕위에 올랐습니다. 현종은 1641년(인조 19년) 청의 심양 관저에서 태어났어요. 조선 시대에 외국에서 태어난 유일한 왕이라 할 수 있지요. 현종의 어머니는 우의정 장유의 딸 인선 왕후이고, 현종의 비는 영돈녕부사 김우명의 딸 명성 왕후예요. 명성 왕후 김씨는 1남 3녀를 낳았는데, 장남이 바로 숙종입니다.

현종은 15년의 재위 기간 대부분을 예론을 둘러싼 서인과 남인의 정쟁 속에서 지냈습니다. 아버지 효종과 어머니 인선 왕후가 죽었을 때 할머니인 대왕대비(자의 대비)가 상복을 입는 기간을 두고 대신들은 서인과 남인으로 나뉘어 갑론을박했지요. 표면적으로는 왕실의 예법을 따지는 문제처럼 보이지만, 실은 권력

✪ **인평대군치제문비**
(경기 포천시)
인평 대군이 세상을 떠나자 형인 효종과 후대 왕들이 그의 인품과 업적을 치하하며 지은 비문이다. 조선 시대 임금의 글과 글씨를 한 곳에서 볼 수 있는 중요한 유적이다.

✪ **인평대군신도비**
(경기 포천시)
인평 대군은 인조의 셋째 아들이자 효종의 동생이다. 글과 그림에 능하고 학문에 뛰어났던 인평 대군은 네 차례에 걸쳐 사은사로 청에 다녀왔다.

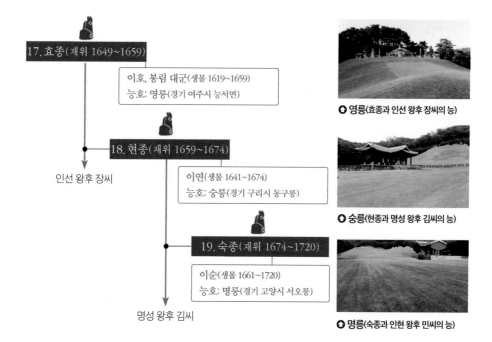

17. 효종(재위 1649~1659)

이호, 봉림 대군(생몰 1619~1659)
능호: 영릉(경기 여주시 능서면)

○ 영릉(효종과 인선 왕후 장씨의 능)

인선 왕후 장씨

18. 현종(재위 1659~1674)

이연(생몰 1641~1674)
능호: 숭릉(경기 구리시 동구릉)

○ 숭릉(현종과 명성 왕후 김씨의 능)

19. 숙종(재위 1674~1720)

이순(생몰 1661~1720)
능호: 명릉(경기 고양시 서오릉)

명성 왕후 김씨

○ 명릉(숙종과 인현 왕후 민씨의 능)

다툼이었어요. 결국 어떤 당파가 정권을 주도할 것인가의 문제로 귀결되었지요.

예송은 붕당 정치의 양상을 바꾸는 데 큰 영향을 미쳤습니다. 현종이 집권할 무렵에는 붕당의 구도가 서인이 우세한 가운데 남인과 연합한 형태를 띠었어요. 두 붕당이 공존하며 정국을 이끌어 갔다고 할 수 있지요. 하지만 두 차례의 예송을 거치면서 서인과 남인의 대립이 극심해졌고, 이후 집권당이 상대 당을 배제한 채 독점적으로 정국을 운영해 나갔어요.

인조에게는 소현 세자, 봉림 대군, **인평 대군**, 용성 대군 이렇게 네 아들이 있었습니다. 소현 세자는 이른 나이에 죽었는데, 종법에 따르면 소현 세자의 맏아들인 석철이 세자로 책봉되어야 했어요.

하지만 인조와 당시 집권 세력은 둘째 아들인 봉림 대군(효종)을 세자로 책봉했습니다. 이로 말미암아 효종의 정통성이 도마 위에 올랐던 것이지요.

예송(禮訟)
예학에서의 시비를 가리는 것을 말한다. 예학은 유교적 관혼상제의 의례에 관한 학문을 말한다.

종법(禮訟)
제사의 계승과 종족의 결합을 위한 친족 제도의 기본이 되는 범이다. 중국 주(周) 때 적장자 상속제 확립을 위해 생겨났다. 우리나라에는 삼국 시대 초기에 전래되었고 고려 말기에 일반화됐다. 조종묘의 제사, 공동 향찬, 복상(服喪), 동종 불혼 등을 규정하고 있다.

효종을 차남으로 여겨 자의 대비가 일 년 간 상복을 입다

1659년 효종은 갑작스럽게 죽음을 맞이했습니다. 이때 조정에서는 효종의 새어머니인 자의 대비가 상복 입는 기간을 두고 논쟁이 일어났어요. 이 논쟁을 '기해 예송(1차 예송)'이라고 합니다.

『주자가례』에 따르면 부모는 장자에 대해서는 3년상을 치르고 둘째 이하의 아들에게는 기년상(일년상)을 치러야 했습니다. 송시열과 송준길 등 서인은 "왕실도 사대부와 같이 『주자가례』를 따라야 한다. 효종은 둘째 아들(차남)이므로 자의 대비가 일 년간 상복을 입어야 한다."라고 주장했어요. 효종은 왕이었지만 대비에게는 둘째 아들에 불과하다고 생각한 것이지요.

한편, 왕실의 예법을 다룬 『경국대전』에는 "장남이든 차남이든 상관없이 일 년"이라는 규정이 있어 왕실의 법도를 따라도 자의 대비는 일 년간 상복을 입어야 했습니다.

허목, 윤선도 등 남인은 이에 반발해 "효종은 차남이지만 왕위를 이었기에 장남 대우를 받아야 한다."라고 주장했어요. 윤휴도 "왕실은 사대부와 다르므로 자의 대비가 어머니라 할지라도 신하의 입장에서 3년 동안 상복을 입는 것이 옳다."라고 주장했지요.

예송은 효종의 정통성과도 연관된 문제였습니다. 장자 계승 원칙을 내세운 서인의 주장은 자칫 왕위 계승권이 효종의 아들(현종)에게 이어지는 것이 아니라 적자인 소현 세자의 아들에게 있다는 것으로 오해를 살 만했지요. 종법을 엄격하게 따진 송시열의 주장을 확대해 해석하면, 효종은 둘째 아들로서 왕위 계승의 자격이 없었는데도 왕이 된 셈이었습니다. 게다가 소현 세자의 아들이 아직 살아 있기 때문에 송시열의 종법주의는 현종의 왕위 계승을 부정하고 역모를 꾀하기 위한 근거로 비칠 수도 있었지요.

실제로 윤선도는 기년상을 주장하는 송시열 등을 역모로 몰아갔습니다. "송시열과 송준길은 효종의 덕을 다 받으면서 효종에게 각박하게 구는 까닭이 무엇이냐?"라고 다그쳤지요. 하지만 서인은 "예론을 빙자해 송시열 등 서인을 모함하려고 이간질했다."라며 윤선도를 탄핵해 귀양을 보내 버렸습니다.

현종은 서인의 주장을 따랐고, 이제 더는 예론을 거론하지 말라고 엄명했어요. 예송 문제는 차차 잦아들었습니다. 하지만 정쟁에서 패배한 남인은 정권을 장악하려는 싸움을 계속했어요. 남인 유생들의 윤선도 구명 운동이 이어졌고, 예송의 불씨는 지방으로 옮겨져 지방 유생들끼리 대립하는 양상으로 치달았지요.

1차 예송은 소현 세자의 아들들이 모두 죽고, 1667년(현종 8년) 현종의 아들 이순(훗날 숙종)이 왕세자로 책봉되면서 일단락되었습니다. 이제 서인과 남인의 대립은 송시열과 허적의 정책 대립으로 발전하였어요.

◐ 휘릉(경기 구리시)
인조의 계비 장렬 왕후 조씨의 능이다. 인조가 승하한 뒤 26세의 나이로 대비가 된 장렬 왕후는 '자의(慈懿)'라는 존호를 받아 자의 대비로 불렸다. 인조 계비에 이어 효종, 현종, 숙종 때까지 4대에 걸쳐 왕실의 어른으로 지냈다.

붕당 정치의 흐름

동인은 이황, 조식, 서경덕의 학문을 계승한 사람들을 중심으로 다수의 신진 세력이 참여하여 먼저 붕당의 모습을 갖추었다. 서인은 이이와 성혼의 문인이 가담하면서 붕당을 형성하였다. 정철의 건저의 사건으로 서인이 정계에서 밀려나면서 동인은 강경파인 북인과 온건파인 남인으로 나뉘었다. 서인이 주도한 인조반정으로 광해군과 북인이 몰락하고 인조 때 송시열이 정국을 주도하였다. 현종 때 효종의 왕위 계승과 관련하여 두 차례의 예송이 일어났고 서인과 남인의 대립이 극심해졌다.

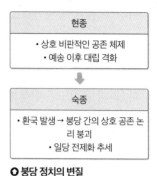

현종
- 상호 비판적인 공존 체제
- 예송 이후 대립 격화

숙종
- 환국 발생 → 붕당 간의 상호 공존 논리 붕괴
- 일당 전제화 추세

❍ **붕당 정치의 변질**

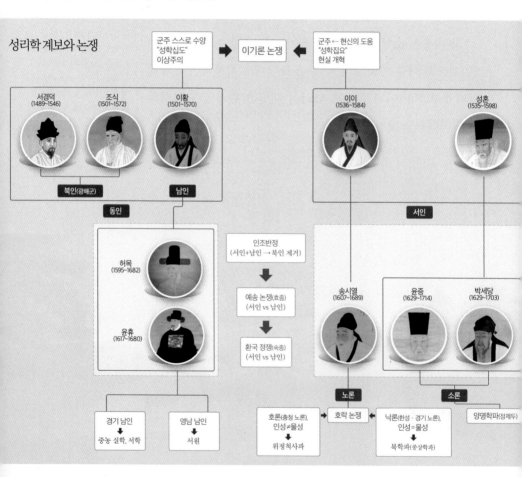

성리학 계보와 논쟁

군주 스스로 수양
"성학십도"
이상주의

이기론 논쟁

군주 ← 현신의 도움
"성학집요"
현실 개혁

서경덕 (1489~1546) | 조식 (1501~1572) | 이황 (1501~1570) | 이이 (1536~1584) | 성혼 (1535~1598)

북인(광해군) | 남인

동인 | 서인

허목 (1595~1682)
윤휴 (1617~1680)

인조반정
(서인+남인 → 북인 제거)

예송 논쟁(효종)
(서인 vs 남인)

환국 정쟁(숙종)
(서인 vs 남인)

송시열 (1607~1689) | 윤증 (1629~1714) | 박세당 (1629~1703)

노론 | 소론

경기 남인
↓
중농 실학, 서학

영남 남인
↓
서원

호론(충청 노론),
인성≠물성
↓
위정척사파

호락 논쟁

낙론(한성·경기 노론),
인성=물성
↓
북학파(중상학파)

양명학파(정제두)

상복 입는 기간을 둘러싸고 벌어진 예송

허목(1595~1682)

효종 임금이 둘째 아들이지만 왕위를 계승하였으므로 대비께서는 왕에 대한 예우에 따라 3년간 상복을 입으셔야 합니다.

송시열(1607~1689)

효종께서는 둘째이시므로 사대부의 법도에 따라 대비께서는 1년 동안 상복을 입으시면 됩니다.

예송은 둘째 아들로 왕위에 오른 효종의 정통성과 관련하여 두 차례의 논쟁으로 발전하였다. 1차 예송은 효종이 죽은 뒤 계모인 자의 대비가 효종의 상(喪)을 당해 상복을 3년 동안 입을 것인지, 1년 동안 입을 것인지를 두고 벌인 논쟁이었다. 2차 예송에서는 자의 대비가 며느리인 효종비의 상을 당해 상복을 1년 동안 입을 것인지, 9개월 동안 입을 것인지를 두고 논쟁을 벌였다. 허목 등 남인은 왕실의 예는 사대부의 예와 다르다고 주장하였고, 송시열 등 서인은 왕실도 사대부와 같이 "주자가례"를 따라야 한다고 주장하였다. 이에 따라 남인은 1차 예송에서 3년 설, 2차 예송에서 1년 설을 주장하였지만, 서인은 각각 1년 설, 9개월 설을 주장하였다. 1차 예송에서는 서인이 승리하여 집권에 성공하였지만, 2차 예송에서는 남인이 승리하여 정권을 잡았다.

조선 후기의 붕당 정치 변화

시기	16세기 후반	17세기				18세기				19세기		
국왕	선조	광해군	인조	효종	현종	숙종	경종	영조	정조	순조	헌종	철종
사건	임진왜란	중립외교	인조반정 호란	북벌운동	예송	환국		탕평정치	탕평정치	세도정치		
집권세력, 정책	동인 서인	북인	서인·남인		서인 ↓ 남인	서인 ↓ 남인 ↓ 서인	노론 ↓ 소론	산림 부정 서원 정리 낭쌍비 균역법 벽파·시파	시파 육성 초계문신 규장각 화성 건설 장용영 통공 정책	노론 벽파 ↓ 안동 김씨	풍양 조씨	안동 김씨
특징	붕당 형성	붕당의 상호 비판적 공존				일당 전제화		왕권 강화		외척의 권력 독점		

효종 비를 맏며느리로 여겨 자의 대비가 일 년 간 상복을 입다

국왕이 승하했을 때 신하들이 3년복이니 기년복(朞年服, 일 년 동안 입는 상복)이니 논쟁하는 것을 청에서도 이상하게 여겼나 봅니다. 1671년(현종 12년) 2월 청 황제 **강희제**는 북경에 온 동지사(冬至使, 해마다 동짓달에 중국으로 보내던 조선 사신) 복선군 이남(현종의 사촌)에게 "조선 백성은 기근으로 다 굶어 죽게 되었는데, 이는 신하가 강하기 때문이 아닌가. 돌아가면 이 말을 꼭 전하라."고 말했어요.

복선군은 "신하가 강해 백성이 굶주릴 까닭이 있겠습니까."라고 반박했지요. 그러자 강희제는 "정사가 국왕의 가까운 친척이니 그렇게 말한 것이오."라고 대답했어요. 강희제가 보기에도 예송을 내세워 왕까지 압박하는 조선의 상황이 매우 안타까웠나 봅니다.

청 황제가 본 그대로 조선의 신하들은 백성이 기근으로 죽어 나가는데도 자신들의 기득권을 지키기 위해 예론에 집착하고 있었어요.

1차 예송이 끝나고 15년 후 효종 비 인선 왕후가 죽자 또다시 예송 문제가 불거졌어요. 2차 예송은 갑인년에 일어났다 해 '갑인 예송'으로 불립니다. 예학을 국가 운영의 근간으로 여긴 당시 남인과 서인은 다시 한 번 정치 생명을 걸고 부딪혔지요.

예조 판서 조형이 대왕대비(자의 대비)의 복제를 처음에는 기년복으로 올렸다가 나중에 대공복(大功服, 9개월 동안 입는 상복)으로 바꾼 일이 있었습니다. 그러자 대구 유생 도신징이 칠순의 늙은 몸을 이끌고 한양으로 올라와 "대왕대비께서 인선 왕후를 위해 입는 상복을 처음에는 기년복으로 정했다가 나중에 대공복

⊙ 주희(1130~1200)
중국 송의 유학자 주희는 도학과 이학을 합친 송학을 집대성했다. '주자'라는 존칭으로 불리는 주희의 학문을 '주자학'이라 하는데, 20세기 초까지 동아시아를 지배한 주도적인 사상이었다.

⊙ 「송조천객귀국시장」 (국립중앙박물관)
중국에 왔다가 고국으로 돌아가는 조선 사신을 전송하는 광경을 묘사한 그림과 시다. 그림 우측에 보이는 것은 북경의 중심에 있는 자금성이다.

으로 고쳤는데, 이는 어떤 전례를 따라 한 것입니까? 지난 예송 때는 『경국대전』에 따라 기년복을 입었는데, 왜 이번에는 『주자가례』를 따라 대공복을 입어야 합니까."라고 항의 상소를 올렸어요.

지난 예송 때 서인은 『주자가례』에 따라 효종을 차남으로 여겨 기년복을 주장했습니다. 이번에도 마찬가지로 『주자가례』의 예를 적용해 인선 왕후를 인종의 둘째 며느리로 보고 상복을 대공복으로 정한 것이었지요. 『경국대전』을 따랐다면 맏며느리든 둘째 며느리든 모두 기년복을 입어야 했어요.

현종은 도신징의 논의를 받아들여 대공복을 입어야 한다고 주장한 서인 김수흥에게 따져 물었습

● 강희제(1654~1722)
청의 제4대 황제인 강희제는 130여 년간 지속된 청의 전성기를 열었다. 중국의 역대 황제 가운데 재위 기간이 61년으로 가장 길었다.

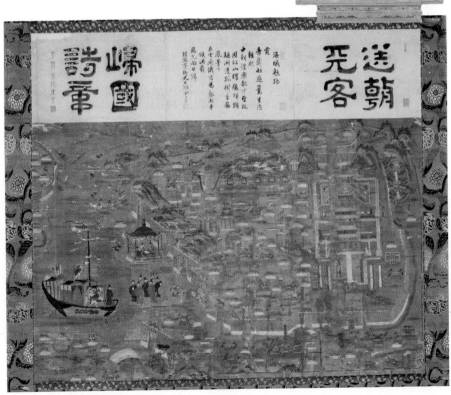

니다. "15년 전에는 고대 중국의 예가 아닌『경국대전』의 국제에 따라 기년복으로 정한 것으로 기억한다. 그렇다면 이번에도 기년복이 되어야 하는데 어째서 대공복인가? 왜 이번에는 중국의 예를 따르는가?" 현종은 1차 예송 때『주자가례』가 아닌『경국대전』의 예에 따라 상복을 정했던 것으로 알고 있었지요.

이때 좌부승지 김석주가 "송시열이 '효종을 둘째로 보아도 괜찮다.'라고 했나이다."라고 보고했습니다. 영의정 김수흥, 판중추부사 김수항 등은 긴급히 회동한 후에도 기해년에 기년복으로 정한 근거만 장황하게 늘어놓았지요. 서인은 겉으로는 효종을 국왕으로 모셨지만, 속으로는 왕실을 자신들과 같은 사대부가로 여겼어요.

현종이 여러 차례 기회를 주었는데도 서인은 송시열을 의식해 계속 대공복을 고집했습니다. 그러자 현종은 "임금에게 이렇게

○ 영릉(경기 여주시)
효종과 인선 왕후 장씨의 능으로, 왕비릉을 아래에 배치한 쌍릉이다. 경종과 선의 왕후의 무덤인 의릉도 같은 형태를 띠고 있다.

박하면서 어느 곳(송시열)에 후하려고 하는 것인가?"라며 분노했지요. 결국 현종은 『경국대전』에 따라 상복 입는 기간을 일 년으로 정해 남인의 편을 들어주었습니다. 사실 현종의 결정에는 서인의 세력이 너무 강해져 이를 견제하고 권력의 균형을 이루기 위한 정치적 의도가 깔려 있었어요.

1674년(현종 15년) 7월 16일 현종은 영의정 김수흥에게 선왕의 은혜를 잊고 송시열의 의견을 추종한 죄를 물어 춘천에 머물게 하는 벌을 내렸습니다. 7월 26일에는 남인 허적을 영의정으로 임명했지요. 현종은 이제 어느 정도 힘의 균형을 맞추고 왕권을 바로 세울 수 있게 되었습니다. 하지만 갑자기 원인 모를 질병에 시달리다 8월 18일 34세의 젊은 나이로 생을 마감하였지요. 현종의 능은 경기도 구리시에 있는 **숭릉**이에요.

○ **숭릉(경기 구리시)**
현종과 명성 왕후 김씨의 능이다. 아홉 개의 왕릉으로 이루어진 동구릉 가운데 하나이다. 팔작 지붕으로 지어진 정자각은 보물 제1742호로 지정되었다.

4 백성의 현실 vs. 지배층의 생활

자식을 삶아먹는 경신 대기근을 겪고도 예법 논쟁을 벌이다

조정이 백성의 삶에는 털끝만큼도 도움이 되지 않는 예송에 휘둘려 있는 사이, 대기근이 조선 팔도를 덮쳤습니다. 경술년(1670년)과 신해년(1671년)에 걸쳐 발생해 '경신 대기근'이라고도 부릅니다. 경신 대기근은 17세기의 범세계적인 기상 이변의 연장선에 있었지요.

임진왜란을 겪은 노인들이 "전쟁 때도 지금보다는 나았다." 라고 넋두리할 정도로 기근은 심각했습니다. 『현종실록』을 보면 1670년 한 해 동안 온갖 자연재해가 집중적으로 일어났고, 전염성 열병이 곳곳에서 유행했어요. 이듬해에는 조정에서 구휼에 적극적으로 나섰지만 셀 수 없이 많은 백성이 죽어 갔습니다. 1671년 1월 11일 전라 감사 오시수는 다음과 같은 보고서를 올렸어요.

"기근의 참혹함이 올해보다 더 심한 때가 없었고 남방의 추위도 올겨울보다 더 심한 때가 없었습니다. 감영에서 가까운 고을에서 얼어 죽은 사람이 190명이나 되고, 갓난아이를 도랑에 버리고 강물에 던지는 일이 많습니다. 돌림병으로 죽은 자가 이미 670여 명이나 됩니다."

경신 대기근 때문에 온 나라가 파멸의 지경에 이르렀습니다. 조선 팔도 전체에 흉년이 들어 당시 조선 인구수인 1,000만여 명 가운데 100만여 명이 기아와 역병으로 죽었다고 추정하기도 합니다.

당시 지급된 구휼미도 모두 썩은 쌀이었어요. 1671년 3월 20일 강화 유수 김휘가 환곡을 탕감해 줄 것을 청한 일이 있었는데, 조정은 이를 허락하지 않았습니다. 당시 위정자들은 백성보다 자신의 안위를 살피기에 바빴지요.

3월 21일에는 충청 감사 이홍연으로부터 끔찍한 보고가 올라왔습니다.

"산골짜기에 사는 여비 순례가 다섯 살 된 딸과 세 살 된 아들을 죽여서 삶아 먹었는데, 사실 여부를 물어보니 '일부러 죽인 게 아니고 병으로 죽은 아들과 딸을 배가 고파 삶아 먹었다.'라고 했습니다. 아무리 배가 고파 실성했다 하더라도 예전에 없던 일이라 엄히 다루었습니다."

당시 상황을 지켜보던 현종은 "가엾은 백성이 무슨 죄가 있단 말인가. 허물은 나에게 있는데 어째서 재앙은 백성에게 내린단 말인가."라며 탄식했습니다. 현종의 말 그대로였어요. 허물은 왕과 조정 대신들에게 있었지요. 하지만 위정자들은 무시무시한 재앙을 겪고도 정신을 차리지 못했어요. 경신 대기근이 휩쓸고 지나간 지 불과 3년도 되지 않아 조정은 또다시 예송을 일으켰습니다.

『하멜 표류기』 17세기 조선을 유럽에 알리다

1653년(효종 4년) 7월 네덜란드 동인도 회사 소속의 하멜은 타이완을 거쳐 일본 나가사키로 항해하던 중이었어요. 갑자기 큰 태풍을 만나는 바람에 배가 표류했고, 하멜은 일행과 함께 제주도 서귀포 인근 해안에 닿았습니다. 선원 64명 가운데 36명만 겨우 살아남았지요. 당시 제주 목사 이원진은 하멜 일행을 발견하자마자 체포해 감금했어요.

당시 조선에 귀화한 박연(벨테브레이)의 통역으로 하멜 일행의 정체가 비로소 밝혀졌어요. 역시 네덜란드 사람이었던 박연은 제주도에 표류했다가 조선으로 귀화해 훈련도감에서 화포 제작을 맡고 있었지요. 박연은 고국 사람들을 만나자마자 부둥켜안고 엉엉 울었다고 합니다.

하멜 일행은 제주도에서 탈출을 시도했지만 실패했어요. 이들은 10개월간 감금되어 있다가 이듬해 한양으로 압송되어 심문을 받았습니다. 하멜이 효종을 알현했을 때 일본으로 보내 주기를 요청했으나 받아들여지지 않았어요. 하멜은 포를 다루는 포수로 지낸 경험이 있어서 신무기 개발을 지원하는 훈련도감에 배속되었습니다.

하멜 일행은 한양에 머물 때 매일 고관들의 부름에 응해 그 가족들과 만나야 했습니다. 하멜은 당시를 회고하며 "조선인 대부분은 우리가 못생겼다고 여기지 않았고 오히려 우리의 흰 피부를 부러워했다."라고 말했어요. 하멜 일행은 조선말을 익혀 한두 해 사이에 조선인과 막힘없이 대화하는 수준이 되었다고 합니다. 당시 조정은 북벌 정책을 추진하고 있었는데, 이들이 가진 서양 문물과 지식이 무기 개발에 큰 도움이 될 것으로 기대하고 있었어요. 하지만 하멜 일행은 탈출할 기회만 엿보고 있었지요. 한번은 조선에 방문한 청 사신에게 탈출을 도와 달라고 요청한 사실이 발각되어 처형될 위기에 몰리기도 했습니다.

1656년 3월 하멜 일행은 전라남도 강진으로 보내졌어요. 1660년 전라 병영에 부임한 절도사 구문치는 하멜 일행에게 비교적 관대해 집과 텃밭을 제공했습니다. 이들은 7년 동안 전라 병영성 근처 초가집에 머물렀어요.

1663년(현종 4년) 흉년이 들자 식량 문제로 말미암아 하멜 일행은 남원에 5명, 순천에 5명, 여수의 전라 좌수영에 12명이 분산되어 배치되었어요. 여수의 전라 좌수영에 배치된 하멜은 고된 노역과 생활고에 지쳐 다시 탈출을 결심했지요.

1666년 제주도에 표류한 지 13년 만에 하멜은 드디어 동료 7명과 함께 탈출했습니다. 이들은 해변에 있는 배를 훔쳐 타고 일본 나가사키로 갔지요. 이후 나가사키의 **네덜란드 동인도 회사** 상점이 일본 막부에 협조를 구했어요. 막부의 교섭에 힘입어 조선에 남아 있던 네덜란드 선원들도 모두 석방되었지요. 이듬해 하멜 일행은 조국인 네덜란드로 귀국했어요.

네덜란드로 돌아간 하멜은 『난선 제주도 난파기』 및 부록 『조선국기』를 썼습니다. 우리나라 사람들에게는 『**하멜 표류기**』로 더

○ **암스테르담 동인도회사 조선소**
동인도회사는 17세기 초 유럽 여러 나라들이 동인도에 설립한 무역회사를 말한다. 당시 네덜란드에는 다섯 개의 교역소가 있었는데, 가장 중요한 곳이 암스테르담 동인도회사였다.

잘 알려졌지요. 『하멜 표류기』는 하멜이 조선에 억류되었을 때 보고 들은 바를 정리한 기록으로, 조선의 지리, 풍속, 정치, 군사, 교육, 교역 등을 유럽에 최초로 소개한 문헌입니다.

소위 '하멜 표류 보고서'는 해외 체류 경험담이라기보다는 원래 하멜과 그의 동료들이 조선에 억류되어 그간 받지 못한 임금을 청구하기 위해 작성한 보고서였다고 해요. 이 보고서가 책으로 출간되자, 당시 유럽을 풍미했던 모험 소설 열풍에 편승해 네덜란드를 비롯한 유럽 전역에서 선풍적인 인기를 얻었습니다. 이 과정에서 이야기가 각색되어 당시 조선에는 없던 코끼리나 악어가 출현하고, 조선의 왕이 유럽 군주의 옷차림을 하고 있으며, 있지도 않았던 끔찍한 형벌이 등장하기도 했지요.

○ 나가사키의 데지마
데지마는 부채꼴 모양의 인공 섬이다. 포르투갈인을 수용하기 위해 만들었지만, 네덜란드의 무역 상사가 옮겨 오면서 네덜란드인들이 거주하기 시작했다.

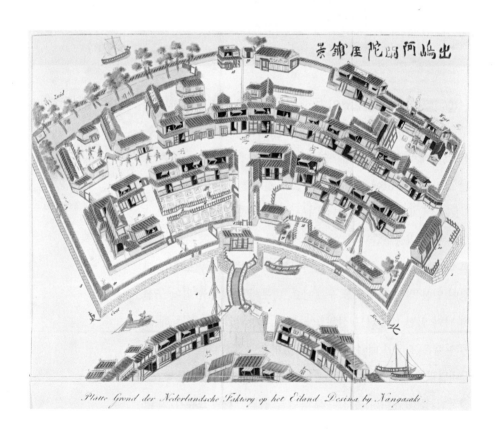

Platte Grond der Nederlandsche Faktory op het Eiland Desima by Nangasaki.

이처럼『하멜 표류기』에는 왜곡된 부분이 있지만, 당시 조선의 생활상을 생생히 담고 있다는 데 큰 의의가 있습니다.『하멜 표류기』에는 다음과 같은 내용이 있어요.

"인구가 많은 이 나라는 풍년이 들면 남쪽에서 재배되는 곡물과 면화로 충분히 자급자족한다. 조선인은 단지 12개의 국가만 알고 있는데, 우리를 남만국이라고 불렀다. 일부 양반은 노비 2,000~3,000명을 거느리며 풍족하게 생활했다."

1785년 당시 산업 혁명으로 도시화가 급격히 진행된 영국에서는 인구 5만 명을 넘긴 도시가 런던 등 네 곳에 불과했어요. 하지만 15세기 초에 약 10만 명이었던 한양 인구는 18세기 들어 약 20만 명에 이르렀다고 합니다. 조선의 인구가 급증한 것은 왜란과 호란을 겪은 후 출산율이 높아졌기 때문이에요. 6·25 전쟁 이후 베이비 붐이 일었던 것처럼 말이지요.

17세기 후반에는 소빙하기가 끝나 이상 기후가 사라졌고, 이앙법(모내기법, 벼를 다른 곳에서 키운 후 봄이 되면 논에 옮겨 심는 농사법)이 전국적으로 보급되어 수확량이 급증한 것도 인구 증가의 원인 중 하나였습니다. 현종 때는 경신 대기근으로 100만여 명, 숙종 때는 을병 대기근으로 160만여 명이 사망했어요. 하지만 이앙법 덕분에 약 500만 명이나 인구가 늘어나 1,000만 명대의 인구를 유지한 것으로 추정하고 있지요.

조선인의 성품에 대한 기록 중에도 재미있는 내용이 있습니다.

"조선인은 물건을 훔치고 남을 속이는 경향이 강하다. 성품이 온순해 우리가 원하는 대로 가르칠 수 있었다. 조선인의 마음은 여자처럼 여리다. 박연이 알려 준 바로는 청 군대가 침략했을 때 적군에게 살해당한 조선인보다 숲 속에서 목매달아 죽은 사람의 수가 더 많았다."

이 기록에 따르면 그때나 지금이나 자살률은 높았던 것 같습니다. 한국인은 역사적으로 역모나 고변을 일삼으면서도 충성, 정조, 도덕 등의 관념에 목매는 경향이 높았어요. 병자호란 때는 청에 끌려갔다가 절개를 잃고 고향으로 돌아온 환향녀들이 이혼을 당해 자살한 경우가 많았지요.

교육에 대한 기록 중에는 다음과 같은 내용이 있어요.

"양반과 평민들은 자식 교육에 매우 관심이 높다. 아이들은 밤낮없이 앉아서 글을 읽는데, 나이 어린 소년들이 현인들의 글을 읽고 이해하는 것에 매우 놀랐다."

이는 양반과 중인에 한정되었겠지만, 교육열 역시 그때나 지금이나 다르지 않았던 것 같네요.

『하멜 표류기』를 통해 유럽은 전혀 알려지지 않았던 조선이라

○ 하멜 상선 전시관
(제주 서귀포시)
17세기 네덜란드 대양 항해용 범선인 바타비아호를 모델로 조성한 기념관이다. 하멜이 제주도에 표착한 당시의 상황과 조선에서의 생활 모습이 모형과 그래픽으로 전시되어 있다. 한국관광공사 제공

는 나라를 알기 시작했고, 일본이 조선과의 무역에서 많은 이익을 얻고 있다는 사실도 알게 되었습니다. 네덜란드 동인도회사는 조선과 직접 교역하기 위해 1,000톤급의 선박인 코레아호를 건조했으나 일본 막부의 반대로 코레아호는 조선에 오지 못했어요. 이로써 조선이 서양 문물을 본격적으로 받아들이는 시기는 100여 년이나 늦추어졌지요.

윤선도, 전란 중 호화 별장에서 풍류를 즐기다

고산 윤선도는 1587년(선조 20년) 지금의 종로구 연지동에서 태어났어요. 줄곧 한양에서 살다가 25세 되던 해 처음으로 해남 땅을 밟았고, 해남 녹우당에서 6년 정도 머물렀지요.

녹우당은 윤선도의 생가가 아닙니다. 효종이 스승이었던 윤선도에게 내려 준 경기도 수원에 있던 집을 1668년(현종 9년) 해남 윤씨 종갓집에 옮긴 것이지요. 당호인 '녹우(綠雨)'는 동국진체를 최초로 쓴 옥동 이서가 지었고, 녹우당 현판 역시 그가 썼어요. 이서는 윤선도의 증손 윤두서와 절친하게 지냈어요. '녹우'는 초록색 비를 의미합니다. 이서의 눈에는 풀과 나무가 푸릇할 때 녹우당에 내리는 비가 초록색으로 보였는지도 모르지요.

윤선도는 병자호란 때 의병을 이끌고 강화도로 향했으나 청과 강화를 맺었다는 소식을 접하자 제주도로 뱃머리를 돌렸어요. 제주도로 가는 도중에 풍랑을 만나 보길도에 은거하게 되었지요. 윤선도는 정착한 곳을 부용동이라 부르고 격자봉 아래 집을 지어 '낙서재'라 불렀습니다.

보길도는 육지에서 멀리 떨어져 있는 섬입니다. 섬에는 산이 세 개나 있어요. 윤선도는 이곳에 조상이 물려준 막대한 재산으로 모든 주민을 동원해 호화로운 정자를 짓고 정원을 꾸몄어요.

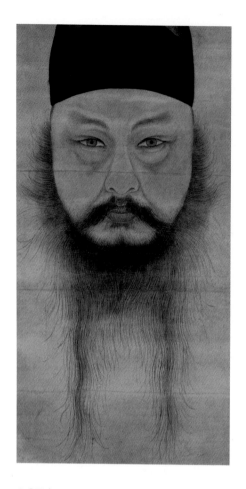

조그만 섬에는 세연정, 십이정각 등 정자와 건물 25채가 들어섰습니다.

병자호란 당시 육지에는 흉년과 전염병이 끊이지 않았으나 보길도는 천국이자 피난처였다고 해요. 윤선도는 연못 가운데 작은 섬을 만들고 그곳에서 무희가 춤추도록 했습니다. 그러고는 술잔을 기울이며 시를 지었지요.

윤선도는 병자호란 당시 소집령을 받고도 왕을 호종하지 않았고, 모르는 여인과 함께 섬으로 도망쳐 호화로운 생활을 했습니다. 이러한 일련의 사건들이 죄목이 되어 1638년(인조 16년) 영덕으로 유배되었다가 일 년 만에 풀려나 해남으로 돌아갔어요.

이후로 10년 동안 윤선도는 보길도의 부용동과 새로 발견한 금쇄동에 머무르며 자연 속에서 한가로운 생활을 즐겼어요. 이때 금쇄동을 배경으로 「산중신곡」, 「산중속신곡」 등의 시조를 지었지요.

윤선도는 1651년(효종 2년) 보길도를 배경으로 「어부사시사(漁父四時詞)」를 지었습니다. 어부사시사 중 춘사를 감상해 볼까요?

춘사(春詞)

압개예 안개 것고 뒫뫼희 해 비췬다
(앞 포구에 안개 걷히고 뒷산에 해 비친다.)

배떠라 배떠라(배 띄워라 배 띄워라.)

밤믈은 거의 디고 낟믈이 미러 온다

(썰물은 거의 빠지고 밀물이 밀려온다.)

지국총 지국총 어사와(찌그덩 찌그덩 어여차)

강촌 온갓 고지 먼 빗치 더욱 됴타

(강 마을의 온갖 꽃들이 먼빛으로 바라보니 더욱 좋구나.)

썰물과 더불어 한밤이 지나고 밀물과 함께 새날이 밝아 오는 봄날, 어부가 한없이 넓고 넓은 바다에 배를 띄워 하루의 생활을 시작합니다. 멀리 보이는 산과 꽃의 경치가 봄날 아침 출어(出漁, 물고기를 잡으러 배가 나감)의 흥취를 절로 돋우지요.

윤선도는 편안한 관찰자의 입장이었지만, 실제 어부의 삶은 힘든 나날의 연속이었을 것입니다. 나이 많은 이 어부는 윤선도의 호화 정자를 짓는 노역에 강제로 동원되었을지도 모르지요.

○ 부용동 정원
(전남 완도군)

1636년(인조 14) 보길도에 정착한 윤선도가 직접 만든 정원이다. 섬의 모습이 피어나는 연꽃을 닮았다고 해서 정원의 이름을 '부용동'이라 지었다. 한국관광공사 제공

○ 녹우당

윤선도 유적지 안에 있는 녹우당이다. 녹우당(綠雨堂)은 '초록색 비가 내리는 곳'이라는 뜻을 지니고 있다. 집 뒤에 비자나무 숲이 바람에 흔들릴 때마다 비 내리는 소리가 들린다 해서 붙여진 이름이다.

❖ 고산 윤선도 유적지(전남 해남군)

치열한 당쟁 속에서 살았던 윤선도(1587~1671)는 일생의 상당 부분을 유배지에서 보냈으나, 「어부사시사」, 「산중신곡」 등 주옥같은 문학 작품을 남기기도 했다. 윤선도의 흔적이 남아 있는 유적지에는 해남 윤씨의 종가인 녹우당과 유물관 등이 있다. 원래 녹우당은 사랑채의 이름이었지만, 현재는 종가 전체를 지칭하는 의미로 사용되고 있다.

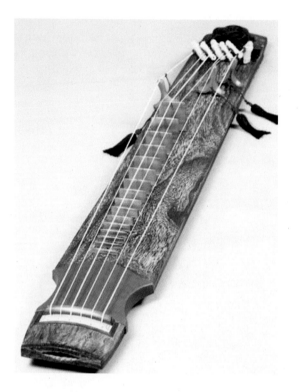

이는 왜곡된 성리학적 위계 질서에 따라 기득권을 누리며 사는 조선 시대 사대부의 일반적인 모습이 아니었을까요? 아름다움 뒤에 숨겨진 고통을 놓칠 때, 우리는 더불어 사는 삶도 놓치고 있을지 모릅니다.

윤선도는 1652년 효종의 부름을 받아 예조 참의가 되었으나 서인의 모략으로 사직하고 경기도 양주의 고산(孤山)에 은거했습니다. 윤선도의 호인 '고산'은 여기서 비롯

○ 윤선도의 거문고 '아양'
(국립국악원에서 복원)
윤선도는 자신이 연주하던 거문고에 아양이라는 이름을 붙였다.

되었지요. 1659년에는 효종이 죽자 예론 문제로 서인과 맞서다가 북쪽 변방 지역인 삼수에 유배되었습니다. 1667년(현종 8년)에 유배지에서 풀려나 부용동으로 돌아와 여생을 보내다가 낙서재에서 85세를 일기로 눈을 감았지요.

조선의 유교적 예법에는 어떤 문제점이 있었나요?

조선의 기득권층은 통치 기강 확립과 기득권 유지를 위해 유교 예법을 강조했어요. 유교 예법은 당파의 존립을 위한 정치 이념으로까지 사용되었지요. 남인 윤선도는 효종을 차남의 예법으로 다루어야 한다는 송시열을 역모로 몰기까지 했어요. 특히 유교의 장례 절차는 국력 낭비까지 초래했지요. 1649년 5월 8일에 인조가 세상을 떠났습니다. 무더운 여름철 내내 부패한 인조의 시신을 안치하다가 9월 11일에 발인이 이루어지고 묘지인 장릉에는 9월 20일에 묻혔어요. 첨지 윤선도는 묘를 만들 산의 능 터를 놓고 풍수 타령만 하다가 시간을 지체하는 바람에 결국 파직까지 당했다고 합니다. 아버지의 장례 기간이 5개월이나 되자 효종은 아예 병상에 드러눕기도 했지요. 대비, 왕비, 왕세자, 왕자, 공주, 왕비 부모의 장례도 비슷한 절차를 거쳤으니 조선은 장례와 제사로 세월을 다 보낸 '장례 왕국'이라 할 만합니다. 특히 현종 때 조정은 예법 논쟁으로 세월을 다 보냈지요. 1659년 효종이 죽은 후에는 효종의 계모인 자의 대비의 상복 입는 기간을 두고 '기해 예송'이 일어났어요. 1674년 효종의 비인 인선 왕후가 죽자, 자의 대비의 상복 입는 기간을 두고 '갑인 예송'이 벌어졌지요.

조선 시대의 상복

참고 문헌

『(2015개정)고등학교 한국사 교과서』, 이익주 · 나일수 · 박찬영 · 차주호 · 위지숙 · 이화영 · 정대연, ㈜리베르스쿨, 2020

『(2015개정)중학교 역사 ②』, 이익주 · 나일수 · 박찬영 · 송영심 · 차주호 · 위지숙 · 이화영 · 정대연 · 최서연, ㈜리베르스쿨, 2020

『고등학교 한국사 교과서』, 최준채 · 윤영호 · 안정희 · 남궁원 · 박찬영, ㈜리베르스쿨, 2013

『고등학생이 꼭 읽어야 할 한국사 개념서』, 박찬영, 리베르, 2014

『국립중앙박물관(국문판)』, 국립중앙박물관 편집부, 국립중앙박물관, 2007

『그림으로 본 조선』, 이영경 · 규장각한국학연구원, 글항아리, 2014

『그림이 된 임진왜란』, 김시덕, 학고재, 2014

『근대를 말하다』, 이덕일, 역사의아침, 2012

『난중일기』, 이순신, 도서출판 여해, 2014

『노컷 조선왕조실록』, 김남, 어젠다, 2012

『대비, 왕 위의 여자』, 김수지 · 권태균, 인문서원, 2014

『대한제국멸망사』, 호머 헐버트, 집문당, 1999

『동양철학사를 보다』, 강성률, ㈜리베르스쿨, 2014

『박시백의 조선왕조실록』(전 20권), 박시백, 휴머니스트, 2014

『사진으로 보는 근대한국(상): 산하와 풍물』, 이규헌, 서문당, 1986

『사진으로 보는 조선시대: 생활과 풍속』, 조풍연, 서문당, 1999

『살아있는 한국 근현대사 교과서』, 김육훈, 휴머니스트, 2007

『세계사를 보다』(전 3권), 박찬영 · 버질 힐라이어, ㈜리베르스쿨, 2012

『신들의 정원, 조선왕릉』, 이정근, 책으로보는세상(책보세), 2010

『신봉승의 조선사 나들이』, 신봉승, 답게, 1996

『신의 정원 조선왕릉』, 이창환, 한숲, 2014

『신편 고려사절요(상)』, 김종서, 민족문화추진회 역, 신서원, 2004

『신편 고려사절요(하)』, 김종서, 민족문화추진회 역, 신서원, 2004

『언제나 민생을 염려하노니』, 이정철, 역사비평사, 2013

『왕과 아들, 조선시대 왕위 계승사』, 한명기 · 신병주 · 강문식, 책과함께, 2013

『우리 역사의 수수께끼』(전 3권), 이덕일 외, 김영사, 1999

『우리가 몰랐던 조선』, 장학근, 플래닛미디어, 2010

『이순신, 신은 이미 준비를 마치었나이다』, 김종대 지음, 가디언, 2014

『이순신은 전사하지 않았다』, 남천우, 미다스북스, 2008

『임진왜란 해전사』, 이민웅, 청어람미디어, 2004

『임진왜란과 한중관계』, 한명기, 역사비평사, 1999

『조선 왕을 말하다』(전 2권), 이덕일 · 권태균, 역사의아침, 2010

『조선왕조사』, 이성무, 수막새, 2011

『조선왕조실록 국역본』, 국사편찬위원회

『조선평전』, 신병주, 글항아리, 2011

『조선을 움직인 사건들』, 신병주, 새문사, 2009

『한국과 그 이웃나라들』, 이사벨라 버드 비숍, 살림, 1994

『한국사, 드라마가 되다』(전 2권), 호머 헐버트, 리베르, 2009

『한 권으로 보는 그림 문화재 백과』, 이광표, 진선아이, 2010

『한 권으로 읽는 조선왕조실록』, 박영규, 웅진지식하우스, 1994

『한국사능력검정시험 고급(1, 2급) 기출로 끝내라』, 박찬영 외, 리베르, 2014

『한국사를 보다』(전 5권), 박찬영 · 정호일, ㈜리베르스쿨, 2011